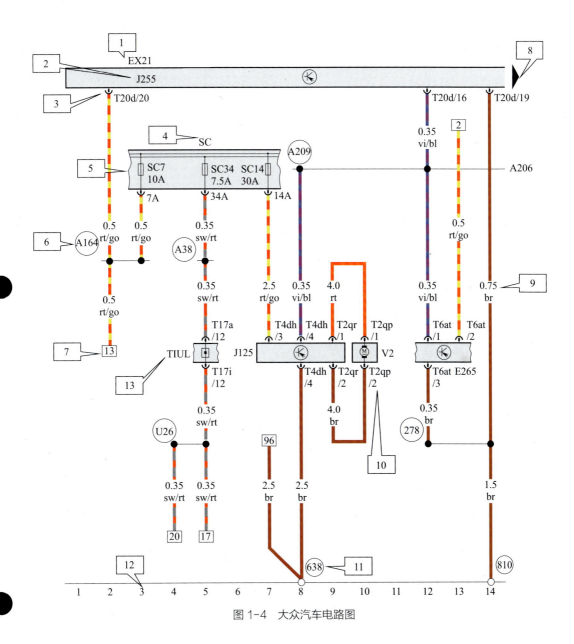

图 1-4　大众汽车电路图

图 1-16　汽车导线

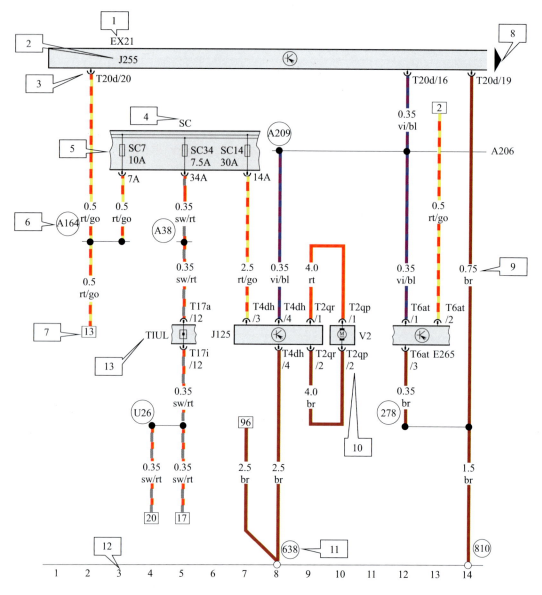

图 1-24 大众汽车电路图

ws	白色	sw	黑色
ro	红色	br	褐色
gn	绿色	bl	蓝色
gr	灰色	li	淡紫色
ge	黄色	or	橘黄色

图 1-28 汽车导线颜色缩写

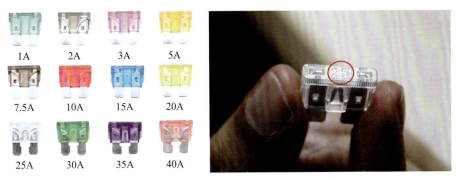

图 1-65 熔丝的颜色与额定安培数

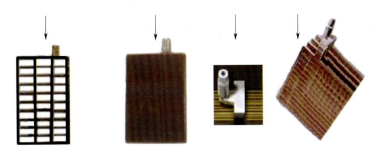

图 2-7 正极板组的组成

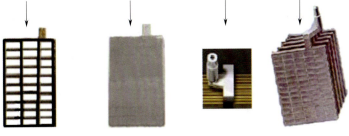

图 2-8 负极板组的组成

正极板组 + 负极板组+隔板 = 单格电池

图 2-9　单格电池的组成

绿色：　　　　　　　　黑色：　　　　　　　　黄色至无色：
表示：　　　　　　　　表示：　　　　　　　　表示：

可看到浮子　　　　　　可看到浮子框　　　　　可看到电解液

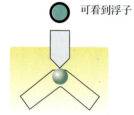
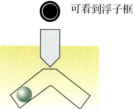
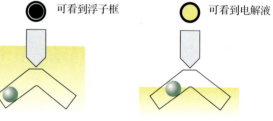

图 2-22　蓄电池观察孔颜色

图 2-24　蓄电池端电压测试

高等职业教育汽车专业"岗课赛证"融通活页式创新教材

汽车电气系统检测与维修

（活页式）

主　编　李振兴　于文涛
副主编　王博宇　楚晓婧
参　编　陈　娟　万　强　王海元　张荣福

机械工业出版社

《汽车电气系统检测与维修》是以国家职业技能标准及汽车专业教学标准为依据，以汽车电子电气与空调舒适系统工作领域关键岗位的典型工作任务为载体，并整合、转化成适合教学及培训的学习任务，将职业技能等级标准要求、职业道德等融入其中，并在技术、技能学习训练中融入职业素养、职业道德、劳模精神、劳动精神及工匠精神等育人元素的新型活页式教材。教材内容共有7个学习任务，内容涉及汽车电子电路制备与敷设，蓄电池检查保养，汽车充电系统、起动系统、照明系统、信号装置、信息娱乐系统的检测维修，以及目前汽车电气系统上常见的新技术和新系统，涵盖了汽车电气系统检修的主流技术和方法，同时本教材还配套了对应的教学课件、元部件总成结构原理动画、标准操作视频等多类数字化、信息化资源，并以二维码的形式立体化呈现。

本教材可作为中、高等职业技术院校汽车检测与维修技术、汽车运用与维修技术等相关专业（专业群）的教学用书，也可供从事汽车检测与维修技术工作的人员参考和学习。

图书在版编目（CIP）数据

汽车电气系统检测与维修：活页式 / 李振兴，于文涛主编. — 北京：机械工业出版社，2023.4

高等职业教育汽车专业"岗课赛证"融通活页式创新教材

ISBN 978-7-111-73403-1

Ⅰ.①汽… Ⅱ.①李… ②于… Ⅲ.①汽车-电气设备-车辆修理-高等职业教育-教材 Ⅳ.①U472.41

中国国家版本馆CIP数据核字（2023）第113058号

机械工业出版社（北京市百万庄大街22号　邮政编码100037）
策划编辑：李　军　　　　　责任编辑：李　军　丁　锋
责任校对：潘　蕊　张　薇　封面设计：张　静
责任印制：单爱军
北京虎彩文化传播有限公司印刷
2023年9月第1版第1次印刷
184mm×260mm·17.25印张·2插页·334千字
标准书号：ISBN 978-7-111-73403-1
定价：69.90元

电话服务　　　　　　　　网络服务
客服电话：010-88361066　机 工 官 网：www.cmpbook.com
　　　　　010-88379833　机 工 官 博：weibo.com/cmp1952
　　　　　010-68326294　金 书 网：www.golden-book.com
封底无防伪标均为盗版　　机工教育服务网：www.cmpedu.com

丛书序

随着"职教二十条"的深入人心,对接岗位、课证融通、以赛促教的"岗课赛证"融通课程体系建设及课程资源开发成为职业院校积极探索的焦点。汽车产业作为建设制造强国的重要支撑、国民经济的重要支柱,目前正处于转型升级、由大变强的关键时刻,因此,需加强实施"岗课赛证"融通四位一体培养方案,将岗位技术需求、行业技能证书或企业认证证书内容、行业或企业技术技能竞赛内容融入教学课程内容与课程评价体系,转化为学生技术素养与能力要求。

汽车专业"岗课赛证"融通系列教材依托发动机机械、发动机电控、底盘机械、底盘电控、汽车电气、汽车网络、汽车空调模块化课程开发,实现岗位引领、技证合一,做到学校所学即行业所用,学校所得即就业所持,为实现学生高质量就业与行业经济高质量发展发挥重要作用。

本系列教材是一种全新的学习材料,与传统教材相比,它能帮助学生更好地了解现在、未来的工作及其要求。教材按照"以学生为中心、学习成果为导向、促进自主学习"的思路进行开发设计,弱化"教学材料"的特征,强化"学习资料"的功能,通过教材引领,构建深度学习管理体系。将"以企业岗位(群)任职要求、职业技能标准要求"等作为教材主体内容,将"立德树人、劳模精神、劳动精神、工匠精神"有机融合到教材中,提供丰富、适用和引领创新作用的多种类型立体化、信息化课程资源,实现教材多功能作用并构建深度学习的管理体系。

本系列教材由校企合作共同开发,企业的深度参与可保证开发建设的课程资源符合企业需求和岗位需求;新技术、新工艺和新方法的融入,能够保证人才培养的质量和适应行业发展的要求;同时,能够促进汽车专业教师技能的提高、可持续发展及双师型教师的成长。

在内容方面,本系列教材将汽车各系统构造原理等知识技能的传授与综合素养的提升有机融为一体,注重实践技能与劳模劳动精神相结合、职业素养与工匠精神相结合、基础知识与先进技术相结合,为读者构筑持续发展的知识与技能平台。

编 者

前　言

本教材按照"以学生为中心、学习成果为导向、促进自主学习"的思路进行教材开发设计，弱化"教学材料"的特征，强化"学习资料"的功能。充分对接职业技能等级证书标准、行业企业技术技能标准、职业院校技能大赛标准及国际先进技术标准，将"以企业岗位（群）任职要求、职业技能标准要求"等作为教材主体内容，将"立德树人、劳模精神、劳动精神、工匠精神"有机融合到教材中，实现"岗课赛证"融通。同时提供丰富、适用和引领创新作用的多种类型立体化、信息化课程资源，实现教材多功能作用。

与传统教材相比，本教材是一种全新的学习材料，它能帮助学生更好地了解现在、未来的工作及其要求。通过对本教材的学习，可以让学生掌握完成汽车电子电气与空调舒适系统工作领域中重要的、典型工作所需的技术技能，增强学生职业素养与社会责任感，促进学生的综合能力发展，使学生有可能在短时间内成为合格的汽车电子电气与空调舒适系统工作领域的技术能手。

在内容方面，本教材将汽车电气系统构造原理等知识技能的传授与综合素养的提升有机融为一体，注重实践技能与劳模劳动精神相结合，职业素养与工匠精神相结合，基础知识与先进技术相结合，为读者构筑持续发展的知识与技能平台。

在编写方面，本教材由天津职业大学李振兴、于文涛担任主编，天津职业大学王博宇、楚晓婧担任副主编，天津职业大学陈娟、天津行言科技发展有限责任公司万强、北京喜沃思咨询有限公司王海元、唐山工业职业技术学院张荣福参加编写，具体编写工作如下：李振兴负责学习任务3、4、5的编写，并负责全书统稿工作；于文涛负责学习任务1、2的编写；王博宇负责学习任务6、7的编写；楚晓婧负责课程资源脚本编写；陈娟负责前期资料的收集与整理；万强、王海元、张荣福负责内容、形式等方面的改进与优化，以及职业技能点的优化与完善。

本教材在编写过程中，借鉴参考了大量国内外的汽车技术资料、相关汽车厂家维修手册资料及图片等相关资源，在此对资源的作者表示诚挚的谢意！限于编者水平，书中难免有不当之处，恳请广大读者批评指正。

编　者
2023年1月

活页式教材使用注意事项

 根据需要,从教材中选择需要夹入活页夹的页面。

 小心地沿页面根部的虚线将页面撕下。为了保证沿虚线撕开,可以先沿虚线折叠一下。注意:一次不要同时撕太多页。

选购孔距为80mm的双孔活页文件夹,文件夹要求选择竖版,不小于B5幅面即可。将撕下的活页式教材装订到活页夹中。

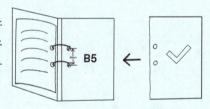

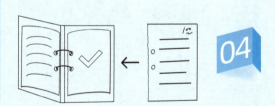 也可将课堂笔记和随堂测验等学习资料,经过标准的孔距为80mm的双孔打孔器打孔后,和教材装订在同一个文件夹中,以方便学习。

温馨提示:在第一次取出教材正文页面之前,可以先尝试撕下本页,作为练习

目 录

丛书序
前言

绪 论

一、教材授课目标 / 001
二、教材使用方法 / 002
三、学习任务设计 / 003
四、教材配套信息化资源 / 004

学习任务 1 汽车电子电路制备与敷设

一、任务说明 / 007
二、任务学习与实施 / 008
（一）任务引导与学习 / 008
（二）任务计划与实施 / 028
（三）任务评价反馈 / 043
三、任务拓展信息 / 046

学习任务 2 蓄电池检查保养

一、任务说明 / 048
二、任务学习与实施 / 049
（一）任务引导与学习 / 049
（二）任务计划与实施 / 058
（三）任务评价反馈 / 070
三、任务拓展信息 / 073

学习任务 3 汽车充电系统的检测维修

一、任务说明 / 075
二、任务学习与实施 / 076
（一）任务引导与学习 / 076
（二）任务计划与实施 / 098
（三）任务评价反馈 / 111
三、任务拓展信息 / 115

学习任务 4　汽车起动系统的检测维修

一、任务说明　/ 117
二、任务学习与实施　/ 118
　（一）任务引导与学习　/ 118
　（二）任务计划与实施　/ 136
　（三）任务评价反馈　/ 153
三、任务拓展信息　/ 156

学习任务 5　汽车照明系统的检测维修

一、任务说明　/ 159
二、任务学习与实施　/ 160
　（一）任务引导与学习　/ 160
　（二）任务计划与实施　/ 187
　（三）任务评价反馈　/ 207
三、任务拓展信息　/ 210

学习任务 6　汽车信号装置的检测维修

一、任务说明　/ 213
二、任务学习与实施　/ 214
　（一）任务引导与学习　/ 214
　（二）任务计划与实施　/ 226
　（三）任务评价反馈　/ 233
三、任务拓展信息　/ 236

学习任务 7　汽车信息娱乐系统的检测维修

一、任务说明　/ 239
二、任务学习与实施　/ 240
　（一）任务引导与学习　/ 240
　（二）任务计划与实施　/ 253
　（三）任务评价反馈　/ 263
三、任务拓展信息　/ 267

绪 论

一、教材授课目标

1. 素养目标

- 弘扬爱国主义精神、工匠精神、劳模精神和劳动精神。
- 树立民族自信心和自豪感。
- 培养良好的职业道德、安全意识、环保意识和创新意识。
- 培养良好的沟通能力、表达能力与团队合作能力。
- 培养能运用所学知识分析解决实际问题与持续学习不断创新的能力。
- 了解汽车电气系统维修的相关政策、法规和维修标准。

2. 知识目标

- 掌握汽车电气各系统的基本结构与工作原理。
- 熟悉汽车电气系统故障诊断常用工具、仪器的使用方法。
- 熟悉制备与敷设汽车电子电路。
- 熟悉检查与保养蓄电池。
- 熟悉检测和维修汽车充电系统。
- 熟悉检测和维修汽车起动系统。
- 掌握检测和维修汽车照明系统。
- 掌握检测和维修信号装置。
- 掌握检测和维修信息娱乐系统。
- 掌握汽车电气系统检测维修的规范、要求及方法。

3. 技能目标

- 能根据需求进行相关资料的查阅与整理。
- 能执行小组工作任务。
- 能对汽车电气系统的主要部件进行拆装与检测维修。
- 能制订完整的维修计划书。
- 能根据制订的维修计划书实施正确的维修。

- 能开展自我评估和互相评估，并对测量检测结果进行有效的分析。

二、教材使用方法

在正式开始使用学习本教材之前请仔细阅读以下内容，做好相应的学习准备。

1. 主动学习

在学习过程中，学生将获得与以往完全不同的学习体验。本教材与传统教材的本质区别在于学生将是教材学习的主体，自主学习将成为本教材的主旋律。实际工作过程中获取的知识最为牢固，教师在学习和工作过程中只会对学生进行方法的指导，为学生的学习与工作提供帮助。主动学习将伴随学生的职业生涯成长，它可以使学生快速适应新工艺新技术。

2. 用好工作活页

首先，学生要理解学习任务的职业技能（能力）要求描述，通过标准与要求指导学习并评价学习效果；其次，学生要明确学习内容的结构，在引导问题的帮助下，尽量独立地去学习并完成包括填写工作活页内容等整个学习任务；同时也可以在教师和同学的帮助下，通过查阅相关的维修手册或技术资料，学习重要的工作过程知识；再次，学生应当积极参与小组讨论，去尝试解决复杂和综合性的问题，进行工作质量的自检和小组互检，并注意操作规范和安全要求，在多种技术实践活动中形成自己的技术思维方式；最后，在完成一个工作任务后，反思是否有更好的方法或更少的时间来完成工作目标。

3. 团队协作

课程的每个学习任务都是一个工作过程，大部分的工作需要团队协作才能完成，教师会进行学习小组划分，但要求各小组成员在组长的带领下，制订可行的学习与工作计划，并能合理地安排学习与工作时间，分工协作、互相帮助、互相学习，广泛开展交流，大胆发表自己的观点和见解，按时、保质、保量地完成任务。

4. 把握好学习过程和学习资源

学习过程是由学习准备计划与实施评价反馈所组成的展示过程。学生要养成理论与实践紧密结合的习惯，教师引导、同学交流、学习中的观察与独立思考、动手操作和评价反思都是专业技术学习的重要环节。

学习资源可以参考每个学习任务结束后所列的相关知识点或拓展信息。此外，你也可以通过图书馆、互联网等途径获得更多的专业技术信息，拓展学习视野。

学生在学校的核心任务是在学习中学会工作，这要通过在工作中学会学习来实现。

绪 论

三、学习任务设计

工作领域	模块课程	学习任务	任务简介	育人元素	育人目标	建议学时
汽车电子电气与空调舒适系统	电气与控制系统检修	任务1. 汽车电子电路制备与敷设	掌握汽车电路图的读识方法，万用表、示波器使用方法以及完成汽车电路的实际制备与敷设	爱国主义，民族自信	1.培养爱国主义精神 2.树立民族自信心	12
		任务2. 蓄电池检查保养	掌握蓄电池的基本结构及工作原理，完成蓄电池的检查、保养与更换	安全意识，生命至上	1.树立安全第一的意识 2.培养生命至上的理念	8
		任务3. 汽车充电系统的检测维修	掌握汽车充电系统的基本结构及工作原理，完成汽车充电系统常见故障的检测与维修	团队协作，爱国之心，敢为人先的创新精神	1.培养团队协作，互助协作的能力 2.培养爱国之心，敢为人先的创新精神	8
		任务4. 汽车起动系统的检测维修	掌握汽车起动系统的基本结构及工作原理，完成汽车起动系统常见故障的检测与维修	劳模精神，工匠精神，严谨求是贯彻工艺的科学精神	1.弘扬劳模精神和工匠精神 2.树立严谨求实贯彻工艺的科学精神	8
		任务5. 汽车照明系统的检测维修	掌握汽车照明系统的基本结构及工作原理，完成汽车照明系统常见故障的检测与维修	环保理念，生态文明观，居安思危的意识，创新精神	1.树立正确的环保理念和生态文明观 2.引导学生要有居安思危的意识和创新精神	12
		任务6. 汽车信号装置的检测维修	掌握汽车信号装置的基本结构及工作原理，完成汽车信号装置常见故障的检测与维修	爱国热情，创新精神，严谨、认真、探究的学习精神	1. 增强爱国热情和创新精神，强调养成良好学习习惯的重要性 2.培养谨慎、认真、探究的学习精神，多听取他人意见，集百家之长补己之短	8
		任务7. 汽车信息娱乐系统的检测维修	掌握汽车信息娱乐系统的基本结构及工作原理，完成汽车信息娱乐系统常见故障的检测与维修	工匠精神，良好的工作习惯，良好的历史观和价值观，专业使命感和社会责任感	1.增强学生工匠精神，培养高素质技术人员 2.培养严肃认真，精益求精的工作习惯 3.建立爱国热情，树立良好的历史观和价值观，增强专业使命感和社会责任感	8

四、教材配套信息化资源

序号	动画	视频	资源名称	二维码	序号	动画	视频	资源名称	二维码
1		√	汽车电子电路制备与敷设任务案例		12	√		继电器工作原理	
2	√		汽车熔丝工作原理		13		√	继电器静态测试	
3	√		汽车继电器工作原理		14		√	继电器动态测试	
4		√	数字万用表测量直流电压的方法		15		√	制备并敷设电路	
5		√	数字万用表测量电阻的方法		16		√	蓄电池检查保养任务案例	
6		√	数字万用表测量直流电流的方法		17		√	选择蓄电池型号	
7		√	使用示波器测量波形信号		18		√	补充蓄电池电量	
8		√	断开与连接插接器		19		√	更换蓄电池	
9		√	插接器的退针流程		20		√	汽车充电系统的检测维修任务案例	
10		√	插接器插针安装流程		21		√	整体式交流发电机的结构	
11	√		汽车开关基本结构及原理		22		√	交流发电机发电原理	

（续）

序号	动画	视频	资源名称	二维码	序号	动画	视频	资源名称	二维码
23	√		交流发电机整流原理		34		√	汽车照明设备的标准与要求	
24		√	充电系统参数测量		35	√		卤素灯的结构与工作原理	
25		√	发电机部件测量		36		√	气体放电灯的结构与工作原理	
26		√	发电机的更换		37		√	LED灯的结构与工作原理	
27		√	汽车起动系统的检测维修任务案例视频		38		√	LED前照灯灯组的结构	
28	√		起动机的结构与工作原理		39		√	前照灯照明距离调节装置	
29	√		起动机的工作过程		40		√	前照灯照明距离调节装置传感器和执行元件的类型、结构和功能	
30		√	起动机参数测量		41		√	联网照明系统	
31		√	起动系统的故障诊断		42		√	照明的失效保护	
32		√	汽车照明系统的检测维修任务案例		43		√	汽车灯光系统的检查	
33		√	汽车照明系统的作用与基本组成		44		√	汽车前照灯的调节	

（续）

序号	动画	视频	资源名称	二维码	序号	动画	视频	资源名称	二维码
45		√	汽车LED前照灯的更换与设置		56		√	汽车制动信号装置故障检修	
46		√	汽车前照灯的检修		57		√	喇叭装置故障检修	
47		√	水平高度传感器的更换与校准		58		√	汽车信息娱乐系统的检测维修任务案例	
48		√	控制单元的更换与匹配		59	√		车载收音机工作原理	
49		√	联网照明系统的检修		60		√	多媒体系统的组成和功能（CD、USB 读取音频）	
50		√	汽车信号装置检测维修任务案例视频		61	√		功率放大器	
51		√	汽车信号系统概述		62	√		扬声器	
52	√		转向信号装置工作原理		63		√	汽车音响系统	
53	√		制动信号装置工作原理		64		√	通信网络系统检测	
54		√	喇叭装置工作原理		65		√	音响系统故障诊断	
55		√	汽车转向信号装置故障检修		66		√	天线系统故障诊断	

学习任务 1
汽车电子电路制备与敷设

一、任务说明

任务描述	客户报修车辆前雾灯不亮，经过确认，该车年限已久，雾灯电路多处出现老化、断裂，需要重新创建或更换此部分电路，之前你需要了解哪些知识以帮助你完成该工作任务？	
任务所属模块课程	● 动力系统检修	（　）
	● 变速器与传动系统检修	（　）
	● 转向悬架系统检修	（　）
	● 制动安全系统检修	（　）
	● 电气与控制系统检修	（√）
	● 空调与舒适系统检修	（　）
	● 动力与底盘网关控制系统检修	（　）
	● 车身与娱乐网关控制系统检修	（　）
任务对应工作领域	● 汽车动力与驱动系统工作领域	（　）
	● 汽车转向悬架与制动安全系统工作领域	（　）
	● 汽车电子电气与空调舒适系统工作领域	（√）
	● 汽车全车网关控制与娱乐系统工作领域	（　）
任务育人目标描述		
培养爱国主义精神、树立民族自信心		
职业技能（能力）要求描述		
行为	能进行汽车电子电气与空调舒适系统工作领域中汽车电子电路的制备与敷设	
条件	车辆/设备：2018 款大众迈腾；配置：380TSI、DSG 豪华型 工具及场地要求： 维修工位 4 个、车辆配套维修手册 4 本、工具车（万用表，示波器，电烙铁及相关通用、专用工具）4 套、零件车 4 个、工作灯 4 个、继电器若干、熔丝若干、导线若干、插接器若干	
标准与要求	●树立分析问题、解决问题的信心 ●提高沟通协调、团队合作的能力 ●强化安全生产、规范操作的意识 ●能够分析汽车电器工作原理特点 ●能够识别汽车电路图表达方式 ●能够识别汽车电路图 ●能够使用万用表测量电压、电阻、电流和二极管信号 ●能够使用示波器测量波形信号 ●能够选取插接器和开关 ●能够选取熔丝和继电器 ●能够制备并敷设电路	
成果	完成电路的实际制备和敷设	

汽车电子电路制备与敷设任务案例

二、任务学习与实施

（一）任务引导与学习

引导问题 1：汽车上的电器设备组成主要包括_____、_____、_____、_____、_____、_____、_____、_____。

引导问题 2：如图 1-1 所示，根据汽车电路组成简图，回答下列问题。

1. 汽车电路的组成：_____、_____、_____、_____、_____、_____。

2. 汽车用电器设备的工作条件：_____
_____
_____。

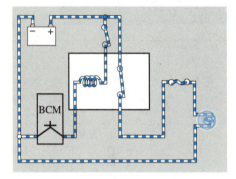

图 1-1　汽车电路组成

引导问题 3：电源为整个电路中的所有电器元件供电，在汽车上使用的电源主要是_____和_____。

引导问题 4：继电器是一种利用_____控制_____的电动开关。当控制电路接通时，_____会产生磁力，将_____向自身方向吸引，衔铁的移动会使触点闭合，控制用电设备工作。

引导问题 5：如图 1-2 所示，汽车电器是电能的转换元件，一般是将电能转换为动能、热能、光能等。说明下列用电器的转换形式。

_____　　　　　　　_____

图 1-2　汽车电器

引导问题 6：车辆上的导线分普通导线、屏蔽导线及双绞线，在部分车型上还会有光纤。说明屏蔽导线、双绞线和光纤的结构特点。

屏蔽导线：_____
_____

双绞线：_____
_____

光纤：_____

引导问题 7：如图 1-3 所示，写出大众汽车电路图中电器元件符号代表的含义。

图 1-3　大众汽车电路图中电器元件符号

引导问题 8：查找资料，如图 1-4 所示，说明大众汽车电路图中各个数字代表的含义。

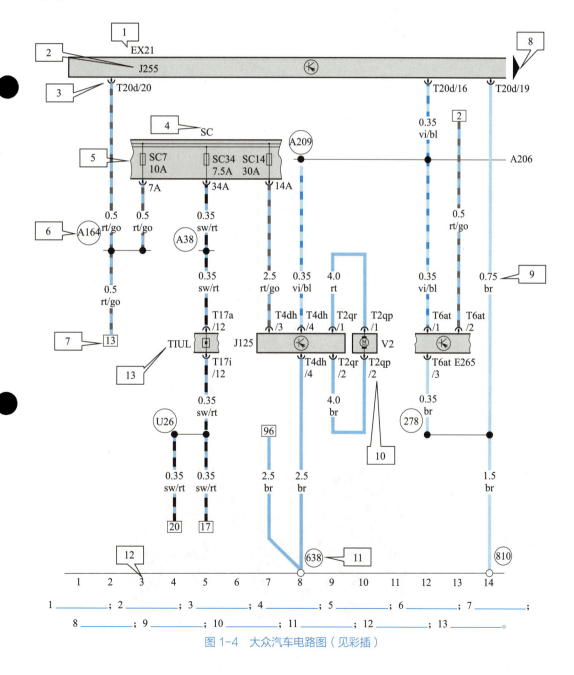

1 _____；2 _____；3 _____；4 _____；5 _____；6 _____；7 _____；
8 _____；9 _____；10 _____；11 _____；12 _____；13 _____。

图 1-4　大众汽车电路图（见彩插）

引导问题 9：阅读电路的方法有两种，一种为简单电路，另一种为复杂电路。说明其阅读方法。

简单电路：_____。

复杂电路：_____。

> 知识链接

1. 汽车电器电路的基本原理和特点

汽车上的电器设备组成主要包括电源系统、起动系统、点火系统、照明与信号系统、仪表报警系统、安全与舒适系统、配电装置和电子控制系统等。

要想让汽车上的电器设备正常工作，必须有一条从电源到电器设备，再回到电源的完整通路，这样一个环形通路就叫做完整汽车电路。汽车电路的基本组成主要包括：电源、开关、继电器、熔丝、用电器、控制模块、导线等。如图 1-5 所示。

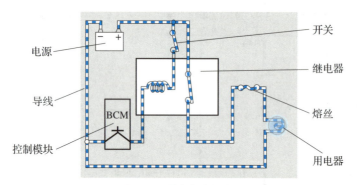

图 1-5　汽车电路组成

（1）电源

电源为整个电路中的所有电器元件供电，在汽车上使用的电源主要是蓄电池和发电机，如图 1-6 所示。

图 1-6　汽车电源

发动机未工作时，由蓄电池为电器元件供电；发动机运转时由发电机为电器元件供电，同时还可以给蓄电池进行充电。

（2）熔丝

熔丝也被称为熔断器，是一种安装在电路中，保护电路安全运行的电器元件。如图1-7所示。

汽车熔丝工作原理

图1-7 汽车熔丝

当电路出现故障或异常时，电流会不断升高，有可能损坏电路中的某些元器件，也有可能烧毁电路，甚至造成火灾。这时熔丝就会在电流异常升高到一定程度时，自动熔断并切断电流，从而起到保护电路安全运行的作用。

（3）继电器

继电器是一种利用小电流控制大电流的电动开关。如图1-8所示。

汽车继电器工作原理

图1-8 汽车继电器

当控制电路接通时，电磁线圈会产生磁力，将衔铁向自身方向吸引，衔铁的移动会使触点闭合，控制用电设备工作。当控制电路断开时，电磁线圈的磁力消失，在弹簧力的作用下，衔铁移动使触点分离，控制用电设备停止工作。

（4）开关

开关是控制用电器的部件。主要通过接通或切断电路中的电流，从而实现对用电器的控制。如图1-9所示。

现在车辆上有很多开关是传感器，只是传输驾驶员的操作指令给控制模块，并不直接通过电流。如图 1-10 所示。

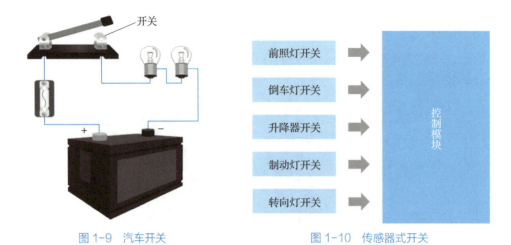

图 1-9　汽车开关　　　　　图 1-10　传感器式开关

（5）用电器

用电器是电能的转换元件，一般是将电能转换为动能、热能、光能等，最终实现车辆的相关功能。

我们常见的刮水器、电动后视镜、散热器风扇都是将电能转换为机械能，如图 1-11 所示。

图 1-11　电能转换为机械能用电器

玻璃上的加热丝和柴油发动机上的预热塞是把电能转换为热能的用电器，如图 1-12 所示。

 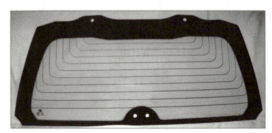

图 1-12　电能转换为热能的用电器

仪表内的 LED 指示灯和照明灯泡是将电能转换为光能的用电器，如图 1-13 所示。

图 1-13 电能转换为光能的用电器

（6）控制模块

控制模块是系统的大脑，如图 1-14 所示。

当驾驶员操作一些开关后，对应开关内的传感器会把信息以电信号的形式输送到控制模块，控制模块会通过运算判断是否需要让用电器工作；需要用电器工作时直接输出控制，使用电器工作。一般情况下模块不会直接控制用电器，模块会控制对应的继电器，使用继电器控制用电器。如图 1-15 所示。

 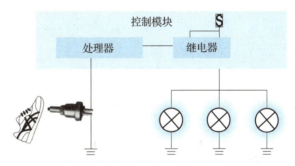

图 1-14 汽车控制模块 　　　　图 1-15 汽车控制模块工作原理

（7）导线

导线把各个电路中的组成部件连接起来，形成完整的电路。汽车上所用导线的粗细决定了其允许通过电流的大小，导线外部使用了不同颜色的绝缘层，是为了便于区分。如图 1-16 所示。

图 1-16 汽车导线（见彩插）

车辆上的导线分普通导线、屏蔽线及双绞线，在部分车型上还会有光纤。注意在维修更换导线时需更换原厂相同规格的配件。如图 1-17 所示。

图 1-17　汽车导线种类

（8）汽车电路特点

汽车电路按车辆结构形式、电器设备数量、安装位置、接线方法的不同而有所不同，但其电路一般有以下几个特点。

低压直流：汽油车一般采用 12V 电压，部分大功率柴油机采用 24V 电压，汽车上的用电设备基本都是直流用电设备。

单线制：电源到用电设备只用一根导线连接，而将汽车的金属车身作为公共回路，这种连接方式称为单线制。

负极搭铁：金属车身与蓄电池负极相连，便成为一条公共的搭铁线，所有用电设备均可以使用搭铁的方式与蓄电池负极相连。

双电源：所谓双电源，就是指蓄电池和发电机两个供电电源。其中发电机是主电源、蓄电池是辅助电源。

并联制：所有用电设备均采用并联方式连接，每个用电设备都由各自串联在其支路中的专用开关控制，互不产生干扰。

2. 汽车电路图的图形符号和表达方式

（1）汽车电路图中的元件符号

电路图使用的图形符号可分为 7 类，分别是：

1）限定符号，如正极、负极、交 / 直流等。

2）导线、端子和导线的连接符号，如接点、端子、多级插头的插座等。

3）触点与开关符号，如动合开关、动断开关、热继电器触点、机油压力开关等。

4）电器元件符号，如电阻、可变电阻、发光二极管等。

5）传感器符号，如空气流量传感器、温度传感器、转速传感器等。

6）仪表符号，如指针式仪表。

7）电器设备符号。如火花塞、照明灯等。

下面具体介绍大众汽车电路图的元件符号。如图 1-18 所示。

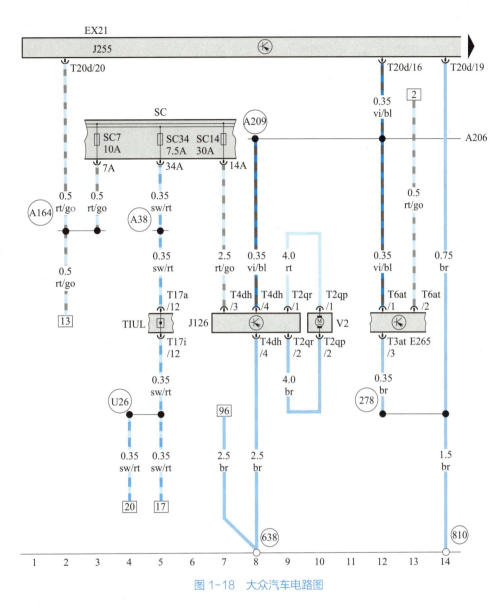

图 1-18 大众汽车电路图

蓄电池是车辆电力的储存元件,电流从蓄电池的正极流出,经过用电器后从蓄电池负极流入;熔丝是电路的保护装置;继电器用于控制电路完成启动、停止、联动等控制;搭铁点是搭铁靠螺栓锁紧在车身上。元件符号如图 1-19 所示。

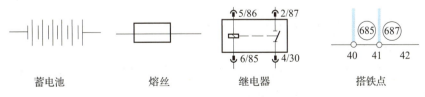

图 1-19 大众汽车电路图中电器元件符号(一)

手动开关,如车内开关、内部锁开关等;机械控制开关,如车门触动开关、制动灯开关等;手动按钮开关,如喇叭按钮、点烟器按钮;热敏开关,如风扇热敏开关、座椅调整电动机热敏开关；手动多级开关，如点火开关、灯开关；压力开关，如机油压力开关、空调压力开关。元件符号如图1-20所示。

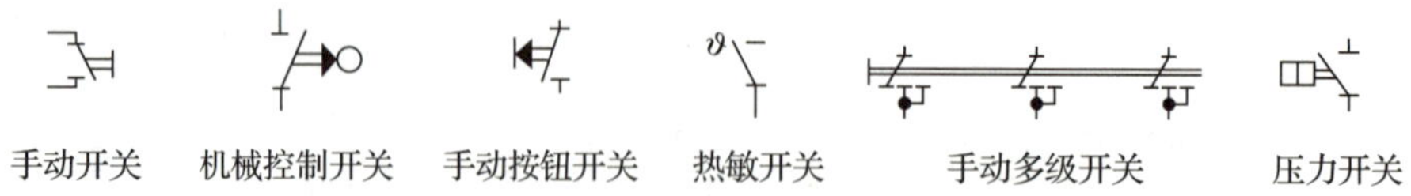

图1-20　大众汽车电路图中电器元件符号（二）

电阻、线圈，如防盗识读线圈；可变电阻，如节气门位置传感器、燃油表传感器；发光二极管、二极管；热敏电阻，如进气温度传感器；加热器加热电阻，如氧传感器等。元件符号如图1-21所示。

图1-21　大众汽车电器元件符号（三）

喇叭、电磁阀、点火线圈、速度传感器、感应式速度传感器、火花塞等。元件符号如图1-22所示。

图1-22　大众汽车电器元件符号（四）

电子控制器、指针式仪表、电子控制式继电器、起动机、带电压调节器的交流发电机等。元件符号如图1-23所示。

图1-23　大众汽车电器元件符号（五）

（2）汽车电路图的结构和表达方式

1 表示电器元件的符号，如EX21表示暖风空调操作。

2 表示控制单元的符号。

3 表示控制单元上多针插头代号、针脚数量及所连接的针脚编号，如T20d/20可解读为20芯插接器，针脚号为第20号。

4 表示熔丝架C代号。

5 表示熔丝代号。如熔丝架C上的第7号熔丝，允许通过的电流为10A。

6 表示导线内部连接代号，可以在电路图中元件代号和名称处查到该不可拆式连接点位于哪个导线内。

7 表示导线的延续，框内的数字指示导线在相同编号的部分有延续，如图中两个橙色框内，导线末端标注的 13 的含义是在地址码 13 位置上有一根导线与之相接。

8 是三角符号，表示该元件在下一张电路图中有延续。

9 表示导线的截面积和颜色。如 0.75/br 为 0.75mm^2，线色为褐色。

10 表示电路图符号，电动机。

11 表示为搭铁点的代号，可以在电路图中元件及名称处查询到搭铁点在车上的位置。

12 表示为地址码，表示插接器的位置。如图 1-24 所示。

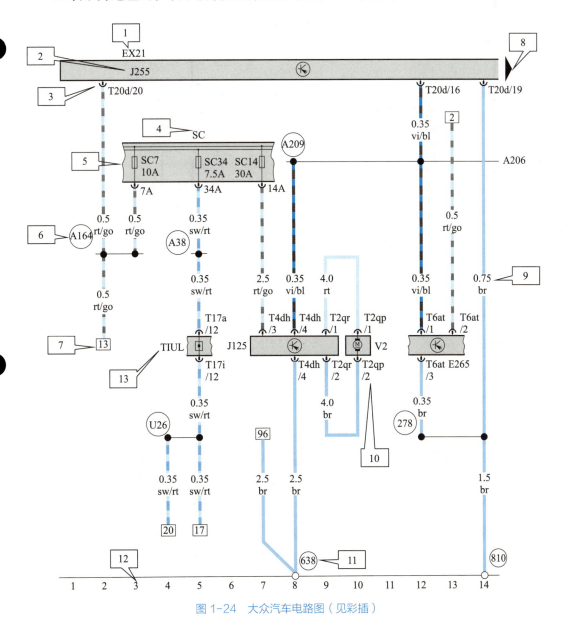

图 1-24　大众汽车电路图（见彩插）

3. 汽车电路图的识别要点

大众汽车电路图采用纵向排列、互不交叉的形式布置。可分为上中下三部分。上部多由电源线、熔丝、继电器以及控制单元组成。如图1-25所示。

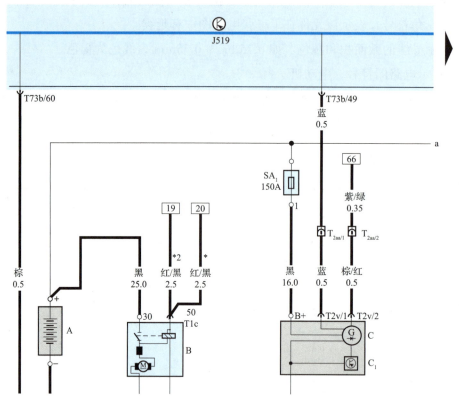

图 1-25　电路图的上部

中部多为电器元件与连接线，如电动机、电磁阀、点火线圈等。它是整个电路图中连线最多，结构最为复杂的部分。如图1-26所示。

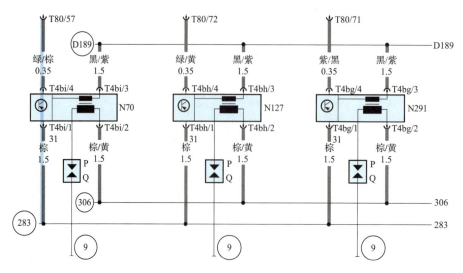

图 1-26　电路图的中部

下部为电路续接号，也称地址码。其作用是按顺序展现出整车的全部电路内容，同时也可反映某一部分电路中显示部分的续接。如图 1-27 所示。

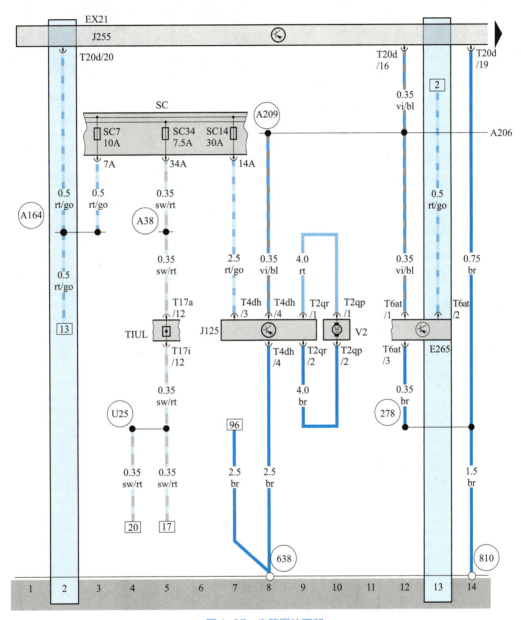

图 1-27　电路图的下部

大众汽车电路位置表现明了，使用不同的符号表示不同的元器件，使用不同的数字和字母组合来代表每个配电盘上的接线角，并且在每根导线上都标有线径和线色。电路图中的导线都为经纬线连接，使用地址码表示连接位置，我们先以这个制动灯为例，学习大众汽车电路图的基本读图方法。

1）导线颜色说明。在电路图中使用不同的英文缩写，表示不同的线色，ws 表示白色，sw 表示黑色，ro 表示红色，br 表示褐色，gn 表示绿色，bl 表示蓝色，gr 表示灰色，li 表示淡紫色，ge 表示黄色，or 表示橘黄色。如图 1-28 所示。

不同颜色组合在一起形成花线色，例如 ro/sw 为红黑色导线。如图 1-29 所示。

2）导线的代码说明，如图 1-30、图 1-31、图 1-32 所示。不同的导线使用不同的阿拉伯数字或字母表示，如 30 号线为长火线，一极与蓄电池正极相连接，电压为蓄电池电压。31 号线为搭铁线，连接汽车大架和蓄电池的负极。15 号线为点火开关直接控制的火线，即在点火开关打开时才有电，电压为蓄电池电压。

X 线是由卸荷继电器控制的火线，多用来控制辅助系统用电器的电源。其控制原理是由点火开关点火档，钥匙插入锁芯，顺时针转动一下，为点火档。像继电器线圈提供小电流。控制继电器工作。用继电器的触点，控制用电器的大电流。

50 号线为点火开关控制的起动火线。当车辆在起动时。点火开关起动档经此线，向起动机的磁力开关或起动继电器供电，控制起动机的工作。

P 线为点火开关在关闭时向驻车灯供电的火线。

ws	白色	sw	黑色
ro	红色	br	褐色
gn	绿色	bl	蓝色
gr	灰色	li	淡紫色
ge	黄色	or	橘黄色

图 1-28　汽车导线颜色缩写（见彩插）

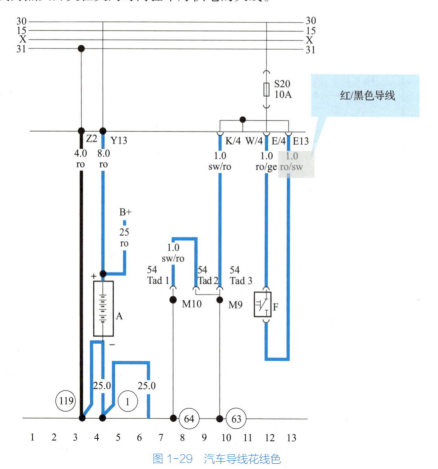

图 1-29　汽车导线花线色

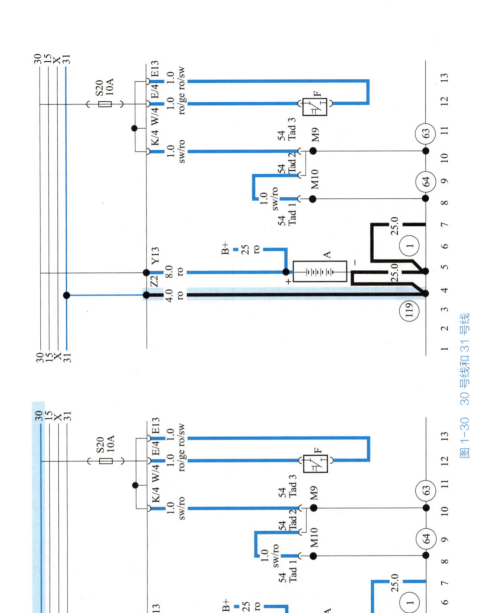

图1-30 30号线和31号线

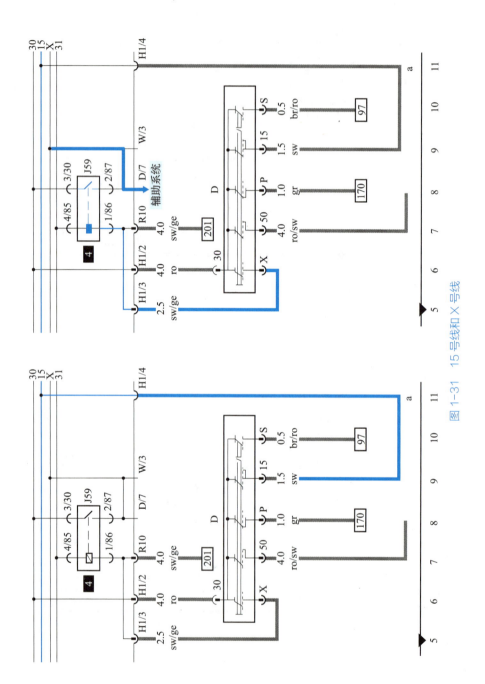

图1-31 15号线和X号线

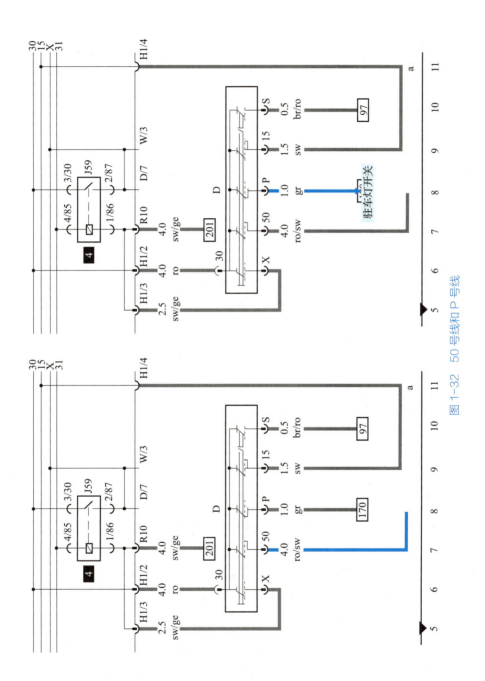

图1-32 50号线和P号线

3）熔丝编号、位置及额定功率。如 SB20 表示熔丝 B 架上的熔丝 20 号，SC17 表示熔丝架上的熔丝 17 号。S20 熔丝下边的编号 10A，表示其额定功率为 10A 的电流。当通过的电流超过 13A 时，熔丝将会自动熔断，防止大电流通过，烧毁电路。如图 1-33 所示。

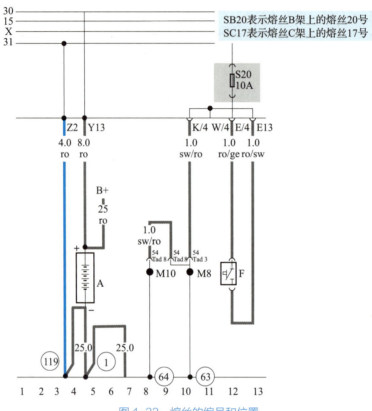

图 1-33　熔丝的编号和位置

4）灯泡。使用字母 L 或 M 开头的，表示为灯泡用电器。如 L22 为左前侧雾灯，L23 为右前侧雾灯，M9 为右侧制动灯，M10 为左侧制动灯。如图 1-34 所示。

5）连接点。表示此处连接的位置，如图 1-35 所示的圈 64 表示负极连接，连接点位于车身导线中。

6）控制开关。电路图中一般使用 E 某某表示为某控制开关。E26 表示为杂物箱照明开关，E2 为转向信号灯开关，E4 为手动防眩目功能、光信号喇叭开关，E45 为定速巡航开关等。如图 1-36 所示。

7）控制单元。在电路图中一般使用 J 某某表示为某控制单元的编码。如 J519 为车载电网控制单元，J965 为进入及起动系统接口单元。如图 1-37 所示。

8）阅读电路的方法有两种，一种为简单电路，另外一种为复杂电路。一般，简单电路中，从电源部分看起，到用电器最后到搭铁点，如图 1-38 所示。复杂电路一般从用电器开始看起。一路反向向电源部分看，另一路向搭铁点部分看，如图 1-39 所示。

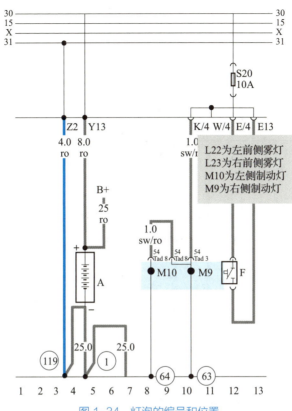

图 1-34 灯泡的编号和位置

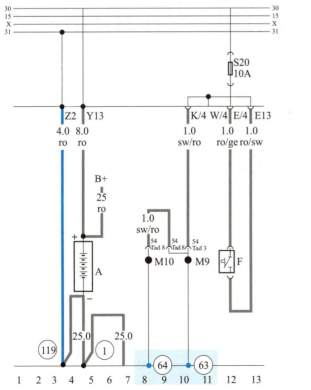

图 1-35 连接点的编号和位置

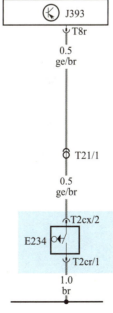

图 1-36 控制开关的编号和位置

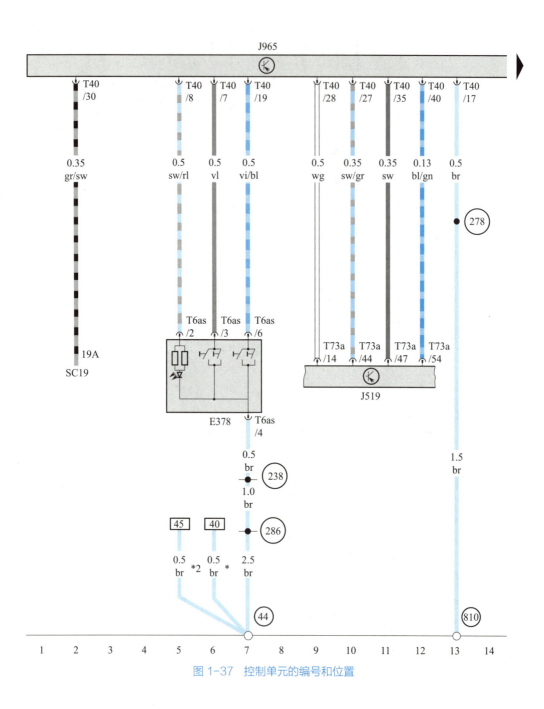

图 1-37　控制单元的编号和位置

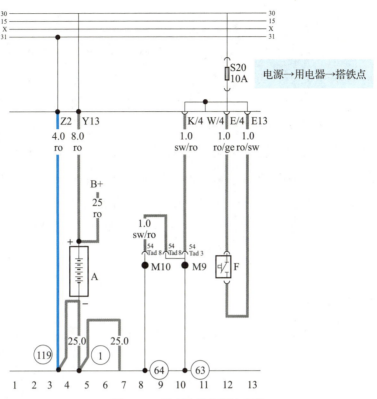

图 1-38　简单电路的阅读方法

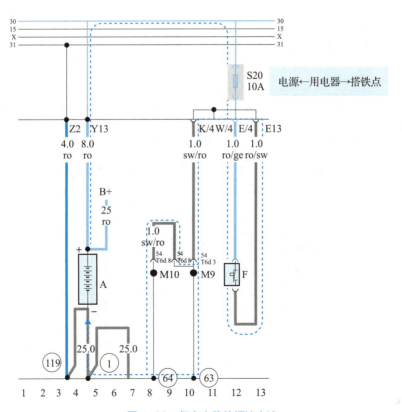

图 1-39　复杂电路的阅读方法

> 爱国主义不仅是一种精神、一种情怀,更是具体实际的自觉行动。青年人正处于人生的"拔节孕穗期",应坚持涵养爱国之情、砥砺强国之志、实践爱国之行相统一。奋斗是青春最亮丽的底色。如今,广大青年置身大有作为的新时代,新时代要有新气象,更要有新作为。这需要广大青年坚持学习书本知识与投身社会实践相统一,在火热的实践锻炼中认识国情、了解社会,不断提升能力本领、综合素养,努力成为学识广博、底蕴深厚、身心健康、知行合一的新时代青年,自觉将个人的青春之力、奋斗之志转化为脚踏实地、不懈奋进的报国行动,为实现中华民族伟大复兴的中国梦持续奋斗,在更广阔的天地中书写青春华章。

(二)任务计划与实施

引导问题 1:如图 1-40 所示,叶片式熔丝的结构为:

①:_____

②:_____

③:_____

引导问题 2:将熔丝的颜色与额定电流值填写在下表:

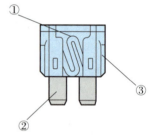

图 1-40 叶片式熔丝

颜色	红	蓝	黄	透明	绿
额定电流					

引导问题 3:如图 1-41 所示,简述继电器的结构和工作原理:

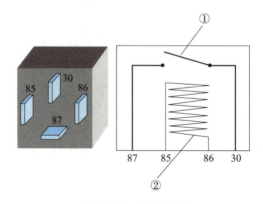

图 1-41 继电器结构

结构：_____
_____

工作原理：_____
_____

引导问题4：汽车蓄电池连接至前照灯的导线长度大约为5m，直径为5mm。铝合金的比电阻 $\rho=0.0303\Omega\cdot mm^2/m$。圆面积根据以下公式计算：$A=(d/2)2\times p$。计算出蓄电池导线的电阻。
_____
_____

引导问题5：电路图如图1-42所示，若每个前照灯的规格为12V、60W，请通过计算选择熔丝的大小。

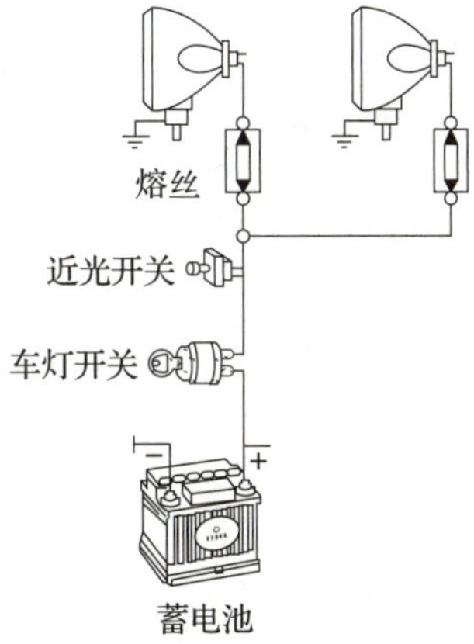

图1-42 前照灯电路

引导问题6：如图1-43所示，插头的结构：

①：_____

②：_____

③：_____

插头常见故障：_____、_____、_____。

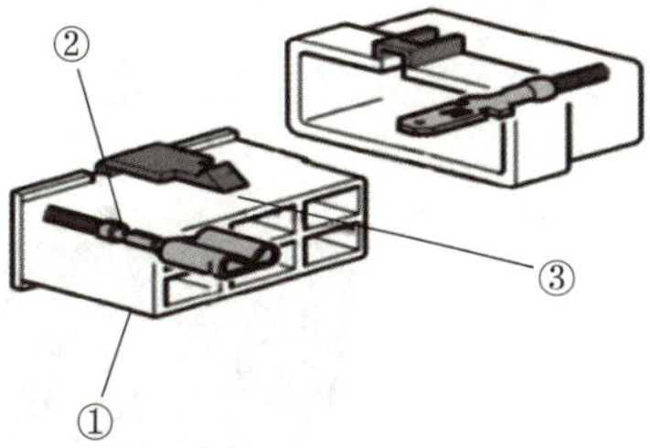

引导问题7：画出前雾灯的工作电路图，并写出前雾灯工作的电流流向。（电路图在绘制时要尽可能详尽，并标注针脚号、线色、名称注释等）。

图1-43 插头结构

_____
_____
_____
_____

引导问题 8：列出制作雾灯电路的工作过程，包含步骤、所用工具和注意事项等。

任务技能点 1：使用万用表

1. 准备工作

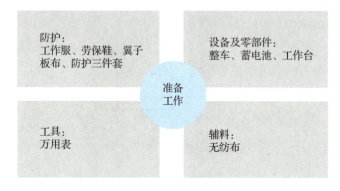

2. 数字万用表结构

数字式万用表的面板由电源开关、液晶显示屏、数据锁定键、转换开关、测试插口等组成。如图 1-44 所示。

数字式万用表的转换开关上显示的档位有：交流电压档、直流电压档、电阻测量档、交流电流档、直流电流档。如图 1-45 所示。

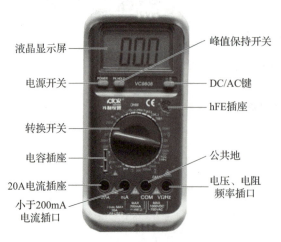

图 1-44　数字式万用表的面板

图 1-45　数字万用表的转换开关

万用表的下面有四个插口，分别是：测电压、电阻、二极管插口、COM 公共插口、最大电流为 250mA 小电流插口、最大量程为 10A 大电流插口。如图 1-46 所示。

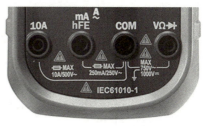

图 1-46 数字万用表插口

3. 直流电压、电阻、直流电流和二极管的测量方法

（1）数字万用表测量直流电压的方法

1）估算电压大小，选择相应的档位。

2）档位置于电压测量档，然后将黑表笔插入 COM 插口、红表笔插入 V 插口，红黑表笔接在被测设备两端。即可对电路电压进行测量。

3）测量时与被测量设备并联。

数字万用表测量直流电压的方法

注意：正常情况下红表笔连接正极、黑表笔连接负极进行测量，如果出现负值表示表笔连接反了，替换两根表笔即可。

（2）数字万用表测量电阻的方法

1）表笔插到相应的孔内。

2）对万用表进行校表。

3）估算电阻大小，选择相应的档位。

4）黑表笔插入 COM 插口，红表笔插入 Ω 插口，红黑表笔接在被测设备（电阻）两端。

5）测量时与被测量设备并联，被测用电设备断电。

数字万用表测量电阻的方法

注意：因人体有电阻，避免用手直接接触表笔；严禁使用电阻档进行安全气囊、安全带预紧器的电阻测量。

（3）数字万用表测量直流电流的方法

1）表笔插到相应的孔内。

2）档位置于电流测量档，黑表笔插入 COM 插口，红表笔插入 Ω 插口，被测电流从红、黑表笔两端接入。

3）估算电流大小，选择相应的档位（无法确定时从大档打到小档）。

4）测量时与被测量设备串联。接通电源开关，即可进行电流测量。

数字万用表测量直流电流的方法

注意：测试完电流后必须将档位及表笔恢复，否则有可能损坏万用表。

（4）数字万用表测量二极管的方法

档位置于二极管/通断测量档，红黑表笔接在被测设备两端，如图 1-47 所示。

1）表笔插到相应的孔内。

2）红表笔接二极管正极，黑表笔接二极管负极，这样就会显示二极管的正向压降。

3）调换表笔，液晶屏显示"1"为正常，二极管反向电阻很大，否则二极管已经击穿。

任务技能点2：使用示波器

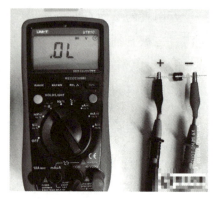

图1-47 数字万用表测量二极管的方法

1. 准备工作

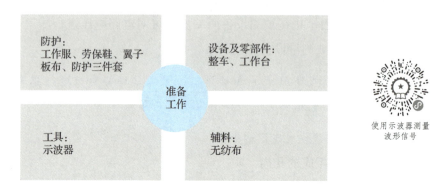

使用示波器测量波形信号

2. 示波器的结构

（1）示波器前后面板

示波器前面板主要包括：屏幕显示区域、控制菜单软键、多功能旋钮、功能菜单键区、垂直控制区、水平控制区、触发控制区、探头补偿信号连接片和搭铁端、模拟通道输入端和USB host接口，如图1-48所示。示波器后面板，如图1-49所示，示波器后面板主要包括：USB Device、LAN和通过测试输出端口。

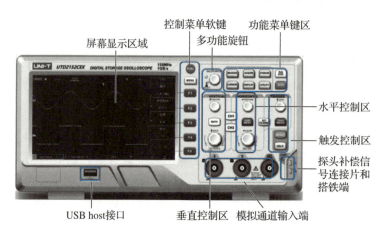

图1-48 示波器的前面板

图 1-49　示波器的后面板

（2）垂直系统

如图 1-50 所示，在垂直控制区有一系列的按键、旋钮。

1）垂直 POSITION：垂直移位旋钮，可移动当前通道波形的垂直位置，同时基线光标处显示垂直位移值。按下该旋钮可使通道显示位置回到垂直中点。

2）垂直 SCALE：改变垂直设置，并观察状态信息变化。您可以通过波形窗口下方状态栏显示的信息，确定任何垂直档位的变化。旋动垂直标度旋钮改变"VOLTS/DIV（伏/格直档位，可以发现状态栏对应通道的档位显示发生了相应的变化。按 CH1、CH2、MATH 屏幕显示对应通道的操作菜单、标志、波形和档位状态信息。双击 CH1、CH2、MATH 键关闭需要关闭的通道。

图 1-50　面板上的垂直控制区

（3）水平系统

如图 1-51 所示，在水平控制区有一系列的按键、旋钮。

1）使用水平 SCALE 旋钮改变水平时基档位设置，并观察状态信息变化。转动水平 SCALE 旋钮改变"SEC/DIV（秒/格）"时基档位，可以发现状态栏对应通道的时基档位显示发生了相应的变化。水平扫描速率从 2ns~50s，以 1-2-5 方式步进。

2）使用水平 POSITION 旋钮调整信号在波形窗口的水平位置。水平 POSITION 旋钮控制信号的触发移位。当应用于触发移位时，转动水平 POSITION 旋钮，可以观察到波形随旋钮而水平移动。

图 1-51　面板上的水平控制区

3）按 HORI MENU 按钮，显示 Zoom 菜单。在此菜单下，按 F1 可以开启扩展时间，再按 F1 可以关闭扩展时间而回到主时基。在这个菜单下，还可以设置触发释抑时间。

3. 波形的测量方法

（1）校准仪器

使用附件中的探头，将探头的 BNC 端连接示波器通道 1 的 BNC，探针连接到"探头补偿信号连接片"上，将探头的搭铁鳄鱼夹与探头补偿信号连接片下面的"搭铁端"相连。

探头补偿信号连接片输出为：幅度约 3Vpp，频率默认为 1kHz。

按 AUTO（自动设置）键，显示屏上应出现方波（幅度约 3Vpp，频率 1kHz）。

（2）测量

1）将探头菜单衰减系数设定为 10×，并将探头上的开关设定为 10×。

2）将 CH1 的探头连接到燃油油位传感器信号电路上。

3）按下 AUTO 按钮。数字存储示波器将自动设置使波形显示达到最佳。

4）在此基础上，进一步调节垂直、水平档位，直至波形显示美观、清晰。

任务技能点 3：选取插接器和开关

1. 准备工作

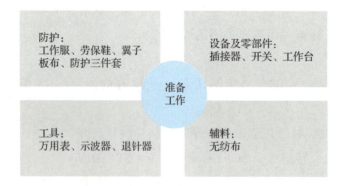

插接器和开关是汽车电路中的两个重要组成部分。插接器相当于桥梁，把整车的电路连接在一起；开关通过接通和断开电路，控制用电器的工作状态。

2. 插接器

插接器是一种连接导线与导线之间、导线与用电设备之间、导线与开关之间的电器装置，又称为连接器。因为插接器连接可靠、检修方便，所以汽车上广泛采用。如图 1-52 所示。

图 1-52 汽车插接器

为保证插接器的可靠连接，插接器上都有锁紧装置；而且为了避免安装中出现差错，插接器还制成不同的规格、形状。如图 1-53 所示。

插接器由插针、外壳、保险装置等组成。插针有公插针和母插针两种，两者是偶件，成对出现。外壳外部有插接器锁紧装置，内部有倒钩固定插针。驾驶室外的插接器上还会带有密封装置。如图 1-54 所示。

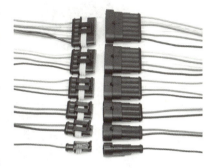

图 1-53 不同规格的插接器

断开与连接插接器

图 1-54 插接器的结构

断开插接器时，需要先按住插接器上的锁紧装置，然后往两侧拉动插接器即可断开。安装插接器时，需要先对正插接器，然后用力往中间推，安装到位后会听到"咔嚓"的响声。

插接器常见的故障有虚接和退针，当遇到此类故障后都要使用退针器取出插针并进行维修。如图 1-55 所示。

首先使用小一字螺钉旋具取出保险装置，选择合适的退针器，沿插针方向往内部，轻轻拨动倒钩，然后向外拉动导线，即可取出插针，对插针进行相关维修。

图 1-55 退针器

安装插针相对比较简单。首先确认插针的安装方向，然后捏着导线往里面推插针，到位后倒钩会发出轻微的振动，最后复位保险装置。安装完成后，最好轻轻拉一下对应的导线，检查一下安装是否到位。

插接器的退针流程　　插接器插针安装流程

3. 开关

开关的作用就是控制电路的通与断,最终实现对用电器的控制。汽车上常见的开关有旋转式、板柄式、按键式和顶杆式,现在有很多高配车型带有触摸式开关。如图 1-56 所示。

汽车开关基本结构及原理

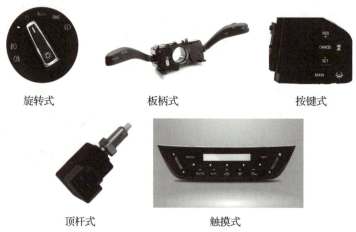

旋转式　　　　板柄式　　　　按键式

顶杆式　　　　触摸式

图 1-56　不同种类的汽车开关

早期的开关需要给用电器供电,断开开关后,会停止供电,最终停止用电器的工作,该类型的开关使用一段时间后容易出现触电烧蚀的现象。如图 1-57 所示。

图 1-57　早期开关的工作原理及烧蚀现象

现在的开关只起传感器的作用,把相关指令信息输送给控制模块,由控制模块来控制用电器,这样可以提高开关的使用寿命。如图 1-58 所示。

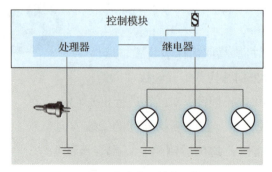

图 1-58　现代汽车开关的工作原理

常见的开关传感器有触点型开关传感器、电阻型开关传感器和模块型开关传感器。如图 1-59 所示。

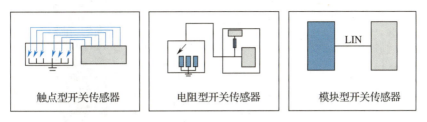

图 1-59　常见的开关传感器类型

触点型开关传感器有多条信号线，打开开关后，对应的信号线就会给控制模块一个搭铁信息，控制模块根据信号线的位置确定开关的档位。此类开关出现故障后，可以使用万用表的电阻档测试对应档位信号线和开关搭铁线之间的电阻值。正常情况下，打开档位的信号线和搭铁线之间的阻值应该小于 1Ω，这种开关的测试方法与传统开关的测试方法相同。如图 1-60 所示。

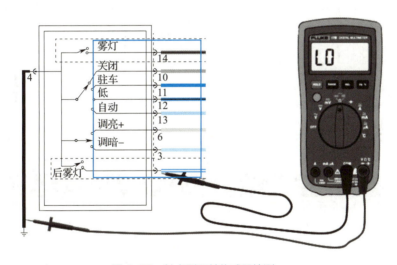

图 1-60　触点型开关传感器检测

电阻型开关传感器内部对应档位的开关上串联有不同阻值的电阻，开关打开到不同的档位，就会有不同阻值的电阻串联进电路，模块根据电阻值的不同判断打开在哪个档位。此类开关出现故障后，可以使用万用表的电阻档位测量开关的阻值，查看阻值是否正确。如图 1-61 所示。

模块型开关传感器是新型的开关传感器，它既是开关又是模块，通过网络线进行开关信息的传递。此类开关出现故障后，可以用万用表的电压档位测量传感器的供电和搭铁，对于信号线可以使用示波器进行测量。如图 1-62 所示。

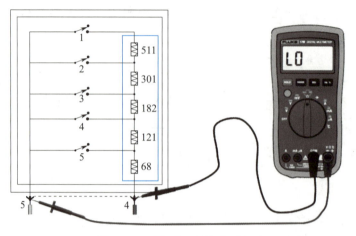

图 1-61 电阻型开关传感器检测

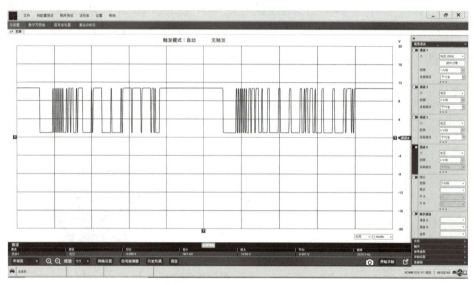

图 1-62 模块型开关传感器检测

任务技能点 4：选取熔丝和继电器

1. 准备工作

熔丝和继电器是汽车电器供电部分的重要组成部分。这两个部件有任何一个出问题，都会导致用电器不能工作。

2. 汽车熔丝

熔丝的作用是保护线路及用电设备。电路过载使电流过大会使电路中的导线发热，包裹在导线外面的绝缘体有可能熔化，甚至起火。为防止电路中电流过载而损坏电路，需要使用熔丝对电路进行保护。当有过大的电流通过时，熔丝就会被熔化，从而切断电路，避免电路和电路部件的损坏。

常见的熔丝有叶片式熔丝、盒式熔丝和平板式熔丝，老的车型里还有玻璃管熔丝。如图1-63所示。其中平板式熔丝主要在蓄电池熔丝盒内，通过螺钉连接在电路中，为起动机、发电机等大功率用电设备供电。如图1-64所示。

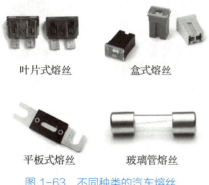

图1-63　不同种类的汽车熔丝

图1-64　平板式熔丝位置

每个熔丝上都会写有一个数字，表示该熔丝的额定安培数。片状熔丝也有多种颜色，这些颜色也代表了不同的熔断电流。目前国际通用标准为：1A 浅绿色、2A 灰色、3A 紫色、5A 橘黄色、7.5A 咖啡色、10A 红色、15A 蓝色、20A 黄色、25A 透明无色、30A 绿色、35A 紫色、40A 深橘色。如图1-65所示。

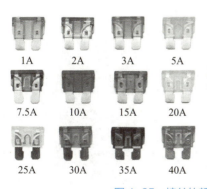

图1-65　熔丝的颜色与额定安培数（见彩插）

当怀疑熔丝出现问题的时候，可以使用目测法和测量法进行判断。目测法需要取下对应的熔丝，然后用肉眼观察熔丝是否断开，如图1-66所示。

测量法可以使用电压测试法，也可以使用电阻测试法。电压测试法：使用万用表或试灯，分别测试熔丝的两端是否有电。正常情况下两端都应该有电，如果一端有电另一端没电，说明熔丝损坏了。如图1-67所示。电阻测试法需要取下熔丝，打开万用表电阻档位，然后对熔丝的两个插脚进行测量。正常情况下应该接近0Ω，如果阻值无穷大，表示熔丝损坏。如图1-68所示。

图1-66　目测法

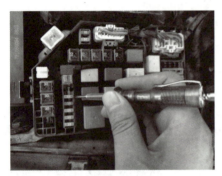

图1-67　电压测试法

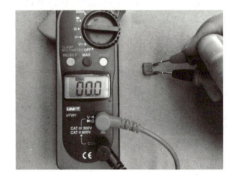

图1-68　电阻测试法

熔丝损坏一般是由于电路有问题导致的，需要对电路进行检查，排除问题后再更换新的熔丝。更换熔丝时，要安装与额定电流相同的熔丝，如果没有相同安培的熔丝，可以暂时用略小于规定安培的代替，坚决不能使用大于规定安培的熔丝。

3. 继电器

继电器是一种电子控制器件，由控制系统和被控制系统组成，它的作用就是用较小的电流去控制较大电流的一种"自动开关"。

目前常见的继电器大多都是控制型继电器，汽车上还有个别功能型继电器，如闪光继电器。如图1-69、图1-70所示。

继电器工作原理

图1-69　控制型继电器

图1-70　功能型继电器

功能型继电器按照内部的触点结构不同，又可分为常开型、常闭型和混合型三种。如图1-71所示。

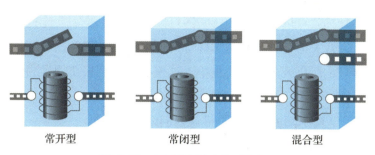

图 1-71 不同类型的功能型继电器

当继电器线圈通电后,线圈会产生磁场,在磁场的作用下,衔铁被吸向铁心,从而推动常闭触点断开,常开触点闭合;当线圈断电后,机械反力大于电磁吸力时,衔铁回到初始状态,常开触点断开,常闭触点接通。

当怀疑继电器有故障的时候,可以使用万用表电阻档对其进行测量判断。首先进行静态检测,使用万用表测试继电器的线圈两个插脚之间的阻值,正常情况下应该导通。如果电阻无穷大,说明线圈有断路现象;测试两个触点插脚之间的阻值,正常情况下应该为无穷大,如果阻值非常小,说明触点出现粘连故障。

继电器静态测试

静态测试正常后,需要再进行动态测试。先给继电器线圈加 12V 电压,然后使用万用表测试继电器触点之间的阻值,此时应该小于 1Ω,如果阻值很大,说明继电器触点有虚接现象,需要更换继电器。

继电器动态测试

任务技能点 5:制备并敷设电路

制备并敷设电路

1. 准备工作

2. 电路的设计与制备

1)我们需要给改装部分设计一张电路图,计划出所有需要用到的电器部件。

2)首先需要两个雾灯,它们并联连接在一起。在雾灯的上面还需要一个熔丝,对整个电路起到保护作用。因为雾灯的功率太大,所以还需要用一个继电器进行控制,这样更安全。继电器线圈的一端与电源线相连,在继电器线圈的另一端与搭铁之间安装一个控制开关就可以了。因为正常雾灯的控制逻辑是需要先打开示廓灯，再可以打开雾灯，所以开关的信号线要从示廓灯后面取，这是正常的雾灯控制电路。因为由继电器控制雾灯，所以开关的负荷很小，这里也可以直接使用示廓灯开关来进行控制，只要打开示廓灯开关，雾灯和示廓灯都能点亮。

3）接通控制开关后，继电器线圈搭铁控制线导通，继电器线圈通电吸合，电源经过接通的继电器触点到雾灯，最终雾灯点亮。断开控制开关后，继电器线圈搭铁控制线断开，继电器在弹簧力的作用下复位触点断开，切断雾灯的供电，雾灯熄灭。

从电路图来看，该电路所需要的部件有雾灯、熔丝、继电器、相关导线，还有雾灯插接器、熔丝插座和继电器插座。如图1-72所示。

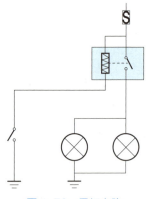

图1-72 雾灯电路

4）控制开关相关的线路，只是传递控制信息，不通过大电流，用较细的导线就行；熔丝到两前雾灯供电电路的负荷比较大，要用粗一点儿的导线。

5）两个雾灯是并联关系，单个雾灯的功率为55W，使用功率定律可以算出单个灯泡的电流为4.6A，两个灯泡并联的总电流为9.2A，熔丝的熔断电流大致是额定电流的1.5倍，算出熔丝的熔断电流为13.8A，所以要选用15A的熔丝，选继电器的额定电流也要高于15A。

6）需要的部件准备齐全后，我们就可以按照设计的电路进行敷设安装了。

3. 线路的敷设安装

1）将两个前雾灯，安装在保险杠上，继电器和熔丝找到合适的固定位置。

2）把两个雾灯插接器的搭铁线连接在一起，并在车身上找到比较牢靠的搭铁点进行固定。

3）把两个雾灯插接器的供电线连接在一起，并与继电器触点的87号脚相连。

4）把熔丝的一条线与常电源连接，另一条线与继电器的供电线连接好，继电器的控制线与示廓灯继电器的控制线并联在一起，线路安装完成。

5）打开点火开关并开启示廓灯，可以看到示廓灯和前雾灯同时点亮了，说明电路安装没有问题。

6）使用电工胶带把相关导线包裹在一起，进行保护处理；为了防止加装的导线与其他部位出现干涉或磨损，使用轧带对导线进行固定，雾灯导线的敷设安装完成。

（三）任务评价反馈

1. 小组自评表能够让小组成员对各自的信息检索能力、任务认知程度、参与状态、学习方法和工作过程等方面进行评价，从记忆、领会、应用、分析、反馈全方位评估自己对知识的学习及掌握情况，见表1-1。

表1-1 小组自评表

班级		组名		日期	
评价指标	评价要素			分数	分数评定
信息检索	能有效利用网络资源、工作手册查找有效信息；能用自己的语言有条理地去理解、表述所学知识；能将查找到的信息有效地转换到工作中			10	
任务认知	熟悉各自的工作岗位，认同工作价值；在工作中获得满足感			10	
参与状态	与教师、同学之间相互尊重、理解、平等相待；与教师、同学之间能够保持多向、丰富、适宜的信息交流			10	
	探究学习、自主学习不流于形式，处理好合作学习和独立思考的关系，做到有效学习；能够提出有意义的问题或能发表个人见解；能按要求正确操作；能够倾听、协助分享			10	
学习方法	工作计划、操作技能符合规范要求；能获得了进一步发展的能力			10	
工作过程	遵守管理规程，操作过程符合现场管理要求；注意平时上课的出勤情况和每次完成工作任务的情况；善于多角度思考问题，能主动发现、提出有价值的问题			15	
思维状态	能发现问题、提出问题、分析问题、解决问题、创新解决问题方法			10	
自评反馈	按时按质地完成工作任务；较好地掌握了专业知识点；具有较强的信息分析能力和理解能力；具有较为全面严谨的思维能力并能条理清晰地表述成文			25	
自评分数					
有益的经验和做法					
总结反思建议					

2. 小组互评表能够让小组成员从信息检索能力、任务认知程度、参与状态、学习方法和工作过程等方面对其他小组进行评价，通过互相评价环节，学习其他小组的长处，弥补自己小组的不足，见表1–2。

表1–2 小组互评表

班级		被评组名		日期	
评价指标	评价要素			分数	分数评定
信息检索	该组能有效利用网络资源、工作手册查找有效信息			10	
	该组能用自己的语言有条理地去理解、表述所学知识			5	
	该组能将查找到的信息有效地转换到工作中			5	
任务认知	该组能熟悉各自的工作岗位，认同工作价值			5	
	该组成员能在工作中获得满足感			5	
	该组能处理好合作学习和独立思考的关系，做到有效学习			5	
	该组能提出有意义的问题或能发表个人见解，按要求正确操作，能够倾听、协助分享			5	
	该组能积极参与工作任务，并在过程中综合运用信息技术的能力得到提高			5	
学习方法	该组工作计划、操作技能符合规范要求			5	
	该组获得了进一步发展的能力			5	
工作过程	该组遵守管理规程，操作过程符合现场管理要求			10	
	该组平时上课的出勤情况和每次完成工作任务的情况			10	
	该组善于多角度思考问题，能主动发现、提出有价值的问题			10	
思维状态	该组能发现问题、提出问题、分析问题、解决问题、创新问题			5	
自评反馈	该组能严肃认真地对待自评，并能独立完成自测试题			10	
互评分数					
简要评述					

3. 教师评价的内容主要包括小组的出勤状况、信息检索能力、计划制订是否完善、工作过程是否规范等，能够帮助学生更好地理解工作任务，促进对任务知识点、技能点的消化和吸收，见表1–3。

表1-3　教师评价表

班级		组名		姓名	
出勤情况					
评价指标	评定要素			分数	分数评定
职业素养	坚持社会主义核心价值观			5	
	具备信息素养			5	
	具备探究学习、终身学习的能力			5	
	在实操过程中体现劳模精神、劳动精神、工匠精神			5	
	具备良好的职业道德和环保意识			5	
道德品质	遵守实训试验场所、场地等公共场所的管理规定，自觉维护秩序			5	
	在公共场所举止文雅，文明礼貌			5	
	爱护公物，保护公共设施			5	
信息检索	能够顺利完成教师安排的任务，快速找到有效信息，并转化到工作中去			5	
任务认知	能够读懂文字的表达内容			5	
	能够满足岗位工作要求，掌握工作流程，熟悉注意事项			5	
参与状态	与教师、同学之间相互尊重、相互理解			5	
	能够做到独立思考、表达自己的想法			5	
	能够按照要求正确操作、能够倾听对方表达的内容，乐于分享			5	
学习方法	能够按照工作内容的紧急情况合理制订计划			5	
	能够按要求完成工作计划，且操作符合规范			5	
工作过程	操作符合安全规定			5	
	操作符合流程规范			5	
	能协助他人完成任务			5	
思维状态	工作过程思维清晰，对工作结果能够正确预判，对其他相关工作有帮助			5	
师评分数					
综合评价					

三、任务拓展信息

汽车电子电气的发展趋势

随着科技的发展，生活中的电气系统越来越丰富，满足了我们的日常生活需求。在科技的影响下，汽车电气系统也会与日常生活同步进行着更新迭代，汽车电气系统有朝节能、高效、便捷、智能方面发展的趋势。

下面我们了解一下车载网络、语音控制、LED 照明和驾驶辅助等新的电气功能。

随着汽车技术的不断发展，越来越多的点对点硬线通信被车载网络通信所代替。车载网络可以使用一条或者两条线传递多个信号，这样可以减少导线和插头的数量，实现简化布线；降低制造成本；减少故障发生的概率；使信息传输通信更加简单和高效。如图 1-73 所示。

为了提高驾乘的便捷性和安全性，目前很多车辆上都配备智能语音系统，需要打开一些功能的时候，直接对车机说一句话，即可开启相关功能。这样可以解放驾驶员的双手，也不用分心去看中控台上的按键，使驾驶变得更安全、车辆操作更方便。

现在越来越多的前照灯使用 LED 照明灯。LED 技术可降低能耗、延长使用寿命并提供出色的照明质量。前照灯中增加 LED 灯数量可使不同照明模式间的切换更加顺利，从而适应各种驾驶条件。摄像头持续监测前方道路情况，前照灯控制模块可以不断地调整前照灯的光线范围和分布，精确地控制光束，防止车灯对其他车辆产生眩目，提高行车安全。

驾驶辅助技术已经让驾驶变得更容易，车辆可以在碰撞即将发生时发出警告，或者帮助驾驶员制动车辆，让驾驶员在高速公路上保持在自己的车道上，甚至为驾驶员监视盲点，但当车辆即将发生碰撞时，仅靠制动是不够的，规避转向辅助技术可以帮助驾驶员绕过它，避免碰撞的发生，该功能在紧急情况下非常有用，这个过程由驾驶员触发，他们有绝对的控制权，并采取行动的最初决定。摄像头和雷达两个传感器在汽车的前部探测其他车辆并确定是否有碰撞的风险，如果有紧急情况，系统会用视觉和声音警告驾驶员。如果驾驶员没有反应，系统会自动进行制动，但如果距离太短，来不及停下来，而驾驶员只能通过绕过障碍物来避免碰撞，驾驶员只需移动转向盘即可触发规避转向辅助系统，系统会根据障碍物的大小和距离，计算出规避物体的最佳路径，帮助驾驶员进行转向，让车辆绕过障碍物。

根据以上的内容，我们了解到车载网络、语言控制、LED 照明和驾驶辅助技术等是未来汽车电子电气技术的发展趋势，在这些方面，民族品牌、国产汽车走在了时代的前列，如比亚迪汽车的 "Dragon Beam" 车灯科技技术，创造性地把 LED 灯光和汽车造型设计巧妙地融合成一体；再如，小鹏汽车的小鹏 P7 搭载的 XPilot 3.0，堪称 "地表最强" 辅助驾驶硬件架构，使汽车达到了 L2~L3 级别自动驾驶水平；还有，理想 ONE 的语音交互支持能够实现 50 多项功能调节，极大地提高了汽车的驾乘体验。

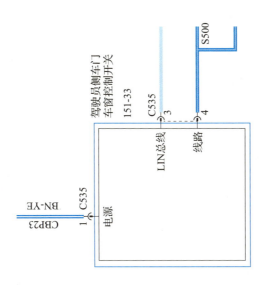
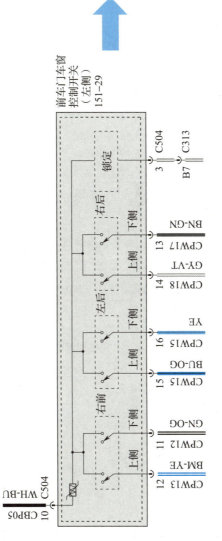

图1-73 车载网络技术

学习任务 2
蓄电池检查保养

一、任务说明

任务描述	客户报修车辆仅通过起动辅助装置起动，需要检查蓄电池并在必要时更换，你需要了解哪些知识以帮助你完成该工作任务？ 蓄电池检查保养任务案例
任务所属模块课程	● 动力系统检修　　　　　　　　　　　（　　） ● 变速器与传动系统检修　　　　　　　（　　） ● 转向悬架系统检修　　　　　　　　　（　　） ● 制动安全系统检修　　　　　　　　　（　　） ● 电气与控制系统检修　　　　　　　　（ ✓ ） ● 空调与舒适系统检修　　　　　　　　（　　） ● 动力与底盘网关控制系统检修　　　　（　　） ● 车身与娱乐网关控制系统检修　　　　（　　）
任务对应工作领域	● 汽车动力与驱动系统工作领域　　　　　　　　（　　） ● 汽车转向悬架与制动安全系统工作领域　　　　（　　） ● 汽车电子电气与空调舒适系统工作领域　　　　（ ✓ ） ● 汽车全车网关控制与娱乐系统工作领域　　　　（　　）
任务育人目标描述	
树立安全第一、生命至上的理念	
职业技能（能力）要求描述	
行为	能进行汽车电子电气与空调舒适系统工作领域中蓄电池的检查保养
条件	车辆/设备：2018 款大众迈腾；配置：380TSI、DSG 豪华型 工具及场地要求： 维修工位 4 个、车辆配套维修手册 4 本、工具车（万用表、诊断仪及相关通用、专用工具）4 套、普通蓄电池 4 个、免维护蓄电池 4 个、充电器 4 个、密度计 4 个、智能蓄电池测试仪 4 个、比重计 4 个
标准与要求	● 树立分析问题、解决问题的信心 ● 提高沟通协调、团队合作的能力 ● 强化安全生产、规范操作的意识 ● 能够分析蓄电池工作原理 ● 能够选择蓄电池型号 ● 能够检测蓄电池状态 ● 能够补充蓄电池电量 ● 能够更换蓄电池
成果	完成蓄电池的检查并在必要时更换

二、任务学习与实施

（一）任务引导与学习

引导问题 1：如图 2-1 所示，说出下列数字所指示的蓄电池部分结构的名称。

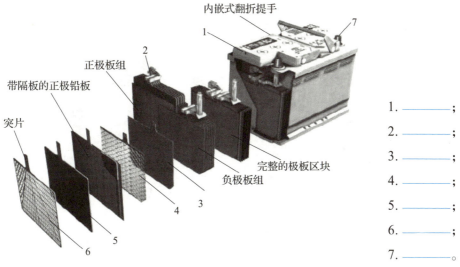

图 2-1　蓄电池结构

1. _____；
2. _____；
3. _____；
4. _____；
5. _____；
6. _____；
7. _____。

正极板上的活性物质：_____；负极板上的活性物质：_____。

电解液的配制方法：_____

引导问题 2：蓄电池的工作原理如图 2-2 所示。

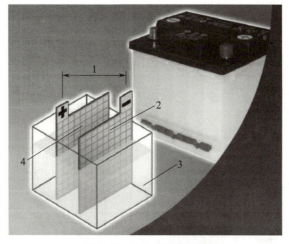

图 2-2　蓄电池工作原理

蓄电池电动势的建立：

图中 1 表示 $U=$_____V；2 表示负极板上的活性物质是_____；3 表示电解液是_____；4 表示正极板上的活性物质是_____。

引导问题3：蓄电池的充电，如图2-3所示。

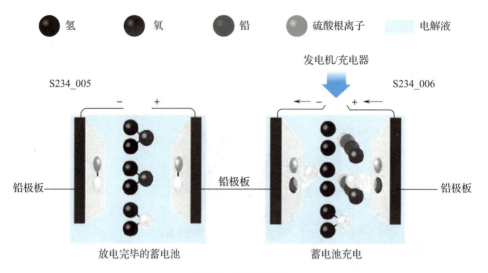

图2-3　蓄电池充电

充电完成以后，正极板上的活性物质是_____；负极板上的活性物质是_____；蓄电池电压为_____。

看图说明蓄电池充电过程：

引导问题4：蓄电池的放电，如图2-4所示。

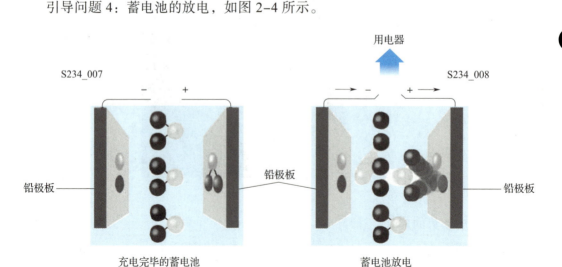

图2-4　蓄电池放电

放电完成以后，正极板上活性物质是_____；负极板上的活性物质是_____；蓄电池电压为_____。

看图说明蓄电池的放电过程：

引导问题 5：现代车用蓄电池的特点有哪些？请做出总结。

> 知识
> 链接

1. 蓄电池的结构和工作原理

汽车上的蓄电池结构主要包括电槽、隔板、端子、上盖/顶盖、池槽、极板等。目前，轿车上使用的蓄电池主要有普通铅酸蓄电池和免维护蓄电池两种，如图 2-5 所示。

a）普通铅酸蓄电池

b）免维护蓄电池

图 2-5 常见的蓄电池类型

（1）普通铅酸蓄电池的结构

普通铅酸蓄电池由极板、隔板、壳体、电解液等部分组成，如图 2-6 所示。其中，壳体为一整体式结构的容器，一般分为 6 个格，每格里都装有电解液，将正负极板组和隔板浸入电解液中便成为一个单格电池。每个单格电池的标称电压为 2V，6 个单格电池由联条串联起来，成为 12V 蓄电池，通过正极柱（正极端子）和负极柱（负极端子）与外界相连。

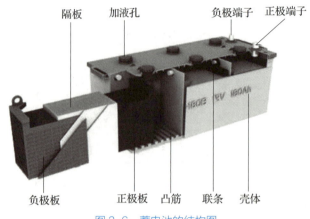

图 2-6 蓄电池的结构图

1) 单格电池的组成。将正极板组、负极板组和隔板浸入电解液中，便组成一个单格电池。

正极板组的组成：在铅锑砷合金铸成的栅架上填充棕红色的活性物质二氧化铅（PbO_2），组成正极板。再取 n 片正极板，用连接板相连，便组成正极板组，如图 2-7 所示。

图 2-7 正极板组的组成（见彩插）

负极板组的组成：在铅锑砷合金铸成的栅架上填充青灰色的活性物质纯铅（Pb），组成负极板。再取 $n+1$ 片负极板，用连接板相连，便组成负极板组。如图 2-8 所示。

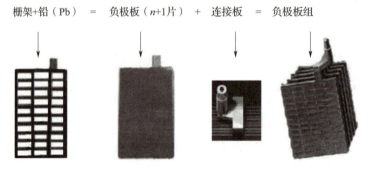

图 2-8 负极板组的组成（见彩插）

取一套正极板组和一套负极板组，交叉组装，为了避免正负极板相互接触而短路，在每两片相邻正负极板间放置一片微孔塑料或玻璃纤维制成的隔板，浸入电解液中，便组成一个单格电池，如图 2-9 所示。

图 2-9　单格电池的组成（见彩插）

注意：每个单格电池中，负极板组比正极板组多一片，即每个单格电池的最外面两片极板均为青灰色的负极板。这是因为，正极板上的活性物质较疏松，机械强度低，把正极板夹在负极板中间，可使其两侧放电均匀，在工作时不易因活性物质膨胀而翘曲，不易造成活性物质脱落。

2）电解液。电解液由专用硫酸和蒸馏水按一定比例配置而成，密度一般在 $1.24 \sim 1.31 \mathrm{g/cm}^3$。电解液与极板上的活性物质发生化学反应，来完成蓄电池的功能。

注意：一般的工业用硫酸及普通水中含有铁、铜等导电杂质，绝不能加入到蓄电池中，否则会自行放电或损坏极板。

3）壳体。壳体分成 6 个互不相通的单格。

底部有凸起的肋条（凸筋），用于搁置极板组，并在其下方形成沉淀槽，用来容纳发生化学反应时脱落的活性物质，以避免活性物质堆积起来使正负极板相接触而短路。

上部的盖板上留有 6 个加液孔，用来向 6 个单格中分别加入电解液。加液孔上旋有通气孔盖，盖上有通气孔，用来排出化学反应时产生的 H_2 和 O_2，以防蓄电池过早损坏或爆炸。

（2）免维护蓄电池的结构

与普通铅酸蓄电池的结构相比，免维护蓄电池具有以下特点：

1）栅架改为铅钙合金材料。去除了锑的成分，避免了锑的副作用，如自放电，充电时产生的水分解量多等。

2）隔板改为袋式聚氯乙烯材料。如图 2-10 所示，将正极板放入袋内，以保护正极板上的活性物质不脱落，并能防止极板短路。

3）壳体底部没有沉淀槽，节省了空间；除通气孔外全密封，且通气孔采用新型装置，内装催化剂，阻止了水蒸气和硫酸气体的通过，因此不需要添加任何液体，且对接线桩头、导线腐蚀小；自带内装式电解液密度计（电眼），可以非常直观地了解蓄电池的电力状态，如图 2-11 所示。

图 2-10　袋式聚氯乙烯隔板

图 2-11　带内装式密度计的免维护蓄电池

（3）蓄电池的工作原理

当极板浸入电解液时，在负极板处的金属铅受到两方面的作用，一方面它有溶解于电解液的倾向，因而有少量铅进入溶液，生成 Pb^{2+}，在极板上留下两个电子，使极板带负电；另一方面，由于正、负电荷的吸引，Pb^{2+} 有沉附于极板表面的倾向。当两者达到平衡时，溶解便停止，此时极板具有负电位，约为 –0.1V。

在正极板处少量 PbO_2 溶入电解液，与水生成 $Pb(OH)_4$，再分离成四价铅离子 Pb^{4+} 和氢氧根离子 OH^-。由于 Pb^{4+} 沉附于极板的倾向，大于溶解的倾向，因而沉附在正极板上，使极板呈正电位。当达到平衡时，约为 +2.0V。

因此，当外电路未接通，反应达到相对平衡状态时，蓄电池的单格静止电动势 E_0=2.0V–（–0.1）V=2.1V。蓄电池的工作过程，如图 2-12 所示。

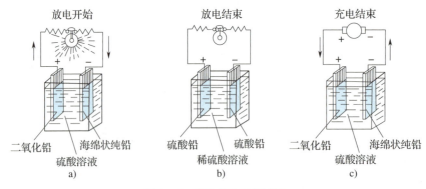

图 2-12　蓄电池的工作过程

1）放电。放电反应如图 2-13 所示。当接通外电路负载蓄电池放电时，正极板上的 PbO_2 和负极板上的 Pb 与 H_2SO_4 发生化学反应，生成了 $PbSO_4$ 并附在极板上。随着放电的不断进行，硫酸逐渐消耗，并且生成水，电解液中的硫酸减少了，水增多了,使电解液浓度逐渐减小,电解液的密度下降了。

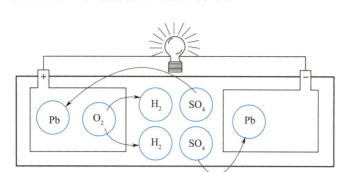

图 2-13 放电过程中蓄电池内部产生的化学反应

2)充电。充电反应如图 2-14 所示。连接上充电机充电,在外部电流的作用下,蓄电池恢复到原来的形态,正极板是 PbO_2,负极板上是 Pb,随着充电的不断进行,电解液中的硫酸增多了,水减少了,使电解液浓度逐渐增大,电解液的密度上升了。所以,可通过测量电解液密度的方法来判断蓄电池的充电或放电程度。蓄电池的充、放电过程,即是其内部活性物质处于化合与分解的过程,正、负极板上发生的化学变化可用下式表示,从下式可看出充、放电是可逆的化学反应。

$$2PbSO_4+2H_2O \underset{\text{放电}}{\overset{\text{充电}}{\rightleftharpoons}} PbO_2+2H_2SO_4+Pb$$

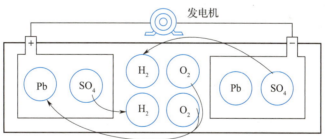

图 2-14 充电过程中蓄电池内部产生的化学反应

3)工作特性。

①放电特性。蓄电池的放电特性是指充足电的蓄电池在恒电流放电过程中,蓄电池的端电压、电解液相对密度随放电时间变化的规律。如图 2-15 所示,放电终了时,端电压迅速下降到 1.75V,如果继续放电,端电压迅速下降到零,致使蓄电池过度放电,缩短其使用寿命。所以蓄电池在使用中注意不能过度放电。

放电终止的标志为:

a)单格电池电压下降到放电终止电压值(以 20h 放电率放电时,此值为 1.75V)。

b)电解液相对密度下降到最小许可值,约为 $1.11g/cm^3$。

②充电特性。蓄电池的充电特性是指在恒流充电过程中,单格电池的端电压 U 和电

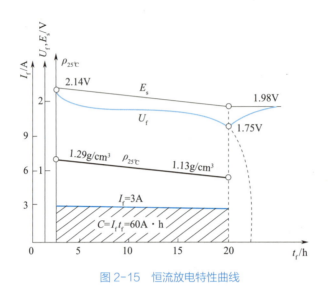

图 2-15 恒流放电特性曲线

解液的相对密度（25℃）随时间的变化规律。如图 2-16 所示。充电终止的三个标志：

a）电解液呈"沸腾"状（因析出氢气和氧气所致）。

b）电解液相对密度上升至最大值，且 2~3h 内不再上升。

c）端电压上升至最大值（2.7V），且 2~3h 内不再升高。

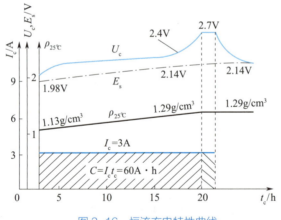

图 2-16 恒流充电特性曲线

2. 蓄电池的标识

按我国机械行业标准 JB/T2599—2012《铅酸蓄电池名称、型号编制与命名办法》的规定，国产铅酸蓄电池的型号分为三部分组成，其排列及含义如图 2-17 所示。

第一部分为串联的单体蓄电池数；第二部分为蓄电池用途、结构特征代号；第三部分为标准规定的额定容量。蓄电池的类型和特征见表 2-1 和表 2-2。

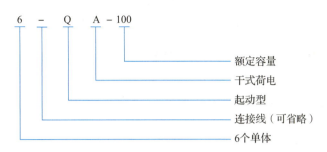

图 2-17 蓄电池型号的含义

表 2-1 蓄电池的类型

序号	型号	类型（用途）	序号	型号	类型（用途）	序号	型号	类型（用途）
1	Q	起动型	5	T	铁路客车用	9	EV	电动道路车用
2	G	固定型	6	M	摩托车用	10	DZ	电动助力车用
3	D	牵引（电力机车）用	7	C	船舶用	11	MT	煤矿特殊
4	N	内燃机车用	8	CN	蓄能用			

表 2-2 蓄电池的特征

序号	型号	特征	序号	型号	特征	序号	型号	特征
1	M	密封式	4	H	湿式荷电	7	J	胶体式
2	W	免维护	5	WF	微型阀控式	8	JR	卷绕式
3	A	干式荷电	6	P	排气式	9	F	阀控式

型号举例：

6-QA-100，表示 6 个单体串联的额定容量为 100A·h 的干式荷电起动型蓄电池。

小贴士

我们要树立安全第一的理念，在汽车维修作业时要遵守下列安全操作规程：

一、不准赤脚或穿拖鞋、高跟鞋和裙子上班。留长发者要戴工作帽。

二、工作时禁止吸烟。

三、工作时要集中精神，不准说笑、打闹。

四、使用一切机械工具及电气设备时，必须遵守其安全操作规程，并要爱护使用。

五、工作时必须按规定穿戴劳保用品，不准赤膊进行工作。

六、严禁无驾驶证人员开动一切车辆。

七、严禁开动与驾驶证准驾车型不相符的车辆。

八、工作场所、车辆旁、工作台、通道应经常保持整洁，做到文明生产。

九、严禁一切低燃点油、气、醇与照明设施及带电的线路接触。

（二）任务计划与实施

引导问题 1：如图 2-18 所示，通过查资料找出蓄电池包括哪些充电种类？

1）新蓄电池或修复后的蓄电池在使用之前的首次充电称为_____。它的特点是充电电流_____，充电时间_____。

2）初充电过程分为_____个阶段，第一阶段充电电流约为额定容量的_____，充电至电解液中逸出气泡，单格电压达到_____V 时为止。第二阶段充电电流_____，充电至电解液沸腾，密度和端电压连续 3h 不变时为止。

图 2-18 蓄电池外观

3）在哪些情况下，我们需要给蓄电池补充充电？

_____
_____
_____。

引导问题 2：在给蓄电池进行充电的过程中，要注意连接极性，正极接_____，负极接_____。

引导问题 3：蓄电池的维护。

1）蓄电池能否如图 2-19 所示那样倾斜或翻转放置？

图 2-19 蓄电池倾斜放置

_____
_____
_____。

2）如图 2-20 所示，简述蓄电池的中央排气孔的设计特点。

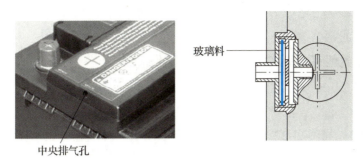

图 2-20　蓄电池中央排气孔

3）如图 2-21 所示，简述 O 形密封圈的作用。

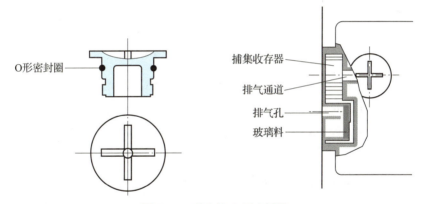

图 2-21　蓄电池 O 形密封圈

引导问题 4：测量蓄电池静态电压。

1）测量蓄电池静态电压的条件：

2）填空完成下表。

静态电压 /V	充电状态	蓄电池状态
12.20	50%	放电，用尽所有电量 逐渐形成固体状的硫酸盐晶体。同时活化的块状物迅速膨胀，产生裂纹，并由此导致正极栅格腐蚀加剧
12.35	100%	①对于带电眼的蓄电池，显示会从＿＿＿色变换成＿＿＿色 ②对于新车/库存汽车，应给蓄电池充电

3）使用仪器_____。

4）测量的蓄电池电压为_____。

5）充满电的蓄电池电压为_____。

6）判断蓄电池存在的问题。

_____

_____。

引导问题5：如图2-22所示，分别指出下图中三种颜色各表示什么含义。

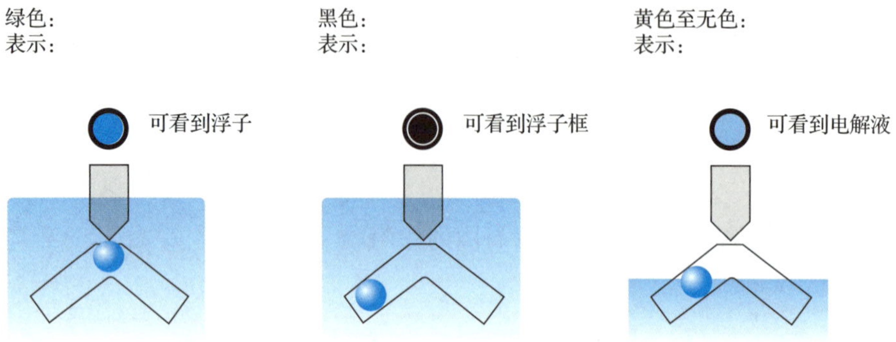

绿色：　　　　　　　　　黑色：　　　　　　　　　黄色至无色：
表示：　　　　　　　　　表示：　　　　　　　　　表示：

图2-22　蓄电池观察孔颜色（见彩插）

1）_____色表示蓄电池处于亏电状态，需要给蓄电池充电。

2）实验中所提供的有电眼的蓄电池，观察其颜色为_____，表明：_____。

3）给蓄电池充电的方法有_____种，分别是_____、_____、_____。

4）可以把不同端电压的蓄电池串联起来一起充电的方法是_____。

5）充电开始之后4~5h内蓄电池就可以获得本身容量的90%~95%的充电方法是_____。

引导问题6：蓄电池电解液密度的测量。

1）对于非密封式蓄电池，用吸管式密度计进行测量电解液密度，方法如下：

①打开蓄电池的加液盖。

②把密度计下端的橡皮伸入单格电池的加液口内。

③用手将橡皮球捏一下，再慢慢放开，电解液就会被吸入到玻璃管中。

④注意控制吸入时电解液不要过多或过少，以能将密度计浮子浮起而不会顶住为宜。

⑤使管内的浮子浮在玻璃管中央（不要相互接触），读密度计的读数。要求读数时使密度计刻线与眼睛平齐，实际测量的值为_____。测量的密度值应用标准温度（25℃）予以校正。

查相关资料，得出校正后的电解液密度为_____。

⑥将所测量的密度值与上次充电终了的电解液密度值进行对比,根据密度下降的程度来判读蓄电池的放电程度。

测量检查结果:_____。

注意事项:为什么对于刚进行过强电流放电或刚加过蒸馏水后的蓄电池,不宜进行电解液密度的测量?

_____

_____

2)对于密封式的免维护蓄电池,又如何测量电解液密度,观察蓄电池的充放电程度呢?

_____

_____

3)对于没有内置式密度计的免维护蓄电池,可以通过测量它的静止电动势来判断蓄电池的状态。

注意: 如果蓄电池刚充过电或者汽车刚行驶过,应该接通前照灯 30s,消除表面充电现象。然后再熄灭前照灯,切断所有负载,用万用表测量蓄电池的静止电动势。

如测量电压小于 12V,说明_____。

如测量电压在 12.2~12.5V,说明_____。

如测量的电压高于 12.5V,说明_____。

实验测得的蓄电池电压为_____,说明_____。

引导问题 7:蓄电池外观检查。

1)检查蓄电池外壳是否破裂、电解液有无渗漏;检查结果:_____。

2)检查蓄电池正、负极桩是否脏污或有氧化物;检查结果:_____。

3)观察外加液孔盖是否破裂、电解液有无渗漏、通气是否畅通;检查结果:_____。

引导问题 8:电解液液面高度的检查。

一般汽车行驶 1000km 或冬季行驶 10~15 天、夏季行驶 6 天,应检查蓄电池液面高度。正常电解液应高出极板上沿_____。电解液不足应及时添加_____。检查结果:_____。

1)用玻璃管测量法。

①用一空心玻璃管插入蓄电池电解液内极板的上平面处。

②玻璃管内的电解液与蓄电池液面同高,用大拇指按住玻璃管上端,使管口密封。

③提起玻璃管,测量玻璃管内的液面高度,即为蓄电池电解液液面高度。

此方法用于什么样的蓄电池?试验中所用到的蓄电池是否适合使用此方法?

_____

2）观察液面高度指示线法。

为检查液面高度，在容器上刻有两条高度指示线。正常液面高度应介于两线之间的线上，低于中线则为液面过低，应加入_____补充。

此方法用于什么样的蓄电池？试验中所用到的蓄电池是否适合使用此方法？

_____

_____

引导问题 9：写出检查车辆是否漏电的方法。

_____

_____

引导问题 10：列出更换该车蓄电池并对蓄电池进行匹配的工作过程，包含步骤、所用工具和注意事项等。

_____

_____

任务技能点 1：检测蓄电池状态

1. 准备工作

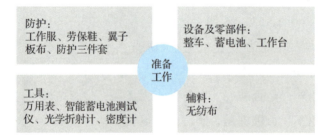

当怀疑蓄电池亏电，已经不能满足汽车起动的要求时，需要检查蓄电池状况，检测蓄电池的电压及性能，蓄电池的性能检测步骤如下。

2. 蓄电池外观检查

检查蓄电池的外观，如图 2-23 所示，主要检查：

1）蓄电池极桩处有无腐蚀。
2）蓄电池有无电解液渗漏。
3）摇晃蓄电池有无松动。

注意：在检查过程中，避免手接触到极桩的腐蚀物和渗漏的电解液。

图 2-23　蓄电池的外观检查

3. 蓄电池端电压测试

蓄电池端电压测试是用来判断蓄电池是否亏电的常用方法。一个充满电的蓄电池，理论电压为12.6V，夏天蓄电池电压低于12.2V需充电，冬天蓄电池电压低于12.4V需充电。

使用万用表检测蓄电池端电压的步骤：

1）打开点火开关。

2）打开前照灯或将鼓风机风速调至最大，工作30s左右。

3）关闭点火开关，关闭汽车上所有用电设备。

4）检查万用表，然后将档位置于直流电压20V位置。

5）将万用表红色表笔连接蓄电池正极，黑色表笔连接蓄电池负极，如图2-24所示，观察万用表读数并记录。

图2-24 蓄电池端电压测试（见彩插）

注意： 用万用表检查蓄电池时，应先开一会儿大功率用电设备，以去掉蓄电池极桩的表面电荷。

4. 蓄电池冷起动电流测试

起动发动机时，由蓄电池向起动机供电，如果蓄电池不能满足起动需求，就需要更换蓄电池。因此，为了满足汽车起动需要，蓄电池必须满足冷起动电流测试和起动电压测试。为了延长蓄电池的使用寿命，建议使用智能蓄电池测试仪检测，如图2-25所示。

使用智能蓄电池测试仪检测蓄电池冷起动电流的步骤：

1）关闭汽车所有用电设备。

2）读取蓄电池外壳上的相关信息，如图2-26所示，记录蓄电池上的额定容量、冷起动电流。

3）蓄电池测试仪红色夹子连接在蓄电池正极，黑色夹子连接至蓄电池负极。

4）如图2-27所示，在主界面选择"蓄电池"，选择"CCA"，按上下键设置标准冷起动电流值，即蓄电池外壳信息中的参考值；按"ENTER"键进行测试，记录屏幕显示测试结果。

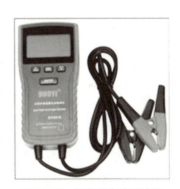

图2-25 智能蓄电池测试仪

图2-26 蓄电池信息

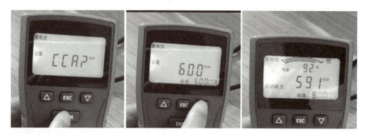

图 2-27　测试蓄电池冷起动电流操作过程

5. 蓄电池起动电压测试

一个充满电的蓄电池，理论起动电压不得低于 9.6V。使用智能蓄电池测试仪检测蓄电池起动电压的步骤：

1）关闭汽车所有用电设备。

2）蓄电池测试仪红色夹子连接在蓄电池正极，黑色夹子连接至蓄电池负极。

3）如图 2-28 所示，在主界面选择"起动负荷"，按"ENTER"键进入测试界面，起动发动机，智能蓄电池测试仪会自动记录起动时蓄电池的最低电压，记录屏幕显示测试结果。

图 2-28　测试蓄电池起动电压操作过程

6. 电解液液面高度的检查

只有普通铅酸蓄电池需要检查电解液液面的高度。对于外壳透明的普通铅酸蓄电池，使用液面高度指示线法，根据"Min"（最小）和"Max"（最大）或者"Lower"（最低）和"Upper"（最高）标记，从外部检查电解液液位，如图 2-29 所示。

图 2-29　指示线法检测液面高度

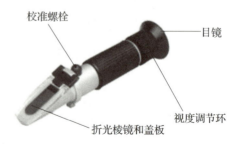

图 2-30　光学折射计

注意： 检查结果低于最低液位线，则为液位过低，需加入蒸馏水进行维护。切记不可加入自来水，而且除非知道液面低是由于电解液泄漏所致，否则也不可加入电解液。

7. 电解液密度的测量

1）对于普通铅酸蓄电池，建议使用光学折射计（综合密度计）测量电解液的密度，其内部附有温度补偿装置，可以保证 10~30℃ 范围的测量精度。如图 2-30 所示，光学折射计不仅可以测量电解液的密度，而且还可以测量冷却液的冰点和风窗洗涤液的冰点。

电解液密度测量步骤：

① 将折射计对准光亮方向，调节目镜的视度调节环，直到视野清晰为止。

② 调整基准：掀开盖板，取 2~3 滴标准液（纯净水）滴于折光棱镜上，并用手轻轻按压盖板，通过目镜看到一条蓝白分界线。旋转校准螺栓使目镜视野中的蓝白分界线与基准线重合（0）。

③ 测量：用柔软绒布擦净棱镜表面及盖板，掀开盖板，取 2~3 滴待测电解液滴于折光棱镜上，盖上盖板，轻轻按压平，里面不要有气泡，然后通过目镜读取蓝白分界线的相对刻度，即为被测电解液的密度值。

④ 测量完毕后，直接用潮湿的绒布擦干净棱镜表面及盖板上的附着物，待干燥后，保存起来。

检测结果：

1.10~1.20，需充电（RECHANGE）。

1.20~1.25，电量够用（FAIR）。

1.25~1.30，电量充足（GOOD）。

2）对于免维护蓄电池，直接通过内装式密度计（电眼）来进行检查，检查结果根据所测蓄电池上的指示标牌确定是否需要充电或更换，如图 2-31 所示。

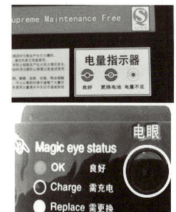

图 2-31 电眼电量指示标牌

任务技能点 2：补充蓄电池电量

1. 准备工作

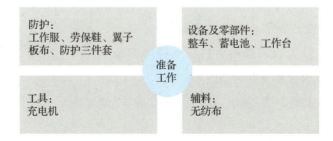

蓄电池投入使用后，必须定期地进行充电和放电。充电的目的是使蓄电池储存电

能及时恢复容量，以满足用电设备的需要。放电的目的是及时检验蓄电池容量参数，并促进电极活性物质的活化反应。蓄电池充电和放电状况的好坏，将直接影响到蓄电池的电性能及使用寿命。目前对蓄电池充电的方法很多，主要包括：恒定电流充电法、恒定电压充电法以及阶段等流充电法等。

2. 恒定电流充电法

在充电过程中充电电流始终保持不变，叫作恒定电流充电法，简称恒流充电法或等流充电法。在充电过程中由于蓄电池电压逐渐升高，充电电流逐渐下降，为保持充电电流不致因蓄电池端电压升高而减小，充电过程必须逐渐升高电源电压，以维持充电电流始终不变，这对于充电设备的自动化程度要求较高。恒流充电法，在蓄电池允许的最大充电电流下，充电电流越大，充电时间就可以越短。由于在充电后期电流仍不变，大部分电流用于电解水，电解液析出气泡过多而显沸腾状，这不仅消耗电能，还会使极板上的活性物质大量脱落，造成极板弯曲，容量迅速下降而提前报废。如图 2-32 所示。

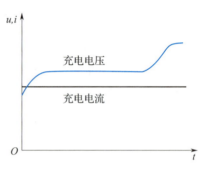

图 2-32 恒定电流充电法

3. 恒定电压充电法

在充电过程中，充电电压始终保持不变，叫作恒定电压充电法，简称恒压充电法或等压充电法。由于恒压充电开始至后期，电源电压始终保持一定，所以在充电开始时充电电流相当大，大大超过正常的充电电流值。但随着充电的进行，蓄电池端电压逐渐升高，充电电流逐渐减小。当蓄电池端电压和充电电压相等时，充电电流减至最小甚至为零。由此可见，采用恒压充电法的优点在于可以避免充电后期充电电流过大而造成极板活性物质脱落和电能的损失。但其缺点是在刚开始充电时，充电电流过大，电极活性物质体积变化收缩太快，影响活性物质的机械强度，致使其脱落。而在充电后期，充电电流又过小，使极板深处的活性物质得不到充电反应，形成长期充电不足，影响蓄电池的使用寿命。如图 2-33 所示。

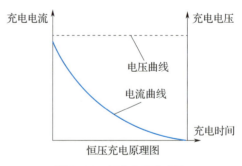

图 2-33 恒定电压充电法

4. 阶段等流充电法

综合恒流和恒压充电法的特点，蓄电池在充电初期用较大的电流，经过一段时间改用较小的电流,至充电后期改用更小的电流,即不同阶段内以不同的电流进行恒流充电的方法,叫作阶段等流充电法。阶段等流充电法所需充电时间短,充电效果也好。由于充电后期改用较小电流充电,这样减少了气泡对极板活性物质的冲洗,减少了活性物质的脱落。这种充电法能延长蓄电池的使用寿命,并节省电能,充电又彻底,所以是当前常用的一种充电方法,如图 2-34 所示。

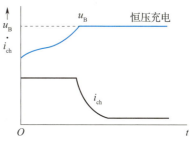

图 2-34　阶段等流充电法

5. 补充蓄电池电量

下面以定流充电为例,演示蓄电池电量补充操作流程:

1) 关闭点火开关。

2) 确保所有蓄电池端子连接清洁且紧固。

3) 将充电器正极引线连接至蓄电池正极端子,位于蓄电池上或发动机舱盖下分置式跨接器双头螺栓上,如图 2-35 所示。

4) 将充电器负极引线连接至发动机舱牢固的发动机搭铁或搭铁双头螺栓上,如图 2-36 所示。

图 2-35　蓄电池正极端子

图 2-36　蓄电池负极端子

5) 接通充电器并设置为正常充电的最高档位。

6) 每 30min 检查 1 次蓄电池温度是否正常,若触摸时感觉温度高于 45℃,则中断充电,冷却后再继续充电,如图 2-37 所示。

7) 对蓄电池充电,直到充电器显示蓄电池充满。

图 2-37　检查蓄电池温度

注意:连接或断开蓄电池电缆、蓄电池充电器时务必将点火开关置于 OFF 档,否则可能损坏发动机控制模块、动力系统控制模块或其他电子元件。

任务技能点3：更换蓄电池

1. 准备工作

更换蓄电池

- 防护：工作服、劳保鞋、翼子板布、防护三件套
- 设备及零部件：整车、蓄电池、工作台
- 准备工作
- 工具：专用诊断仪、通用120件套
- 辅料：无纺布

接下来我们就以迈腾车型为例，通过实际操作的方式，向大家介绍蓄电池应该如何进行更换和匹配。实操步骤主要包括：断开蓄电池、拆卸蓄电池、更换并安装蓄电池、匹配控制单元。

2. 断开蓄电池

1）关闭点火开关。

2）将点火钥匙置于车外，以免意外接通点火开关。

3）打开发动机舱盖，如图 2-38 所示。

4）打开隔热套盖。

5）打开蓄电池负极上方的盖板，如图 2-39 所示。

6）将螺母旋开几圈，并将搭铁线的蓄电池接线端从蓄电池电极上拔下。

3. 拆卸蓄电池

1）将螺母旋开几圈并将蓄电池正极线接线端从蓄电池正极上拔下。

2）将隔热套略微向上拉。

3）旋出固定支架上的螺栓，如图 2-40 所示。

4）取下固定支架。

5）沿行驶方向从蓄电池支架中拉出蓄电池并向上从发动机舱中取出，如图 2-41 所示。

图 2-38　打开发动机舱盖

图 2-39　打开蓄电池负极上方的盖板

图 2-40　旋出固定支架上的螺栓

4. 更换并安装蓄电池

安装以倒序进行，同时要注意以下几点，如果蓄电池安装不牢固，可能产生以下危害：

1）由于振荡造成蓄电池损坏（爆炸危险），会缩短蓄电池的使用寿命。

2）如果蓄电池固定不正确，将导致蓄电池栅格板损坏。

图 2-41 拉出蓄电池

3）蓄电池壳体被固定卡子损坏（有可能出现电解液泄漏，后果严重）。

4）碰撞安全性不够。

5. 匹配控制单元

安装新的起动机蓄电池后，必须匹配蓄电池监控控制单元 J367。

1）连接车辆诊断测试器。

2）匹配蓄电池监控控制单元 J367，如图 2-42 所示。

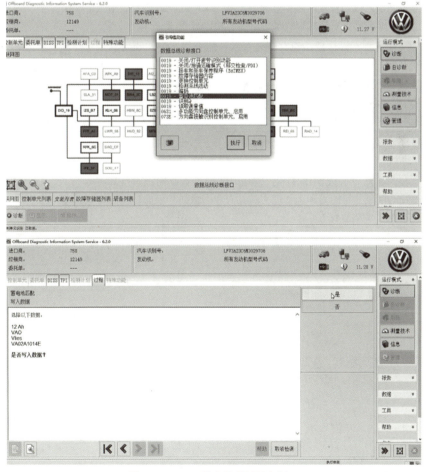

图 2-42 匹配蓄电池监控控制单元

（三）任务评价反馈

1. 小组自评表能够让小组成员对各自的信息检索能力、任务认知程度、参与状态、学习方法和工作过程等方面进行评价，从记忆、领会、应用、分析、反馈全方位评估自己对知识的学习及掌握情况，见表2-3。

表2-3 小组自评表

班级		组名		日期	
评价指标	评价要素			分数	分数评定
信息检索	能有效利用网络资源、工作手册查找有效信息；能用自己的语言有条理地去理解、表述所学知识；能将查找到的信息有效地转换到工作中			10	
任务认知	熟悉各自的工作岗位，认同工作价值；在工作中获得满足感			10	
参与状态	与教师、同学相互尊重、理解、平等相待；与教师、同学能够保持多向、丰富、适宜的信息交流			10	
	探究学习、自主学习不流于形式，处理好合作学习和独立思考的关系，做到有效学习；能够提出有意义的问题或能发表个人见解；能按要求正确操作；能够倾听、协助分享			10	
学习方法	工作计划、操作技能符合规范要求；能获得了进一步发展的能力			10	
工作过程	遵守管理规程，操作过程符合现场管理要求；注意平时上课的出勤情况和每次完成工作任务的情况；善于多角度思考问题，能主动发现、提出有价值的问题			15	
思维状态	能发现问题、提出问题、分析问题、解决问题、创新解决问题方法			10	
自评反馈	按时按质地完成工作任务；较好地掌握了专业知识点；具有较强的信息分析能力和理解能力；具有较为全面严谨的思维能力并能条理清晰地表述成文			25	
自评分数					
有益的经验和做法					
总结反思建议					

2. 小组互评表能够让小组成员从信息检索能力、任务认知程度、参与状态、学习方法和工作过程等方法对其他小组进行评价,通过互相评价环节,学习其他小组的长处,弥补自己小组的不足,见表 2-4。

表 2-4 小组互评表

班级		被评组名		日期	
评价指标	评价要素			分数	分数评定
信息检索	该组能有效利用网络资源、工作手册查找有效信息			10	
	该组能用自己的语言有条理地去理解、表述所学知识			5	
	该组能将查找到的信息有效地转换到工作中			5	
任务认知	该组能熟悉各自的工作岗位,认同工作价值			5	
	该组成员能在工作中获得满足感			5	
	该组能处理好合作学习和独立思考的关系,做到有效学习			5	
	该组能提出有意义的问题或能发表个人见解,按要求正确操作,能够倾听、协助分享			5	
	该组能积极参与工作任务,并在过程中综合运用信息技术的能力得到提高			5	
学习方法	该组工作计划、操作技能符合规范要求			5	
	该组获得了进一步发展的能力			5	
工作过程	该组遵守管理规程,操作过程符合现场管理要求			10	
	该组平时上课的出勤情况和每次完成工作任务的情况			10	
	该组善于多角度思考问题,能主动发现、提出有价值的问题			10	
思维状态	该组能发现问题、提出问题、分析问题、解决问题、创新问题			5	
自评反馈	该组能严肃认真地对待自评,并能独立完成自测试题			10	
互评分数					
简要评述					

3. 教师评价的内容主要包括小组的出勤状况、信息检索能力、计划制订是否完善、工作过程是否规范等,能够帮助学生更好地理解工作任务,促进对任务知识点、技能点的消化和吸收,见表 2-5。

表 2-5 教师评价表

班级		组名		姓名	
出勤情况					
评价指标	评定要素			分数	分数评定
职业素养	坚持社会主义核心价值观			5	
	具备信息素养			5	
	具备探究学习、终身学习的能力			5	
	在实操过程中体现劳模精神、劳动精神、工匠精神			5	
	具备良好的职业道德和环保意识			5	
道德品质	遵守实训试验场所、场地等公共场所的管理规定，自觉维护秩序			5	
	在公共场所举止文雅、文明礼貌			5	
	爱护公物，保护公共设施			5	
信息检索	能够顺利完成教师安排的任务，快速找到有效信息，并转化到工作中去			5	
任务认知	能够读懂文字的表达内容			5	
	能够满足岗位工作要求，掌握工作流程，熟悉注意事项			5	
参与状态	与教师、同学之间相互尊重、相互理解			5	
	能够做到独立思考、表达自己的想法			5	
	能够按照要求正确操作、能够倾听对方表达的内容，乐于分享			5	
学习方法	能够按照工作内容的紧急情况合理制订计划			5	
	能够按要求完成工作计划，且操作符合规范			5	
工作过程	操作符合安全规定			5	
	操作符合流程规范			5	
	能协助他人完成任务			5	
思维状态	工作过程思维清晰，对工作结果能够正确预判，对其他相关工作有帮助			5	
师评分数					
综合评价					

三、任务拓展信息

冬季电动汽车蓄电池保养小技巧

现在,新能源汽车已经越来越成为汽车市场消费的新潮流与趋势,越来越多地进入了消费者的日常生活当中。而这当中,又以电动汽车为主流。那么冬季电动汽车蓄电池该如何保养呢?

1. 及时补充蓄电池的电解液

电动汽车的动力来源就是蓄电池,在低温环境下,蓄电池电容量比常温时的电容量低得多,在寒冷季节不少电动汽车会出现打不着火的现象,这主要是由于蓄电池电容量低,供电不足。在冬季时节,建议广大车主及时检查蓄电池是否有足够的电解液,如果不足应及时补充,以调节好蓄电池的电解液比重;同时,需要查看是否有漏电解液或变形的现象,如果有漏液、变形的现象,最好去维修站解决。

2. 停车熄火前先灭灯、关音响

在准备停车熄火时,一定要先关掉灯光、音响,然后再熄火;其次,还要记得关掉车上的示廓灯、转向灯等,这样就能减少汽车蓄电池的耗电量。在夜晚开车时要注意,先发动车辆再打开灯光、音响等。另外,在停车熄火等人时不要开音响,否则不仅会消耗蓄电池中的余电,还会严重影响蓄电池寿命。

3. 尽量采取慢充方式给蓄电池充电

充电有一定的电阻,快充的话电阻较大,久而久之容易损害蓄电池。在时间条件允许的情况下,尽量选择慢充,虽然时间较长,但是可以对蓄电池进行深度充电,并提升蓄电池充放电效率。

4. 定期跑高速、长途

长时间放置新能源电动汽车,会使蓄电池的电量慢慢减少,久而久之会导致汽车发动困难。因此,要定期让新能源电动汽车跑跑高速,这样不仅能清除车辆的积炭,还能让蓄电池保持充满状态。

5. 定期擦拭蓄电池

给新能源电动汽车做保养的同时,也应该定期对蓄电池外部进行擦拭,这样不仅起到了清洁的作用,还可以有效减少白色酸蚀粉末的堆积,保护蓄电池。

6. 切勿频繁起动车辆

冬天新能源电动汽车有时发动困难,如果连续起动电动机,就会造成蓄电池过度

放电而受损。正确的做法是：每次起动发动机间隔时间不要少于 3s，在起动汽车点火失败后，不要着急反复起动，应先给汽车热身，间隔 5s 左右再试试看。

此外，提醒广大纯电动车车主，除了注意蓄电池的保养以外，电动汽车的其他部位也应多加注意，应该每隔一段时间对电动汽车进行一次体检，让专业维修人员测试一下车辆的零部件有没有出现短路或者是线圈破损的情况，以防意外的发生。

学习任务 3
汽车充电系统的检测维修

一、任务说明

任务描述	学徒小李遇到一辆迈腾故障车辆，车内仪表上的蓄电池故障指示灯亮起，小李从没遇到过这个问题，不知道该如何解决。师傅让小李先去检查汽车发电机的功能是否正常，小李可以通过学习发电机的结构和工作原理，更换以及测量发电机参数等内容来解决以上问题。

汽车充电系统的检测维修任务案例

任务所属模块课程	● 动力系统检修　　　　　　　　　　（　） ● 变速器与传动系统检修　　　　　　（　） ● 转向悬架系统检修　　　　　　　　（　） ● 制动安全系统检修　　　　　　　　（　） ● 电气与控制系统检修　　　　　　　（ √ ） ● 空调与舒适系统检修　　　　　　　（　） ● 动力与底盘网关控制系统检修　　　（　） ● 车身与娱乐网关控制系统检修　　　（　）
任务对应工作领域	● 汽车动力与驱动系统工作领域　　　　　　（　） ● 汽车转向悬架与制动安全系统工作领域　　（　） ● 汽车电子电气与空调舒适系统工作领域　　（ √ ） ● 汽车全车网关控制与娱乐系统工作领域　　（　）
任务育人目标描述	
1. 团队协作，互助协作的能力 2. 爱国之心、敢为人先的创新精神	
职业技能（能力）要求描述	
行为	能进行汽车发电机的拆装与检测维修作业 能进行汽车充电系统的参数测量
条件	车辆/设备：丰田卡罗拉轿车、发电机总成、蓄电池 工具及场地要求： 维修工位4个、配套维修手册4本、工具箱（内包含扳手、棘轮、套筒、钳子等通用手动工具）4个、数字式万用表4块、游标卡尺4把、拆装专用工具4个、零件盒4个、工作灯4个、手套若干、无纺布若干、测试导线若干、维修工作台4个
标准与要求	● 锻炼科学分析问题、解决问题的能力；提高沟通协调、团队合作的能力；培养爱国之心和敢为人先的创新精神 ● 能掌握汽车充电系统的结构组成及工作原理，了解交流发电机的种类及型号，熟悉交流发电机的结构与工作原理，熟悉电压调节器的结构与工作原理，熟悉汽车充电系统电路和常见故障种类及原因分析 ● 能按照标准要求进行汽车充电系统参数的测量 ● 能按照维修手册的规范正确进行发电机的解体 ● 能正确进行发电机的检测作业 ● 能够按维修手册的规范正确进行发电机的更换
成果	完成汽车发电机的拆装与检测 完成汽车充电系统的参数测量

二、任务学习与实施

（一）任务引导与学习

引导问题1：如图3-1所示，汽车的充电系统一般由以下几部分组成：_____、_____、电压调节器（简称调压器）、点火开关、导线、_____和电缆。蓄电池和发电机并联于汽车电路中，_____主要电源，_____辅助电源。

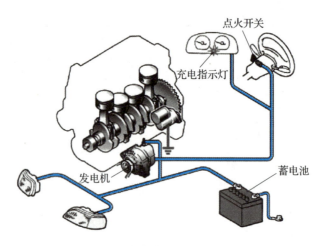

图3-1　汽车充电系统的结构

引导问题2：

1. 整体式交流发电机与普通交流发电机的区别：_____。

2. 交流发电机按有无电刷可分为_____和_____。按磁场绕组的搭铁部位不同可分为_____和_____。

引导问题3：解释如图3-2所示中交流发电机型号的含义：_____。

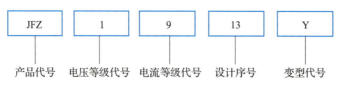

图3-2　交流发电机的型号

引导问题4：补全图3-3中整体式交流发电机结构图中箭头所指各元件的组成名称，并列出主要组成部件的结构组成与作用。

（1）转子总成：

（2）定子总成：

（3）整流器：

（4）电刷与端盖：

（5）电压调节器：

（6）风扇与带轮：

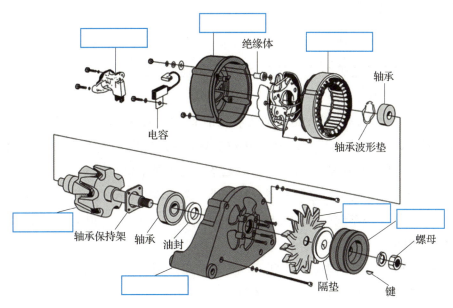

图 3-3　整体式交流发电机的结构图

引导问题 5：发电机正常运转时，体现了其各个组成部件之间的（　　　）关系，进而保证发电机以最佳的状态工作。

A. 协作　　　　　B. 配合　　　　　C. 团队　　　　　D. 协同

> 知识
> 链接

1. 充电系统概述

当今汽车的电子装置日益增多，使充电系统迅速地显示出其重要地位。各种电控系统能否正常工作完全取决于汽车行驶时蓄电池的充电情况所产生电流的大小。

汽车的充电系统一般由以下几部分组成：蓄电池、发电机、电压调节器（简称调压器）、警告灯、点火开关、导线和电缆。蓄电池和发电机并联于汽车电路中，发电机是主要电源，蓄电池是辅助电源。

当点火开关在起动位置时，蓄电池提供起动时所需的电力。在发动机起动过程中，车上所用电气系统的供电也是由蓄电池提供的。发动机起动以后，发电机不仅向蓄电池充电，保持正常的充电水平，还要给车上所有的电气装置供电。

汽车上所用的发电机大多为三相交流发电机，主要由三相同步交流发电机和硅二极管整流器组成，所以又称为硅整流发电机，简称交流发电机。如果对发电机的输出没有控制的话，它的电压将超出汽车电路的安全界限，汽车上采用的电压调节器使发电机的输出电压在 14V 左右。调节器监测发电机的电压输出，通过控制发电机的电磁场强度来控制发电机的输出电压。同时为了使驾驶员掌握充电系统的工作情况，仪表盘上装有充电指示灯。

2. 汽车交流发电机的种类

汽车交流发电机按照不同的分类方法可分为以下几类。

（1）按总体结构分

普通交流发电机，这种发电机既无特殊装置，也无特殊功能，使用时需要配装电压调节器。解放载货汽车上使用的 JF132 型交流发电机、东风载货汽车上使用的 JF1522A 型交流发电机（图 3-4a）等，都是普通交流发电机。

整体式交流发电机（发电机和调节器制成一个整体的发电机），如帕萨特、捷达、奥迪、别克、本田轿车配用的发电机都是整体式交流发电机。如图 3-4b 所示的是捷达 JFZ1813 型交流发电机。

带泵的交流发电机。这是发电机和汽车制动系统用真空助力泵安装在一起的发电机，如 JFB1712 型交流发电机（图 3-4c）。

无刷交流发电机（不需要电刷的发电机），如 JFW1913 型交流发电机。

永磁交流发电机（转子磁极为永磁铁制成的发电机）。

a）JF1522A 型交流发电机

b）捷达 JFZ1813 型交流发电机

c）JFB1712 型交流发电机

图 3-4　交流发电机的外观

（2）按整流器结构分

按照组成整流器的二极管数目，交流发电机可分为：

1）6 管交流发电机，如 JF1522A 型发电机为 6 管普通型交流发电机。

2）8 管交流发电机，如天津夏利汽车装用的 JFZ1542 为 8 管整体式交流发电机。

3）9 管交流发电机，如日产轿车使用的 LR160—708 型 9 管整体式交流发电机。

4）11 管交流发电机，如奥迪汽车用的 JFZ1913Z 型发电机为 11 管整体式交流发电机。JFZ1913Z 型发电机的整流器结构外观如图 3-5 所示。

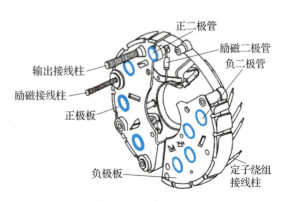

图 3-5　JFZ1913Z 型发电机的整流器结构外观

（3）按励磁绕组搭铁形式分

1）内搭铁型交流发电机，如 JF132 型发电机为普通型 6 管内搭铁型交流发电机。

2）外搭铁型交流发电机，如奥迪、桑塔纳汽车用的 JFZ1913Z 型发电机为 11 管整体式外搭铁交流发电机。

值得注意的是，交流发电机搭铁形式不同，所配用的调节器及接线方法不同，充电系故障检查方法也不同，使用时应予注意，否则发电机不发电、调节器不工作。

3. 交流发电机的型号

汽车交流发电机型号由产品代号、电压等级代号、电流等级代号、设计序号、变型代号五部分组成，如图 3-6 所示。

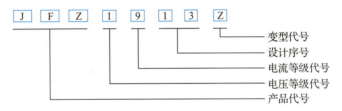

图 3-6　汽车交流发电机的型号

第一部分：表示交流发电机的产品代号。用大写字母组成。如"JF"表示外装电压调节器的交流发电机；"JFZ"表示整体式交流发电机；"JFB"表示带泵的气制动用交流发电机；"JFW"表示无刷交流发电机。

第二部分：表示交流发电机的电压等级代号。用阿拉伯数字表示。其含义见表 3-1，如"1"表示此交流发电机的电压等级为 12V。

表 3-1　交流发电机的电压等级代号含义

电压等级代号	1	2	3	4	5	6
电压 /V	12	24	国家标准备用			6

第三部分：表示交流发电机的电流等级代号。用阿拉伯数字表示。其含义见表 3-2，如"9"表示此交流发电机的输出电流≥90A。

表 3-2　交流发电机的电流等级代号含义

电流等级代号	1	2	3	4	5	6	7	8	9
电流 /A	≤19	20~29	30~39	40~49	50~59	60~69	70~79	80~89	≥90

第四部分：表示交流发电机的产品设计先后顺序。用 1~2 位阿拉伯数字表示，如"7"表示此交流发电机为第 7 次设计。

第五部分：表示交流发电机的变型代号。交流发电机以调整臂位置作为变型代号，如"Z"表示从驱动端看，调整臂在左边；"Y"表示从驱动端看，调整臂在右边；无变型代号则表示从驱动端看，调整臂在中间。

4. 整体式交流发电机的结构

汽车用发电机可分为直流发电机和交流发电机，由于交流发电机的性能在很多方面优于直流发电机，直流发电机已被淘汰。现代汽车均采用三相交流发电机，内部带有二极管整流电路，将交流电整流为直流电，所以，汽车交流发电机输出的是直流电。此外，交流发电机必须配装电压调节器。电压调节器对发电机的输出电压进行控制，使其保持基本恒定，以满足汽车用电器的要求。

整体式交流发电机主要由转子总成、定子总成、整流器、电刷、前后端盖、电压调节器、风扇及带轮等组成。如图3-7所示。

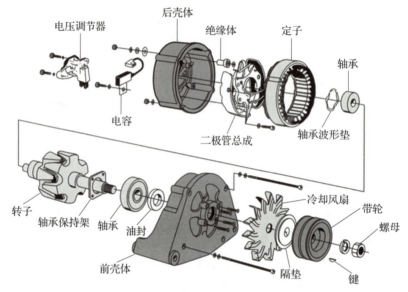

图3-7 整体式交流发电机的结构图

（1）转子总成

转子总成旋转产生旋转的磁场。主要由转子轴、滑环、爪极、磁轭以及励磁绕组组成。两个爪极被压装在转子轴上，内腔装有磁轭，磁轭上绕有励磁绕组。励磁绕组的两端引线分别焊接在与轴绝缘的两个集电环上。如图3-8所示。当给两集电环通入直流电时（通过电刷），励磁绕组中就有电流通过，并产生轴向磁通，使一块爪极被磁化为N极，另一块被磁化为S极，从而形成6对（或8对）相互交错的磁极。当转子转动时，就形成了旋转的磁场。

图3-8 转子总成及其结构图

（2）定子总成

定子总成产生感应电动势，并输出交流电，又称为电枢。主要由定子铁心和定子绕组组成。定子铁心由相互绝缘的内圆带槽的环状硅钢片叠成。定子槽内置有三相对称绕组，三相绕组的连接方式有三角形连接和星形连接两种：采用三角形连接即每相绕组首尾相连，连接点分别与整流器的二极管相接；采用星形（Y形）连接即每相绕组的首端分别与整流器的硅二极管相接，每相绕组的尾端接在一起，形成中性点（N）。如图3-9所示。

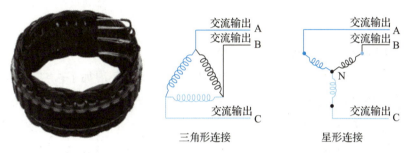

图3-9　定子总成及定子绕组的连接方式

三相绕组必须按一定要求绕制，才能使之获得频率相同、幅值相等、相位互差120°的三相电动势。三相绕组绕制时应遵循的原则是：每相绕组的线圈个数、每个线圈的匝数和每个线圈的节距都必须完全相等；三相绕组的始端（或末端）在定子槽内的排列，必须相隔120°电角度。如国产JF13系列交流发电机中，一对磁极占6个槽的空间位置（每槽60°电角度），一个磁极占3个槽的空间位置，所以每个线圈两条有效边的位置间隔是3个槽，每相绕组相邻线圈始边之间的距离6个槽，三相绕组的始边的相互间隔可以是2个槽、8个槽、14个槽等。

当发电机工作时，转子总成上的爪极产生磁力线，外形像鸟嘴，这种形状可以使定子感应的交流电动势近似于正弦波形，转子每转一周，定子的每条电路上就能产生周波个数等于磁极对数的交流电动势。

（3）整流器

整流器将定子绕组产生的三相交流电整流后变为直流电，并阻止蓄电池通过发电机放电。主要由硅整流二极管、整流板、端子B组成。

一般在两块整流板即散热板上安装6只硅二极管，组成三相桥式整流电路。其中，安装3只正极管的整流板（装在外侧）称为正整流板，安装3只负极管的整流板（装在内侧）称为负整流板，两块板绝缘地安装在一起固定在后端盖上，其中与正整流板连接在一起的螺栓引至后端盖外部作为发电机的电源输出端，并标记为"B"。如图3-10所示。

近年来又出现了8管交流发电机、9管交流发电机和11管交流发电机。8管交流

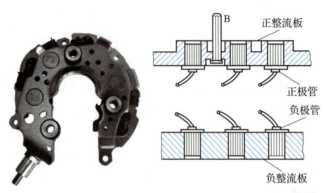

图 3-10　整流器及其安装示意图

发电机除了常用的 6 只硅二极管外，又增加了 2 只中性点二极管，可提高发电机的输出功率；9 管交流发电机除了常用的 6 只硅二极管外，又增加了 3 只小功率的二极管，专门用来供给磁场电流，故又称为磁场二极管，使用磁场二极管后，可以省去结构复杂的继电器，利用充电指示灯即可指示发电机的发电情况；11 管交流发电机除了常用的 6 只硅二极管外，又增加了 2 只中性点二极管和 3 只磁场二极管，兼有 8 管与 9 管交流发电机的特点和作用，在桑塔纳、捷达、红旗等轿车上均使用此类交流发电机。

整流器总成的形状各异，有马蹄形、半圆形和圆形等。

（4）端盖与电刷总成

端盖包括驱动端端盖（前端盖）、后端盖以及安装其上的轴承、轴承盖等零部件。由于铝合金为非导磁材料，可减少漏磁并具有轻便、散热性能良好等优点，所以端盖由铝合金制成。为了提高轴承孔的机械强度，增加其耐磨性，在部分发电机端盖的轴承座内镶有铜套。

后端盖装有电刷架，两个电刷分别装在电刷架的孔内，借弹簧压力与集电环保持接触。国产交流发电机的电刷架有两种结构形式：一种电刷架可直接从发电机外部进行拆装，如图 3-11a 所示；另一种则不能直接从发电机外部进行拆装，如图 3-11b 所示，若需要更换电刷，必须将发电机拆开。

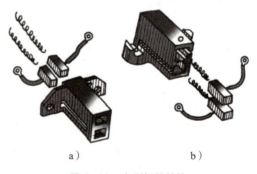

图 3-11　电刷架的结构

电刷和集电环的接触应良好，否则会因为磁场电流过小，导致发电机发电不足。励磁绕组通过两只电刷（F 和 E）和外电路相连，根据电刷和外电路的连接形式不同，发电机分为内搭铁型和外搭铁型两种。

内搭铁型交流发电机：励磁绕组的一端经负电刷（E）引出后和后端盖直接相连（直接搭铁）的发电机称为内搭铁型交流发电机，如图 3-12a 所示。

外搭铁型交流发电机：励磁绕组的两端（F 和 E）均和端盖绝缘的发电机称为外搭铁型交流发电机，如图 3-12b 所示。

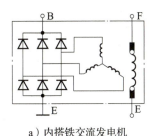 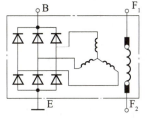

a）内搭铁交流发电机　　　　　b）外搭铁交流发电机

图 3-12　交流发电机的搭铁形式

（5）电压调节器

电压调节器的功用是在发电机转速变化时，控制发电机的输出电压，使其保持恒定。目前，大多数汽车的整体式交流发电机的电压调节器都采用了集成电路调节器（IC 调节器）。集成电路调节器由混合集成电路、散热片和插接器组成，如图 3-13 所示。

电子控制单元控制调节器是现在轿车采用的一种新型调节器，由电负载检测仪测量系统的总负载后，

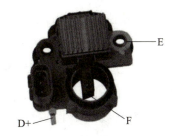

图 3-13　集成电路调节器

向发电机电子控制单元发送信号，然后由发动机电子控制单元控制发电机电压调节器，适时地接通和断开磁场电路，既能可靠地保证用电器正常工作，又能减轻发动机负荷，提高燃料经济性，如上海别克轿车发电机上使用了该种调节器。

（6）风扇与带轮

交流发电机的前端装有带轮，由发动机通过风扇传动带驱动发电机旋转。带动交流发电机转子转动的带轮上有风扇叶片，用于对发电机的强制通风散热（叶片外装式，如图 3-14a 所示）。为提高发电机的效率，减小发电机的体积，有的发电机风扇叶片设在其转子上（叶片内装式，如图 3-14b 所示）。

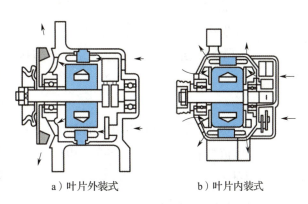

a）叶片外装式　　　　b）叶片内装式

图 3-14　交流发电机通风方式

小贴士　　发电机的各个组成部件之间相互合作配合才能保障发电机的正常工作，这里充分体现了互助合作精神，通过"总成内部"元件之间的相互协调、协同合作、互补互助以达到最大的工作效率。

　　如果将发电机内任何部件单独拿出来都不能实现稳定发电的作用，可见团队的力量远大于个人的力量。团队不仅强调工作成果，更强调团队的整体状态，团队所依赖的不仅是成员间的协调和决策，它同时也强调成员间的共同贡献。

引导问题6：简述充电系统工作的三个阶段。

（1）未起动阶段：

（2）起动发动机阶段：

（3）发动机正常运行阶段：

引导问题7：关于交流电动势是如何产生的？

1. 当导体在磁场间旋转，由于_____将会产生感应电动势。把导体弯成框形，会产生_____的感应电动势；把导体做成_____，将会产生更大的感应电动势；而且线圈中的匝数_____，产生的感应电动势越大。

2. 旋转线圈产生的感应电动势的方向和大小，是随着_____而变化的，线圈旋转一周相当于产生一个周期的_____。

引导问题8：关于交流发电机的发电原理。

1. 交流发电机产生交流电的基本原理是_____原理，交流发电机是利用产生磁场的转子旋转，使穿过定子绕组的_____发生变化，在定子绕组内产生交流感应电动势。

2. 在交流发电机中，由于_____呈鸟嘴型，其_____的分布近似正弦规律分布，所以在发电机定子绕组中产生的_____也近似正弦规律变化。

3. 三相电枢绕组产生的感应电动势近似按正弦规律变化，频率相同、幅值相等、相位互差（　　）电角度。

　　A. 60°　　　　　　B. 80°　　　　　　C. 120°　　　　　　D. 180°

引导问题9：关于交流发电机的整流原理。

1. 硅整流器利用（　　）将交流电转换成直流电。

　　A. 晶体管　　　　　B. 晶闸管　　　　　C. 二极管

2. 由于二极管具有_____特性，所以汽车交流发电机定子绕组中感应产生的交流电，可以通过多组由二极管组成的_____转变为直流电输出。

3. 根据图3-15简述三相桥式整流电路的整流过程。

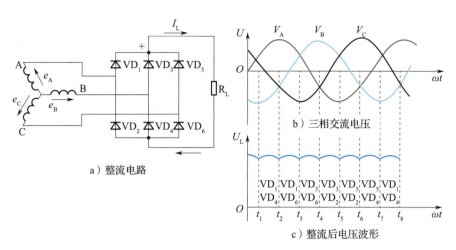

图 3-15　三相桥式整流电路及电压波形图

4. 一些具有中性点接线柱的发电机，其发电机在工作时，中性点的平均电压值为输出电压的_____中性点电压一般用来控制各种用途的_____。

引导问题 10：关于交流发电机励磁的方式。

1. 汽车交流发电机需先由_____供给励磁电流，当发电机电压达到蓄电池电压时，即由发电机自己供给_____电流，也就是由他励转变为_____。

2. 分析图 3-16 中的交流发电机的励磁电路工作过程

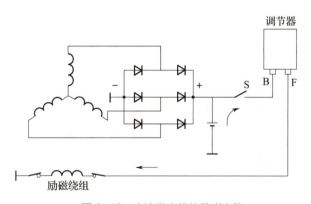

图 3-16　交流发电机的励磁电路

引导问题 11：交流发电机电压调节器的工作原理。

1. 电压调节器可通过改变_____的大小来控制发电机的输出电压值保持_____。

2. 分析图 3-17 外搭铁型电子电压调节器基本电路工作过程。

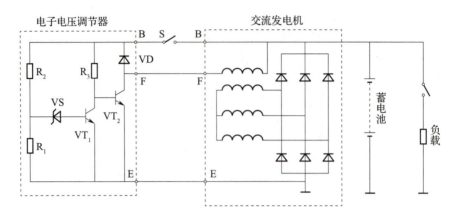

图 3-17　外搭铁型电子电压调节器基本电路

引导问题 12：

1. 整体式交流发电机的正常工作需要满足两个前提条件：

（1）_____。

（2）_____。

2. 整体式交流发电机的工作过程：

蓄电池的电能→_____→电刷→集电环→_____→_____→产生感应电动势→_____→端子 B 输出。

引导问题 13：

分析丰田卡罗拉充电系统电路，写出充电系统工作的电流通路。

引导问题 14：

掌握发电机的各种相关工作原理，能够帮助我们更好地理解发电机的工作过程，也让大家体会到了，想要完成一项工作任务，需要大家时刻保持（　　）精神。

A. 吃苦耐劳　　　　B. 敢为人先　　　　C. 勇于奉献　　　　D. 勇于担当

1. 充电系统的工作原理

主要有三个阶段：

1）未起动发动机时：在未起动发动机时，汽车上除起动系统外，所有用电设备均由蓄电池供电，为了提醒驾驶员节约蓄电池的电量，这时充电指示灯亮。

2）起动发动机时：在起动发动机时，主要由蓄电池向起动系统和点火系统供电，继而使起动机工作，带动发动机运转，发动机再带动发电机运转工作。因此，在起动瞬间充电指示灯亮。

3）发动机正常运行时：在起动完成后，由发电机为汽车上的用电设备供电，并对蓄电池充电，这时充电指示灯应该熄灭。

2. 交流电动势产生的原理

当导体在磁场间旋转，由于电磁感应将会产生感应电动势。把导体弯成框形，会产生双倍的感应电动势；把导体做成线圈，将会产生更大的感应电动势；而且线圈中的匝数越多，产生的感应电动势越大。如图 3-18 所示，当感应电动势越大时，灯泡就越亮。

旋转线圈产生的感应电动势的方向和大小，是随着线圈的位置而变化的。如图 3-19a 电流从电刷 A 流向灯泡，在图 3-19b 中电流停止流动，在图 3-19c 中电流从电刷 B 流向灯泡，因此这种设备产生的电流就叫交流电，这种设备就叫交流发电机。

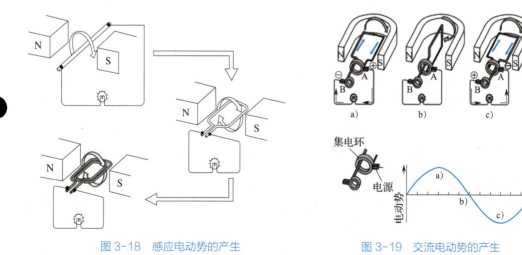

图 3-18 感应电动势的产生　　　　图 3-19 交流电动势的产生

3. 交流发电机发电原理

交流发电机产生交流电的基本原理是电磁感应原理。交流发电机是利用产生磁场的转子旋转，使穿过定子绕组的磁通量发生变化，在定子绕组内产生交流感应电动势。

交流发电机发电原理

当励磁绕组中有电流通过时,励磁绕组中便产生磁场,转子轴上的 2 个爪极分别被磁化为 N 极和 S 极。当转子旋转时,磁极交替地在定子铁心中穿过,形成一个旋转的磁场,磁力线和定子绕组之间产生相对运动,在三相绕组中产生交流感应电动势。

在交流发电机中,由于转子磁极呈鸟嘴型,其磁场的分布近似正弦规律分布,所以在发电机定子绕组中产生的交流感应电动势也近似正弦规律变化。

三相同步交流发电机的工作原理如图 3-20 所示。发电机的转子为磁极,磁极绕组通过电刷和集电环引入直流电而产生磁场;发电机的定子为电枢,三相电枢绕组按一定的规律分布在定子的槽中,彼此相差 120° 电角度。

当转子旋转时,产生一个旋转的磁场,使得相对静止的电枢绕组切割磁力线而产生感应电动势。通过对磁极铁心的特殊设计使磁场近似于正弦规律分布,因此三相电枢绕组产生的感应电动势近似按正弦规律变化,频率相同、幅值相等、相位互差 120° 电角度,如图 3-21 所示。

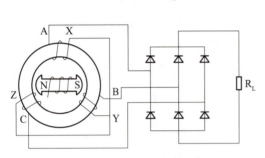

图 3-20 交流发电机的工作原理

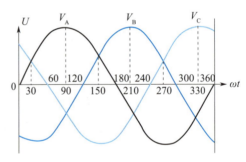

图 3-21 三相交流电压

4. 交流发电机整流原理

由于二极管具有单向导电特性。当给二极管加上正向电压时,二极管导通,呈现低阻态;当给二极管加上反向电压时,二极管截止,呈现高阻态。汽车交流发电机定子绕组中感应产生的交流电,通过多组二极管组成的桥式整流电路转变为直流电输出。三相桥式整流电路及电压波形如图 3-22 所示。

交流发电机整流原理

三个正极管(VD1、VD3、VD5)的正极分别接在汽车发电机三相绕组的首端(A、B、C),而它们的负极同接在元件板上,因此这 3 个正极管导通的条件是:在某一瞬间,哪一相的电压最高(相对其他两相来说正值最大),则该相的正极管导通。

三个负极管(VD2、VD4、VD6)的负极分别接在发电机的三相绕组的首端,而它们的正极同接在后端盖上,因此这三个负极管的导通条件是:在某一瞬间,哪一相的电压最低(相对其他两相来说负值最大),则该相的负极管导通。

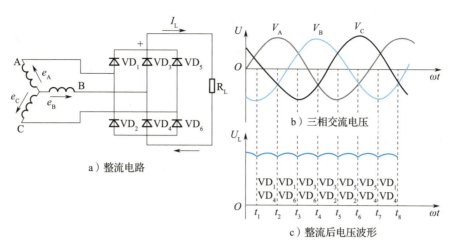

图 3-22 三相桥式整流电路及电压波形图

在同一瞬间,同时导通的二极管就只有 2 个,即正极管、负极管各一个。三相桥式整流电路中二极管的依次循环导通,使得负载 R_L 两端得到一个比较平稳的脉动直流电压。

根据上述原则,其整流过程如下。

在 $t_1 \sim t_2$ 时间内,A 相的电压最高,B 相的电压最低,故 VD_1、VD_4 处于正向电压而导通,负载 R_L 两端得到的电压为 U_{AB}。

在 $t_2 \sim t_3$ 时间内,A 相的电压最高,C 相的电压最低,故 VD_1、VD_6 处于正向电压而导通,负载 R_L 两端得到的电压为 U_{AC}。

在 $t_3 \sim t_4$ 时间内,VD_3、VD_6 导通,R_L 两端的电压为 U_{BC}。这样依次类推,循环反复,就在 R_L 两端得到一个比较平稳的脉冲直流电压 U_L,1 个周期内有 6 个波形,如图 3-22c 所示。

有的发电机具有中性点接线柱,如图 3-23 所示。中性点接线柱是从三相绕组的末端引出,标记为"N",输出电压为 U_N。由于 U_N 是通过 3 个搭铁的负极二极管整流后得到的直流电压(即三相半波整流),所以中性点平均电压为输出电压的 1/2。

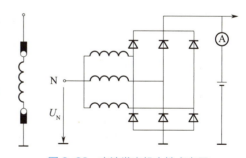

图 3-23 交流发电机中性点电压

交流发电机的转速高到一定程度,中性点电压高过发电机输出电压。部分发电机在中性点接上 2 只中性点二极管,对中性点电压进行全波整流,可以有效利用中性点电压来增加发电机的功率。试验表明:加装中性点二极管的交流发电机,在结构不变的情况下可以提高发电机的功率 10%~15%。交流发电机中性点电压 U_N 一般用来控制各种用途的继电器,如磁场继电器、充电指示灯继电器等。

中性点二极管提高发电机功率的原理如下。

当中性点电压瞬时值高于三相绕组的最高值时,中性点正极管导通对外输出电流,电流回路为:中性点→正极二极管→负载→某一负极二极管→定子绕组→中性点。

当中性点电压瞬时值低于三相绕组的最低值时,中性点负极管导通对外输出电流,电流回路为:中性点→定子绕组→某一正极二极管→负载→中性点负极管→中性点。

5.交流发电机励磁方式

汽车交流发电机的磁场靠励磁产生,即必须给励磁绕组通电才会有磁场产生。由于二极管死区电压的存在,发动机转速低时交流发电机不能自励发电,所以要采用他励发电。需先由蓄电池供给励磁电流,当发电机电压达到蓄电池电压时,即由发电机自己供给励磁电流,也就是由他励转变成为自励。

在发动机起动期间,需要蓄电池供给发电机磁场电流生磁使发电机发电,这种供给磁场电流的方式称为他励发电。随着转速的提高,发电机的电动势逐渐升高并能对外输出,一般在发动机怠速时发电机就能对外供电了。当发电机能对外供电时,就可以把自身发的电供给励磁绕组生磁发电,这种移给磁场电流的方式称为自励。交流发电机的励磁电路如图 3-24 所示。

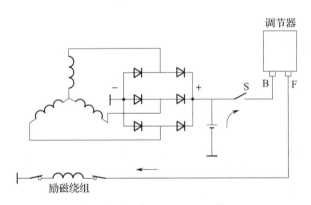

图 3-24 交流发电机的励磁电路

当点火开关 S 接通时,蓄电池便通过调节器向发电机的励磁绕组提供励磁电流,励磁电路为:蓄电池正极→点火开关 S →调节器"+"接线柱→调节器→调节器"F"接线柱→发电机的"F"接线柱→发电机励磁绕组→搭铁。

当发动机起动后,发电机的输出电压略高于蓄电池电压时,发电机自己给励磁绕组提供励磁电流,励磁电路为:发电机正极→点火开关 S →调节器"+"接线柱→调节器→调节器的"F"接线柱→发电机的"F"接线柱→发电机励磁绕组→搭铁。

以上分析的励磁电路只是一个基本电路,该电路还存在着一个缺点,即驾驶员如果在发动机熄火后忘记将点火开关 S 关闭，蓄电池就会通讨调节器向发电机励磁线圈长时间放电。针对这一缺点，有很多车型采用了 9 管交流发电机。如图 3-25 所示，增加了 3 个功率较小的硅二极管，专供励磁电流，称为励磁二极管，励磁二极管同时控制充电指示灯。3 只励磁二极管与 3 只负极二极管同样组成桥式整流电路，L 点与 B 点电位相等。

如图 3-25 所示，电路起到警告驾驶员停车后必须关断点火开关的作用，同时电路中还连接一个充电指示灯，用来监视发电机的工作情况，指示发电机是否有故障。其工作情况如下。

在发动机起动期间，发电机电压 U_{D+} 小于蓄电池电压时，整流二极管截止，发电机不能对外输出，由蓄电池供给励磁绕组电流。路径为蓄电池 + →点火开关→充电指示灯→调节器→励磁绕组→搭铁→蓄电池 -，充电指示灯亮。

当发动机转速升高到怠速及其以上时，发电机应能正常发电并对外输出，发电机电压大于蓄电池电压，发电机自励。$U_B = U_{D+}$，充电指示灯两端压降为零，充电指示灯熄灭。如果充电指示灯没有熄灭，说明发电机存在故障或充电指示灯电路有搭铁。

充电指示灯不仅可以指示发电机的工作情况，而且可在发动机停车后点亮，提醒驾驶员及时关闭点火开关。

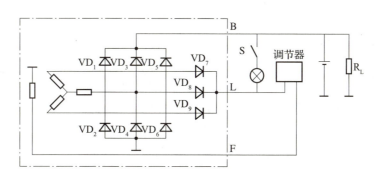

图 3-25　9 管交流发电机的整流电路

6. 交流发电机电压调节器的工作原理

由交流发电机的工作原理可知，交流发电机所产生的感应电动势与转子转速和磁极磁通成正比。当发电机转速变化时，电压调节器可通过改变励磁电流（磁极磁通与励磁电流成正比）的大小来控制发电机的输出电压值保持不变。

电压调节器的类型较多，按元器件的性质来分，可分为触点式（也称电磁振动式）和电子式两大类。其中，触点式电压调节器按触点的数目又可分单级和双级两种，按是否与其他继电器联动可分为单联式、双联式和三联式；电子式电压调节器又分晶体管式、集成电路式和可控硅式 3 种。按搭铁形式可分为内搭铁式（与内搭铁式交流发电机配套使用）和外搭铁式（与外搭铁式交流发电机配套使用）。下面以内、外搭铁电子电压调节器为例讲解工作原理。

（1）外搭铁电子电压调节器基本工作原理

各种型号的电子电压调节器的内部电路各不相同，这里向大家介绍电子调节器的基本电路，实际电路要复杂得多，但工作原理可用基本电路工作原理去理解。

外搭铁电子电压调节器的基本电路如图3-26所示，主要由3只电阻（R_1、R_2、R_3），两只晶体管（VT_1、VT_2），1只稳压二极管（VS）和1只二极管（VD）组成。

电阻R_1和R_2串联组成一个分压器，接在发电机"B"与"E"之间，用于监测发电机的输出电压U_B。由此可见，R_1两端电压与发电机电压U_B呈正比关系，U_{R_1}可反映发电机输出电压U_B的变化。电阻R_3既是VT_1的分压电阻，又是VT_2的偏流电阻。稳压管VS是感受元件，与VT_1的发射结串联后并联于分压电阻R_1的两端，组成电压检测电路，监测发电机输出电压U_B的变化。VT_1为小功率晶体管（NPN型），用来放大控制信号。VT_2为大功率晶体管（NPN型），和发电机的励磁绕组串联，取其开关性能，用来接通与切断发电机的励磁电路。

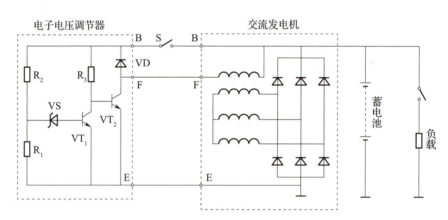

图3-26　外搭铁型电子电压调节器基本电路

电路的设计原理是：当发电机输出电压U_B升高至调节电压上限U_{B_2}时，分压电阻R_1两端的电压U_{R_1}恰好能使稳压管VS反向击穿，为VT_1提供基极电流，使VT_1导通。当发电机电压U_B下降至调节电压下限U_{B_1}时，U_{R_1}不能使稳压管VS反向击穿，VT_1因无基极电流而截止。VD是续流二极管，励磁绕组由接通变为断开状态时，产生的自感电动势（F端高电位，B端低电位）经二极管VD构成放电回路，防止晶体管VT_2被击穿损坏。

外搭铁电子电压调节器的工作原理如下：

接通点火开关S，发动机不转，发电机不发电，蓄电池电压加在分压器R_1、R_2上，此时因U_{R_1}较低不能使稳压管VS反向击穿，VT_1截止，使得VT_2导通，发电机的励磁绕组电路接通，发电机他励，此时由蓄电池供给励磁绕组电流，励磁电路为：蓄电池正极→发电机励磁绕组→调节器"F"接线柱→晶体管VT_2→调节器"E"接线柱→搭铁→蓄电池负极。

起动发动机,发电机定子内感生电动势随转速升高而增大,当其大于蓄电池电压时发电机转速大约在 900r/min,发电机自励发电并开始对蓄电池充电。如果此时发电机输出电压 U_B 小于调节器调节上限 U_{B_2},VT$_1$ 继续截止,VT$_2$ 继续导通,此时的励磁绕组电流由发电机供给,励磁电路为:发电机正极→发电机励磁绕组→调节器"F"接线柱→晶体管 VT$_2$→调节器"E"接线柱→搭铁→发电机负极。由于励磁电路一直导通,发电机电压随转速升高而迅速增大。

当发电机电压升高到调节上限 U_{B_2} 时,调节器开始对发电机输出电压进行控制。此时电阻 R_1 上的分压 $U_{R_1}=U_{VS}+U_{be1}$,VS 导通,VT$_1$ 导通,VT$_2$ 截止,发电机励磁绕组电路被切断,磁极磁通下降,发电机输出电压下降。

当发电机电压下降到调节下限 U_{B_1} 时,电阻 R_1 上分压 $U_{R_1}<U_{VS}+U_{be1}$,VS 截止,VT$_1$ 截止,VT$_2$ 重新导通,励磁绕组电路重新被接通,发电机电压上升。发电机电压上升到调节上限 U_{B_2} 时,VT$_2$ 就截止,励磁绕组电路被切断,发电机输出电压 U_B 下降;发电机电压降到调节下限 U_{B_1} 时,磁场电路被接通,发电机输出电压 U_B 上升,周而复始,发电机输出电压 U_B 被控制在一定范围内,这就是外搭铁型电子调节器的工作原理。

实际上,对于电子电压调节器来说,由于晶体管 VT$_2$ 的开关频率很高,U_{B_2} 和 U_{B_1} 两者之间的差距非常小,所以发电机的输出电压 U_B 波动非常小,再加上电容的滤波,所以发电机的输出电压很稳定。

(2)内搭铁电子电压调节器基本工作原理

内搭铁型电子电压节器的基本电路如图 3-27 所示。该电路的特点是晶体管 VT$_1$、VT$_2$ 采用 PNP 型,发电机的励磁绕组连接在 VT$_2$ 的集电极和搭铁端"E"之间,电路工作原理和结构与外搭铁型电子调节器类似。

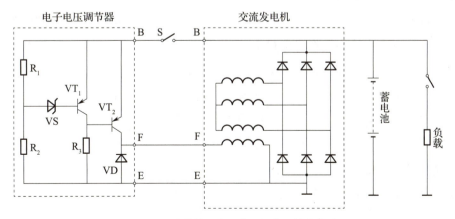

图 3-27　内搭铁型电子电压调节器基本电路

（3）电压调节器电压检测点的选择

调节器检测电路根据检测点的不同，可分为发电机电压检测电路和蓄电池电压检测电路两类，如图 3-28 所示。

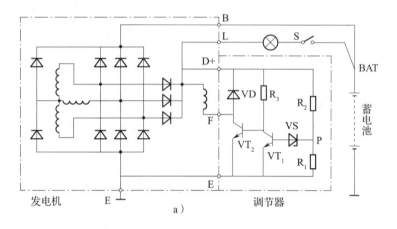

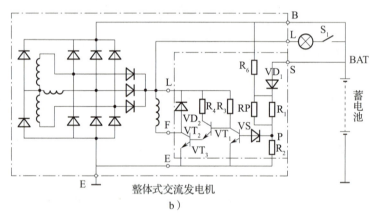

图 3-28　电压调节器电压检测点的位置

发电机电压检测电路如图 3-28a 所示，分压器 R_1、R_2 从发电 "D+" 端得到电压。检测点 P 加到稳压管 VS 上的电压与发电机输出电压成正比，所以该电路称为发电机电压检测电路（检测点在发电机上）。

蓄电池电压检测电路如图 3-28b 所示，分压器 R_1，R_2 从蓄电池正极 "BAT" 得到电压。检测点 P 加到稳压管 VS 上的电压与蓄电池的端电压成正比，所以该电路称为蓄电池电压检测电路（检测点在蓄电池上）。

相比而言，发电机电压检测电路中，因检测点选在发电机上可使发电机的引出线减少一根，但是当发电机 +B 端至蓄电池正极 "BAT" 电路上电压降较大时，可能导致蓄电池充电不足。因此，一般大功率发电机多采用蓄电池电压检测法。对于蓄电池电压检测电路，因其检测点直接选在蓄电池上，可保证蓄电池的充电电压；当调节器 +S

端至蓄电池正极"BAT"导线断路时，将转为发电机电压检测。

7. 整体式交流发电机的工作过程

整体式交流发电机的正常工作，需要满足两个前提条件：一个是转动，即发动机曲轴旋转，带动发电机传动带工作，传动带直接带动发电机带轮旋转，最终实现转子总成的转动；一个是磁场，即蓄电池的电能（发电机的电能）供给发电机输入端，经IC电压调节器→电刷→集电环→励磁绕组，最终产生磁场。之后，旋转的磁场被定子绕组切割，产生感应电动势，交流电经整流器整流为直流电，从端子B输出。

8. 丰田卡罗拉充电系统电路

丰田卡罗拉充电系统电路图如图3-29、图3-30所示。发电机总成上五个端子的代号及作用：发电机总成的IG端子识别点火开关"ON"档位；发电机总成的B端子，向蓄电池充电和向汽车用电设备供电；发电机总成的S端子，监测蓄电池的端电压；发电机总成的M端子，接收空调离合器工作信号，以增加发电机的输出功率；发电机总成的L端子，控制充电指示灯工作。

9. 充电系统常见故障种类及原因分析

（1）充电指示灯不熄灭

接通点火开关时，仪表盘上的充电指示灯亮，但发动机正常运转后，充电指示灯不熄灭，或是在正常行车过程中，充电指示灯亮起，这说明充电系统出现了不充电的故障。故障原因可能为：发电机内部的定子绕组或励磁绕组有断路、短路或搭铁，多个整流二极管断路或短路等造成发电机不发电；电压调节器内部的短路或电子元件损坏使充电指示灯亮起；发电机传动带松弛打滑，造成发电机不转动或转速过低而不发电或发电量过小等。

（2）充电指示灯不亮

接通点火开关至发动机正常运转时，充电指示灯始终不亮。故障原因可能为：充电指示灯电路搭铁不良或电路断路而造成的充电指示灯不亮。

（3）发电机电压过高

充电指示灯能正常亮起和熄灭，但是汽车灯泡很容易烧坏，且易出现蓄电池温度过高、电解液消耗过快等现象，这说明发电机电压过高或失控而导致充电电流过大。或测量发电机输出电压值，当发动机中、高速运转时，发电机输出端电压高于14.5V。故障原因可能为：电压调节器电压过高或调节器失效。

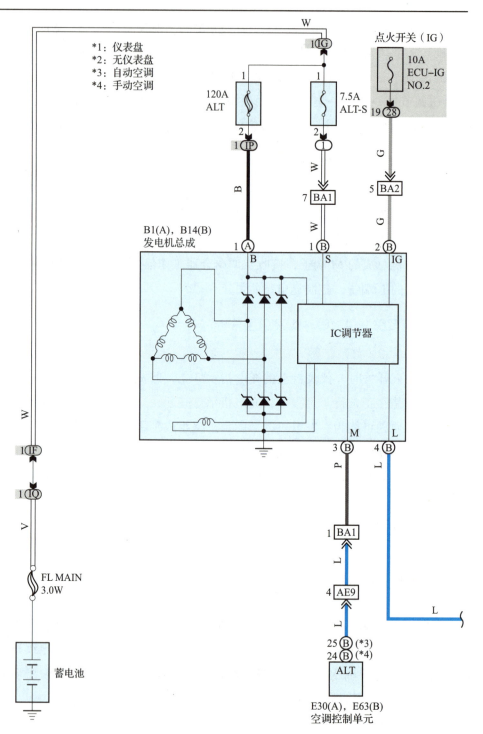

图 3-29 丰田卡罗拉充电系统电路——发电机部分

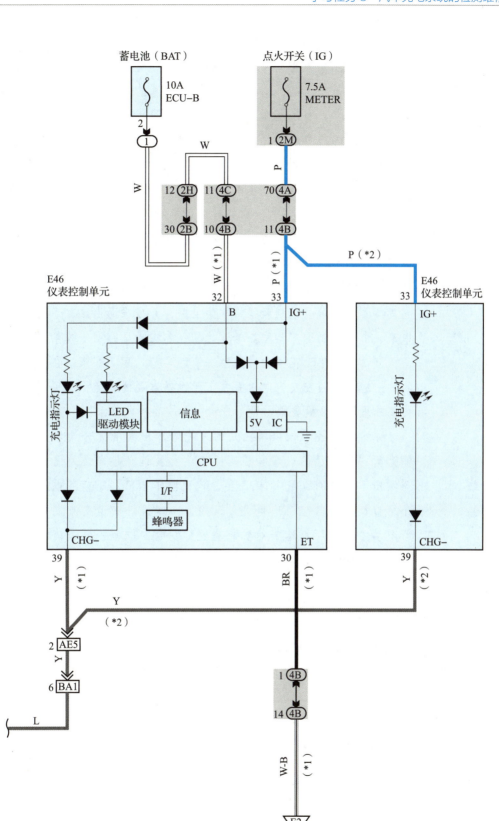

图 3-30 丰田卡罗拉充电系统电路——充电指示灯部分

小贴士

钟兆琳，我国电机制造工业的拓荒者和奠基人，有"中国电机之父"之称，是我国电机工程专家，是钱学森的老师，更是开拓大西北的积极倡导者、实践者和建设者。钟兆琳早年留学美国，怀着教育救国的思想，1927年毅然放弃美国优越的工作和生活条件负笈东归。他常对学生们讲，不把西北开发建设起来，中国就没有真正的繁荣昌盛。西迁时，钟兆琳年近花甲，周总理说，钟先生年纪大了，就不必去了。但钟兆琳表示："上海经过许多年发展，西安无法和上海相比，正因为这样，我们要到西安办校扎根，献身于开发共和国西部的事业。"于是他卖掉了自己在上海的住宅，把卧病在床的夫人安顿好后，只身一人随校西迁。到西安后，年过花甲的钟兆琳教授独自一人天天吃集体食堂，第一个到教室给学生上课，并迎难而上建立了全国高校中第一个电机制造实验室。老骥伏枥，志在千里；烈士暮年，壮心不已。就这样，年近花甲的钟兆琳，不辞辛劳，事必躬亲，在一片荒凉的黄土地上将西安交大电机系扶上了迅猛发展的轨道，并逐渐成为国内基础雄厚、规模较大、设备日臻完善的高校电机系。

钟兆琳教授不但以其出众的才能培养出大批优秀人才，而且身体力行，把自己的教学和祖国的工业发展结合起来，为民族电机工业做出了巨大的贡献。1933年，他说服华生厂买下南翔电灯厂，并介绍自己的助教褚应璜也进厂，和他一起设计制造交流发电机，由新中动力机器厂制造柴油机配套进行发电，成为一个系统。中国的电机工业从此真正发展起来了。

（二）任务计划与实施

引导问题1：关于发电机拆解与装配的问题。

1. 以下是关于发电机总成拆解的步骤，请在下列步骤的前面标注正确的序号。

☐拆卸发电机离合器带轮

☐拆卸发电机电刷架总成

☐拆卸发电机端子总成绝缘垫

☐拆卸发电机定子总成固定螺栓

☐拆卸发电机定子总成

☐拆卸发电机后端盖

☐拆卸发电机转子总成

☐拆卸发电机驱动端端盖轴承

2. 在发电机总成拆装过程中会用到哪些专用工具（SST）？

（1）拆解：_____

（2）装配：_____

引导问题2：关于充电系统参数测量的问题。

1. 卡罗拉轿车发电机上共有_____个插接器，5个端子分别为_____、

_____、_____、_____、_____。

2. 测量发电机输出电压侦测端B1（B）端子：打开点火开关，起动发动机使发动机处于_____状态；将万用表调至_____档，使用背插针将红表笔接B1（B），黑表笔搭铁，正常读数应该为_____V。

3. 蓄电池电压的侦测端B14（S）端子：打开点火开关，起动发动机使发动机处于_____状态；将万用表调至_____档，使用背插针将红表笔接B14（S），黑表笔搭铁，正常读数应该为_____V。

4. 点火开关侦测端B14（IG）端子：将万用表调至_____档，使用背插针将红表笔接B14（IG），黑表笔搭铁，未打开点火开关时，读数应为_____；打开点火开关，起动发动机使发动机处于_____状态；正常读数应该为_____V。

5. 发电机输出端B14（M）测量：将万用表调至_____档，使用背插针将红表笔接B14（M），黑表笔搭铁，打开点火开关，起动发动机使发动机处于_____状态；正常读数应该为_____V。

6. 指示灯控制端B14（L）测量：将万用表调至_____档，使用背插针将红表笔接B14（L），黑表笔搭铁，未打开点火开关时，读数应为_____；打开点火开关，起动发动机使发动机处于怠速稳定状态；正常读数应该为_____V。

引导问题3：关于发电机部件测量的问题。

1. 测量发电机励磁绕组，测量转子轴上两个集电环间（励磁绕组）的电阻，电阻值为无穷大，说明（_____）。

A. 励磁绕组正常　B. 励磁绕组短路　C. 励磁绕组断路

2. 使用万用表电阻档，测量定子绕组与定子铁心之间的电阻，电阻为（_____）说明定子线圈正常。

A. 无穷大　　　B.100Ω　　　　C.2000Ω 以下　　D.5000Ω 以下

3. 检测正极管时，将数字万用表调到"二极管"档，黑表笔接_____，红表笔依次接P_1、P_2、P_3、P_4，均应_____；交换红黑表笔后再测，均应为_____，否则有正二极管损坏，需要更换整流器总成。

引导问题4：关于发电机更换的问题。

以下是关于发电机总成更换的步骤，请在下列步骤的前面标注正确的序号。

1）拆卸发电机总成：

☐找到车辆上的交流发电机，拔下发电机导线插头

☐拧下发电机+B导线螺钉，并取下+B导线

☐断开蓄电池电缆线

☐拧下发电机+B导线固定支架螺栓和发电机固定螺栓

☐取下发电机上的传动带，并拧下发电机固定螺栓，取下发电机总成

☐调整发电机张紧螺栓到合适位置

2）更换新的发电机总成：

☐插上发电机导线插头，并重新连接蓄电池电缆线

☐拧紧发电机其余固定螺栓及发电机+B导线固定支架螺栓

☐安装发电机及固定螺栓

☐起动发动机，测量发电机输出电压值，测量数值在14V左右

☐安装传动带，并调整发电机张紧螺栓，使传动带张紧

> **小提示**
>
> 1. 发电机在进行拆装和测量的过程中要注意零部件和工具的有序摆放，避免造成丢失和损坏的问题。
>
> 2. 在日常工作过程中应正确选用并使用工具，按照维修手册要求和标准流程进行，养成严肃认真、精益求精的工作态度。

任务技能点1：发电机的拆解与装配

1. 准备工作

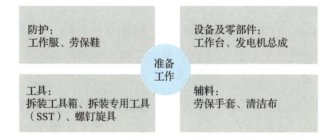

2. 拆解步骤说明

（1）拆卸发电机离合器带轮

如图3-31所示，用螺钉旋具拆下发电机带轮盖；使用离合器带轮拆装工具（SST-09820-63020）拆下离合器带轮。

（2）拆卸发电机后端盖

如图 3-32 所示，将发电机总成放在离合器带轮上，拆下 3 个螺母和发电机后端盖。

图 3-31　拆卸发电机离合器带轮　　　　　　　图 3-32　拆卸发电机后端盖

（3）拆卸发电机端子总成绝缘垫

如图 3-33 所示，从发电机端子上拆下端子绝缘垫。

（4）拆卸发电机电刷架总成

如图 3-34 所示，从发电机定子上拆下 2 个螺钉和电刷架。

图 3-33　拆卸发电机端子总成绝缘垫　　　　　图 3-34　拆卸发电机电刷架总成

（5）拆卸发电机定子总成固定螺栓

如图 3-35 所示，拆下 4 个螺栓。

（6）拆卸发电机定子总成

如图 3-36 所示，使用发电机定子总成拆装工具（SST-09950-40011）拆卸。

图 3-35　拆卸发电机定子总成固定螺栓　　　　图 3-36　拆卸发电机定子总成

（7）拆卸发电机转子总成

如图 3-37 所示，拆下发电机垫圈和转子总成。

（8）拆卸发电机驱动端端盖轴承

如图3-38所示，从驱动端盖上拆下4个螺钉和挡片；用驱动端端盖轴承拆装工具（SST-09950-60010和09950-70010）和锤子敲出驱动端端盖轴承。

图3-37　拆卸发电机转子总成　　　　　　　图3-38　拆卸发电机驱动端端盖轴承

3. 装配步骤说明

（1）安装发电机驱动端端盖轴承

如图3-39所示，用驱动端端盖轴承拆装工具（SST 09950-60010、09950-70010）和压力机，压入一个新的发电机驱动端端盖轴承；将挡片上的凸耳嵌入驱动端盖上的切口中，以安装挡片；安装4个螺钉，力矩为2.3N·m。

图3-39　安装发电机驱动端端盖轴承

（2）安装发电机转子总成

如图3-40所示，将驱动端端盖放在离合器带轮上，安装发电机转子总成和垫圈。

（3）安装发电机定子总成

如图3-41所示，使用发电机定子总成安装工具（SST 0912-70100）和压力机，慢慢压入发电机定子总成；安装发电机定子总成4个螺栓，力矩为5.8N·m。

图3-40　安装发电机转子总成　　　　　　　图3-41　安装发电机定子总成

（4）安装发电机电刷架总成

如图3-42所示，首先将2个电刷推入发电机电刷总成的同时，在电刷架孔中插入一个直径 1.0mm 的销；然后用 2 个螺钉将电刷架总成安装到发电机定子总成上，力矩 1.8N·m；最后将销从发电机电刷架中拔出。

图 3-42　安装发电机电刷架总成

（5）安装发电机端子绝缘垫

如图 3-43 所示，将端子绝缘垫安装到发电机线圈上，注意安装方向。

（6）安装发电机后端盖

如图 3-44 所示，用 3 个螺母将发电机后端盖安装到发电机定子总成上，力矩 4.6N·m。

图 3-43　安装发电机端子绝缘垫　　图 3-44　安装发电机后端盖

（7）安装发电机离合器带轮

如图 3-45 所示，使用离合器带轮拆装工具（SST 09820-63020），使用力臂长度为 318mm 的力矩扳手紧固离合器带轮，力矩 84N·m，仅当 SST 与力矩扳手平行时有效；确认带轮旋转平稳后，安装一个新的离合器带轮盖。

图 3-45　安装发电机离合器带轮

4. 注意事项

1）在拆装发电机的过程中要保持发电机总成的稳定性，避免总成或部件掉落造成人身伤害。

2）将拆装下的零部件和固定螺栓等，都有序摆放整齐或放置到零件盒中，避免造成零部件的丢失。

3）在拆装的过程中要使用合适的工具，同时严禁在拆装过程中使用工具嬉戏打闹。

任务技能点2：充电系统参数测量

充电系统参数测量

1. 准备工作

2. 参数测量步骤说明

1）查询卡罗拉轿车的发电机相关电路及发电机上2个插接器的端视图，2个插接器共5个端子分别为：B1（B）、B14（S）、B14（IG）、B14（M）、B14（L），如图3-46所示。

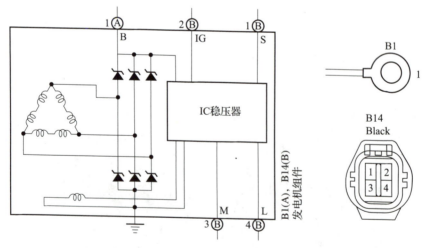

图3-46　卡罗拉轿车的发电机相关电路及插接器的端视图

2）测量发电机的输出电压侦测端B1（B），该端子用于控制调节发电机的输出电压。测量方法：打开点火开关，起动发动机使发动机处于怠速稳定状态；将万用表调至"20V"直流电压档，使用背插针将红表笔接B1（B），黑表笔搭铁，正常读数应该为13.5~14V，如图3-47所示。

图 3-47　测量发电机的输出电压侦测端 B1（B）

3）测量蓄电池电压的侦测端 B14（S），B14（S）连接至蓄电池正极，用于控制蓄电池的电压，避免因拉线造成发电机输出电压不够。测量方法：打开点火开关，起动发动机使发动机处于怠速稳定状态；将万用表调至"20V"直流电压档，使用背插针将红表笔接 B14（S），黑表笔搭铁，正常读数应该为 13.5~14V，如图 3-48 所示。

图 3-48　测量蓄电池电压的侦测端 B14（S）

4）测量点火开关侦测端 B14（IG），B14（IG）连接至汽车上的点火开关，用于起动调节器的动作。测量方法：将万用表调至"20V"直流电压档，使用背插针将红表笔接 B14（IG），黑表笔搭铁，未打开点火开关时，读数应为 0，如图 3-49 所示；打开点火开关，起动发动机使发动机处于怠速稳定状态，常读数应该为 13.5~14V，如图 3-50 所示。

5）测量发电机输出端 B14（M），该端子用于给空调模块供电等。测量方法：将万用表调至"20V"直流电压档，使用背插针将红表笔接 B14（M），黑表笔搭铁，打开点火开关，起动发动机使发动机处于怠速稳定状态；正常读数应该为 13.5~14V。如图 3-51 所示。

图 3-49　未打开点火开关时测量 B14（IG）

图 3-50　打开点火开关时测量 B14（IG）

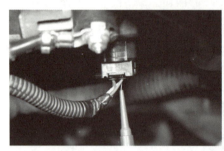 

图 3-51　测量发电机输出端 B14（M）

任务技能点 3：发电机部件测量

1. 准备工作

发电机部件测量

| 防护： | 设备及零部件： |
| 工作服、劳保鞋 | 发电机总成及部件、工作台 |

准备工作

| 工具： | 辅料： |
| 万用表 | 劳保手套、清洁布 |

2. 部件测量步骤说明

（1）测量励磁绕组

1）短路、断路测量。

使用万用表"20Ω"电阻档位，测量转子轴上两个集电环间（励磁绕组）的电阻，标准值为 3.5~6Ω。若电阻比标准值小，说明励磁绕组有短路故障；若电阻为无穷大，说明励磁绕组有断路故障，如图 3-52 所示。

2）搭铁测量。

使用万用表"2kΩ"电阻档位，测量每个集电环与转子轴间的电阻，应该为无穷大，否则有搭铁故障，如图 3-53 所示。

图 3-52 励磁绕组短路、断路测量

图 3-53 励磁绕组搭铁测量

（2）测量定子绕组

1）短路、断路测量。

使用万用表"20Ω"电阻档位，测量定子绕组的三个接线端，两两接线端分别测量，标准值应该小于1Ω，且三个绕组的阻值应相等。若电阻为0，说明绕组有短路故障；若电阻为无穷大，说明绕组有断路故障。如图 3-54 所示。

2）搭铁测量。

使用万用表"2kΩ"电阻档位，测量定子绕组与定子铁心间的电阻，标准值应该为无穷大，若导通说明定子绕组绝缘不良。如图 3-55 所示。

图 3-54 定子绕组短路、断路测量

图 3-55 定子绕组搭铁测量

（3）测量电刷及电刷弹簧

1）电刷测量。

电刷及电刷架应无破损或裂纹，电刷在电刷架内应能活动自如，无卡滞现象。电刷长度（一般为14mm）应不低于原长度的二分之一，否则应更换。如图 3-56 所示。

2）电刷弹簧。

电刷弹簧的压力应符合标准，一般为 2~3N，将电刷压入电刷架使之露出部分约 2mm，弹簧压力过小应更换。如图 3-57 所示。

（4）测量整流器

1）正极管测量。

检测正极管时，将数字万用表调到"二极管"档，黑表笔接"B"，红表笔依次接 P_1、P_2、P_3、P_4，均应导通；交换红黑表笔后再测，均应为无穷大，否则有正二极管损坏，需要更换整流器总成。如图 3-58 所示。

图3-56 电刷测量

图3-57 电刷弹簧测量

图3-58 整流器正极管测量

2）负极管测量。

检测负极管时，将数字万用表调到"二极管"档，红表笔接"E"，黑表笔依次接 P_1、P_2、P_3、P_4，均应导通；交换红黑表笔后再测，均应为无穷大，否则有负二极管损坏，需要更换整流器总成。如图3-59所示。

图3-59 整流器负极管测量

（5）测量转子轴

由于发电机转子转速很高，因此转子与定子间不允许有任务接触，而转子磁极与定子铁心间的气隙又很小（通常为0.25~0.50mm），所以要求转子磁极外圆周表面对两端轴颈公共轴线的径向圆跳动≤0.05mm，否则应该进行校正或更换。如图3-60所示。

图3-60 测量转子轴

任务技能点 4：发电机的更换

1. 准备工作

- 防护：工作服、劳保鞋
- 设备及零部件：卡罗拉轿车
- 工具：拆装工具箱
- 辅料：劳保手套、清洁布

2. 发电机总成拆卸步骤说明

1）断开蓄电池电缆线，如图 3-61 所示。

2）找到车辆上的交流发电机，拔下发电机导线插头，如图 3-62 所示；拧下发电机 +B 导线螺钉，并取下 +B 导线，如图 3-63 所示；拧下发电机 +B 导线固定支架螺栓和发电机固定螺栓，如图 3-64 所示；调整发电机张紧螺栓到合适位置，如图 3-65 所示。

图 3-61 断开蓄电池电缆线

图 3-62 拔下发电机导线插头

图 3-63 拧下发电机 +B 导线螺钉

图 3-64 拧下发电机固定螺栓

图 3-65 调整发电机张紧螺栓

3）取下发电机上的传动带，并拧下发电机固定螺栓，取下发电机总成，如图 3-66 所示。

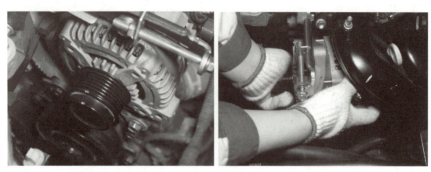

图 3-66　取下传动带和发电机总成

3. 发电机安装步骤说明

按照拆卸时相反的过程来安装新的交流发电机。

1）安装发电机及固定螺栓，如图 3-67 所示。

图 3-67　安装发电机及固定螺栓

2）安装传动带，并调整发电机张紧螺栓，使传动带张紧，如图 3-68 所示。

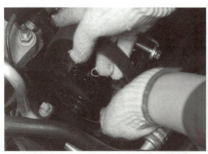

图 3-68　安装传动带并张紧

3）拧紧发电机其余固定螺栓及发电机 +B 导线固定支架螺栓，如图 3-69 所示。

图 3-69　拧紧发电机 +B 导线固定支架螺栓

4）插上发电机导线插头，并重新连接蓄电池电缆线，如图 3-70 所示。

图 3-70　连接发电机导线插头及蓄电池电缆线

5）起动发动机，测量发电机输出电压值，测量数值在 14V 左右，如图 3-71 所示。

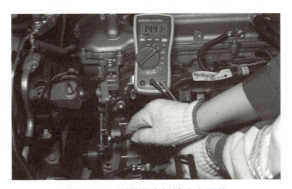

图 3-71　测量发电机输出电压值

（三）任务评价反馈

1. 小组自评表能够让小组成员对各自的信息检索能力、任务认知程度、参与状态、学习方法和工作过程等方面进行评价，从记忆、领会、应用、分析、反馈全方位评估自己对知识的学习及掌握情况见表 3-3。

表 3-3 小组自评表

班级		组名		日期	
评价指标	评价要素			分数	分数评定
信息检索	能有效利用网络资源、工作手册查找有效信息；能用自己的语言有条理地去理解、表述所学知识；能将查找到的信息有效地转换到工作中			10	
任务认知	熟悉各自的工作岗位，认同工作价值；在工作中获得满足感			10	
参与状态	与教师、同学之间相互尊重、理解、平等相待；与教师、同学之间能够保持多向、丰富、适宜的信息交流			10	
	探究学习、自主学习不流于形式，处理好合作学习和独立思考的关系，做到有效学习；能够提出有意义的问题或能发表个人见解；能按要求正确操作；能够倾听、协助分享			10	
学习方法	工作计划、操作技能符合规范要求；能获得了进一步发展的能力			10	
工作过程	遵守管理规程，操作过程符合现场管理要求；注意平时上课的出勤情况和每次完成工作任务的情况；善于多角度思考问题，能主动发现、提出有价值的问题			15	
思维状态	能发现问题、提出问题、分析问题、解决问题、创新解决问题方法			10	
自评反馈	按时按质地完成工作任务；较好地掌握了专业知识点；具有较强的信息分析能力和理解能力；具有较为全面严谨的思维能力并能条理清晰地表述成文			25	
自评分数					
有益的经验和做法					
总结反思建议					

2. 小组互评表能够让小组成员从信息检索能力、任务认知程度、参与状态、学习方法和工作过程等方面对其他小组进行评价，通过互相评价环节，学习其他小组的长处，弥补自己小组的不足，见表 3-4。

表 3-4　小组互评表

班级		被评组名		日期	
评价指标	评价要素			分数	分数评定
信息检索	该组能有效利用网络资源、工作手册查找有效信息			10	
	该组能用自己的语言有条理地去理解、表述所学知识			5	
	该组能将查找到的信息有效地转换到工作中			5	
任务认知	该组能熟悉各自的工作岗位,认同工作价值			5	
	该组成员能在工作中获得满足感			5	
	该组能处理好合作学习和独立思考的关系,做到有效学习			5	
	该组能提出有意义的问题或能发表个人见解,按要求正确操作,能够倾听、协助分享			5	
	该组能积极参与工作任务,并在过程中综合运用信息技术的能力得到提高			5	
学习方法	该组工作计划、操作技能符合规范要求			5	
	该组获得了进一步发展的能力			5	
工作过程	该组遵守管理规程,操作过程符合现场管理要求			10	
	该组平时上课的出勤情况和每次完成工作任务的情况			10	
思维状态	该组善于多角度思考问题,能主动发现、提出有价值的问题			10	
	该组能发现问题、提出问题、分析问题、解决问题、创新问题			5	
自评反馈	该组能严肃认真地对待自评,并能独立完成自测试题			10	
互评分数					
简要评述					

3. 教师评价的内容主要包括小组的出勤状况、信息检索能力、计划制订是否完善、工作过程是否规范等,能够帮助学生更好的理解工作任务,促进对任务知识点、技能点的消化和吸收,见表 3-5。

表 3–5　教师评价表

班级		组名		姓名	
出勤情况					
评价指标	评定要素			分数	分数评定
职业素养	坚持社会主义核心价值观			5	
	具备信息素养			5	
	具备探究学习、终身学习的能力			5	
	在实操过程中体现劳模精神、劳动精神、工匠精神			5	
	具备良好的职业道德和环保意识			5	
道德品质	遵守实训试验场所、场地等公共场所的管理规定，自觉维护秩序			5	
	在公共场所举止文雅，文明礼貌			5	
	爱护公物，保护公共设施			5	
信息检索	能够顺利完成教师安排的任务，快速找到有效信息，并转化到工作中去			5	
任务认知	能够读懂文字的表达内容			5	
	能够满足岗位工作要求，掌握工作流程，熟悉注意事项			5	
参与状态	与教师、同学之间相互尊重、相互理解			5	
	能够做到独立思考、表达自己的想法			5	
	能够按照要求正确操作、能够倾听对方表达的内容，乐于分享			5	
学习方法	能够按照工作内容的紧急情况合理制订计划			5	
	能够按要求完成工作计划，且操作符合规范			5	
工作过程	操作符合安全规定			5	
	操作符合流程规范			5	
	能协助他人完成任务			5	
思维状态	工作过程思维清晰，对工作结果能够正确预判，对其他相关工作有帮助			5	
师评分数					
综合评价					

三、任务拓展信息

无刷交流发电机

汽车用无刷交流发电机是指没有电刷和集电环的交流发电机，因为"无刷"的结构特点，所以不会因为电刷及集电环的磨损和接触不良造成励磁不稳定或发电机不发电等故障；同时工作时无火花，也减小了无线电干扰。

无刷交流发电机分为爪极式、励磁机式、永磁式和感应子式四种，其中爪极和感应子式比较常见。

1. 爪极式无刷交流发电机的结构及工作原理

爪极式无刷交流发电机的结构，如图3-72所示，其励磁绕组是静止的，它通过一个磁轭托架固定在后端盖上，所以不再需要电刷。

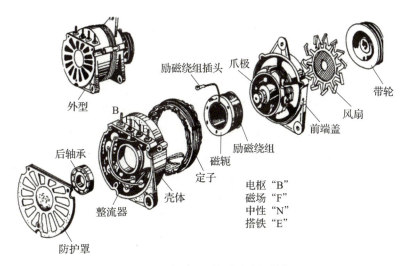

图 3-72 爪极式无刷交流发电机结构图

两个爪极中，只有一个爪极直接固定在电机转子轴上，另一爪极则用非导磁焊接在前一爪极上。当转子旋转时，一个爪极就带动另一爪极一起在定子内转动，当励磁绕组中有直流电通过时，爪极被磁化，就形成了旋转磁场。

磁路如图3-73箭头所示，当励磁绕组中有直流电通过时，其磁路是：左边的爪极磁极N→主气隙→定子铁心→右边的爪极磁极→转子磁轭→附加气隙→托架→附加气隙。转子旋转时，爪极形成的N极和S极的磁力线在定子绕组内交替通过，定子槽中的三相绕组就感应出交变电动势，在回路中形成三相交流电，经整流后变成直流电。

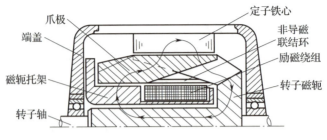

图 3-73 爪极式无刷交流发电机原理及磁路

2. 爪极式无刷交流发电机的优缺点

爪极式无刷交流发电机的优点是结构简单、维护方便、工作可靠，不存在电刷与集电环接触不良导致的发电不稳或不发电故障；缺点是爪极间连接工艺困难，由于磁路中间隙加大，发电机相同输出功率下需加大励磁电流。

3. 感应子式无刷交流发电机结构及工作原理

感应子式无刷交流发电机结构，如图 3-74 所示。其定子铁心内圆上有 4 个大槽和 12 个小槽，四个大槽将 12 个小槽均分为 4 个部分，每部分为 3 个小槽。在 4 个大槽中，绕放 4 个励磁绕组，在小槽中绕放电枢绕组，转子由凸齿状冲片铆接而成。

当励磁绕组中有直流电流通过时，其周围产生磁场，转子被磁化。由于转子凸齿在旋转时和定子铁心相对位置不断变化，使得定子上的电枢绕组产生大小和方向不断变化的感应电动势。将各电枢组产生的电动势按相加原则串联起来，再经整流器整流后便得到直流电。由于发电机工作时在电枢绕组中产生的是单相交流电，所以其整流器是由两个硅二极管组成的单相全波整流器。

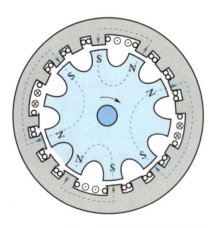

图 3-74 感应子式无刷交流发电机结构

学习任务 4
汽车起动系统的检测维修

一、任务说明

任务描述	车辆维修超时，维修工未能解决车辆故障，班组长过来询问原因并帮助维修工解决故障问题。维修工反映：车辆故障为起动机无法运转，起动发动机时能听到"哒"的一声，蓄电池检查正常，起动机供电电压正常且无供电线连接松动现象。班组长说通过学习起动机的功能、结构、故障原理以及起动系统的检测方法可以帮助解决车辆故障问题。	 汽车起动系统的检测维修任务案例
任务所属 模块课程	● 动力系统检修　　　　　　　　　　　　（　　） ● 变速器与传动系统检修　　　　　　　　（　　） ● 转向悬架系统检修　　　　　　　　　　（　　） ● 制动安全系统检修　　　　　　　　　　（　　） ● 电气与控制系统检修　　　　　　　　　（ √ ） ● 空调与舒适系统检修　　　　　　　　　（　　） ● 动力与底盘网关控制系统检修　　　　　（　　） ● 车身与娱乐网关控制系统检修　　　　　（　　）	
任务对应 工作领域	● 汽车动力与驱动系统工作领域　　　　　　（　　） ● 汽车转向悬架与制动安全系统工作领域　　（　　） ● 汽车电子电气与空调舒适系统工作领域　　（ √ ） ● 汽车全车网关控制与娱乐系统工作领域　　（　　）	
任务育人目标描述		
1. 弘扬劳模精神和工匠精神 2. 精益求精的工匠精神与严谨求实贯彻工艺的科学精神		
职业技能（能力）要求描述		
行为	能进行汽车起动机的拆装与检测维修作业 能进行汽车起动系统的诊断	
条件	车辆/设备：丰田卡罗拉轿车、起动机总成、蓄电池 工具及场地要求： 维修工位 4 个、配套维修手册 4 本、工具箱（内包含扳手、棘轮、套筒、钳子等通用手动工具）4 个、数字式万用表 4 块、车辆诊断仪 4 台、游标卡尺 4 把、百分表 4 块、磁力表座 4 套、小块 V 型架 4 对、拆装专用工具 4 个、零件盒 4 个、工作灯 4 个、手套若干、无纺布若干、测试导线若干、维修工作台 4 个	
标准与要求	● 弘扬劳模精神和工匠精神；引导学生树立精益求精的工匠精神与严谨求实贯彻工艺的科学精神。 ● 能了解起动系统的结构，熟悉汽车起动机的种类及型号，掌握汽车起动机的结构与工作原理，掌握不同控制形式的起动系统的电路 ● 能按照维修手册的规范正确地进行起动机的拆装 ● 能正确进行起动机的检测作业 ● 能按照标准要求进行汽车起动系统的诊断作业	
成果	完成汽车起动机的拆装与检测 完成汽车起动系统的诊断	

二、任务学习与实施

（一）任务引导与学习

引导问题1：

1. 汽车起动系统由_____、_____和_____等组成。

2. 起动机的作用是_____，发动机起动之后，起动机_____工作。

3. 蓄电池的作用是在车辆起动时向_____和点火装置供电，在短时间内为起动机提供强大的_____。

引导问题2：

1. 起动机按电动机磁场产生的方式分_____和_____。

2. 起动机按传动机构分为（　　）。

A.普通式起动机　　B.惯性啮合式　　C.磁极移动式　　D.减速式

引导问题3：

解释图4-1中起动机型号的含义：_____

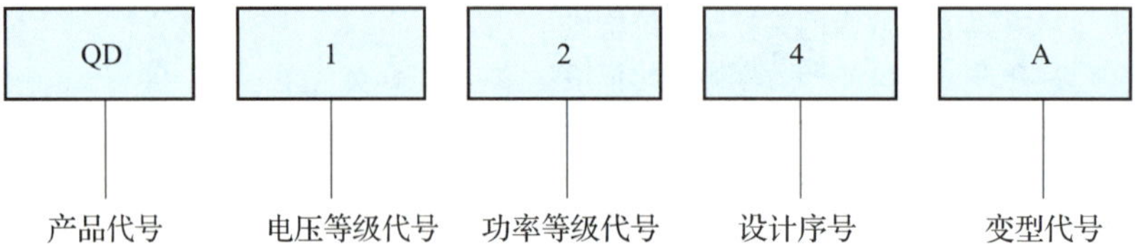

图4-1　起动机型号

引导问题4：

1. 补全图4-2起动机的外部结构中箭头指示的起动机组成三个部分的名称，并写出各部分作用及结构组成。

（1）_____

_____

（2）_____

_____

（3）_____

_____

图4-2　起动机的外部结构

2. 关于串励直流电动机的问题

（1）磁极的作用是产生_____转动时所需要的_____，由固定在机壳上的_____和磁场绕组组成。

（2）电枢是电动机中的旋转部件，由_____、电枢线圈、_____等零件构成。

（3）电刷和_____配合使用。它主要用来连接磁场绕组和_____的电路，并使电枢轴上的电磁转矩保持固定方向。

（4）串励直流电动机是根据_____的原理制成的。请简述电磁转矩产生的工作原理：

---

3. 根据图 4-3 滚柱式单向离合器中滚柱的受力分析，描述滚柱式单向离合器的工作原理。

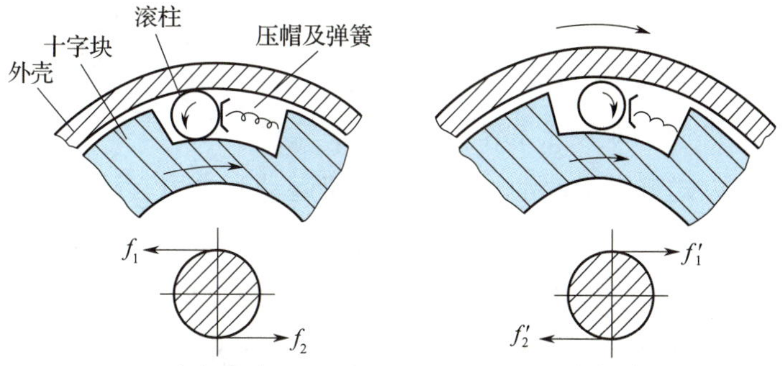

图 4-3　滚柱的受力及作用

---

4. 控制机构在起动机上称为_____，由_____、保持线圈、复位弹簧、活动铁心、_____、接线柱等组成，其中端子 C 接_____，通过点火开关再接电源；端子 30 接_____。

5. 请简述起动机的工作过程。

引导问题 5：

作为一名汽车维修技术人员，一定要坚持精益求精的工匠精神与严谨求实贯彻工艺的科学精神，千万不要依据（　　）进行工作。

A. 维修手册　　　　B. 技术标准　　　　C. 工作流程　　　　D. 个人意识

> 知识
> 链接

1. 起动系统的组成及作用

起动系统由蓄电池、起动机和起动控制电路等组成，如图 4-4 所示，起动控制电路包括起动按钮或开关、起动继电器等。

蓄电池的作用是在车辆起动时向起动机和点火装置供电，在短时间内为起动机提供强大的起动电流。

起动机的作用是起动发动机，发动机起动后，起动机便立即停止工作。

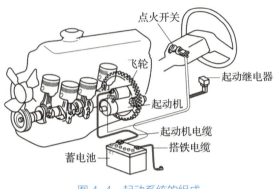

图 4-4　起动系统的组成

发动机常用的起动方式有人力起动、辅助汽油机起动和电力起动机起动。由于起动机是利用蓄电池有限的电力产生很大的转矩，同时还应具有结构紧凑和重量较轻的特点，电力起动机起动是由直流电动机通过传动机构将发动机起动，具有操作简单、体积小、重量轻、安全可靠、起动迅速并可重复起动等优点，基于上述原因，汽车上采用了直流电动机。一般将这种电力起动机简称为起动机。起动机均安装在汽车发动机飞轮壳前端的座孔上，用螺栓紧固。

起动机控制电路的作用是根据起动指令控制蓄电池向起动机供给或切断电能，使起动机工作或停止工作的一系列电子电路装置。

2. 起动机的种类

起动机有多种结构形式，现以不同的分类方式予以概括。

（1）按电动机磁场产生的方式分

1）励磁式起动机，所用的直流电动机的磁极有励磁绕组，通过向直流电动机的磁极绕组通入电流产生磁场，目前汽车上所使用的起动机大都属于此种类型。

2）永磁式起动机，所用的直流电动机其磁极用永久磁铁制成，磁极无励磁绕组，也无须通入电流。

（2）按起动时起动机的操纵方式分

1）直接操纵式起动机。起动时，由驾驶员脚踏起动踏板或手拉起动拉杆直接操纵拨叉，拨动起动机驱动齿轮轴向移动而与飞轮齿圈啮合，并通过操纵杆上的顶压螺钉推动开关接触盘与触点接触以接通电动机电路。直接操纵式起动机使发动机的布置受到局限，并且起动操作比较麻烦，现已被淘汰。

2）电磁操纵式起动机。起动时，由驾驶员通过起动开关使电磁开关通电，电磁开关通电后产生的电磁力控制驱动齿轮啮入飞轮齿圈并接通电动机电路。电磁操纵式起动机可使发动机的布置不受局限，且工作可靠、操纵简单，现已被普遍采用。

（3）按驱动齿轮啮入方式分

1）惯性啮合式。起动时，依靠驱动齿轮自身旋转的惯性力啮入飞轮齿圈。惯性啮合方式结构简单，但工作可靠性较差，现很少采用。

2）电枢移动式。起动时，依靠磁极产生的电磁力吸引电枢轴向移动，并带动固定在电枢轴上的驱动齿轮啮入飞轮齿圈。电枢移动式起动机其结构比较复杂，主要用于欧洲国家生产的柴油车上。

3）磁极移动式。起动时，依靠磁极产生的磁力使其中的活动铁心移动，并带动驱动齿轮啮入飞轮齿圈。磁极移动式起动机的磁极结构比较复杂，这种结构形式的起动机在汽车上使用较少。

4）齿轮移动式。起动时，由电磁开关推动电枢轴孔内的啮合杆而使驱动齿轮啮入飞轮齿圈。齿轮移动式其结构也比较复杂，采用此种结构的一般为大功率的起动机。

5）强制啮合式。起动时，依靠人力（现已被淘汰）或电磁开关所产生的电磁力推动拨叉，将驱动齿轮直接推入飞轮齿圈。强制啮合式起动机工作可靠，结构也不复杂，因而使用最为广泛。

（4）按传动机构结构分

1）普通起动机。起动机的电动机与驱动齿轮之间直接通过单向离合器连接，其传动比为1。普通起动机的传动机构比较简单，是汽车起动机传统的结构形式。

2）减速起动机。在起动电动机与驱动齿轮之间除有单向离合器外，还增设了一组减速齿轮。减速式起动机也是靠电磁吸力推动单向离合器使小齿轮齿入飞轮齿圈的。减速式起动机的结构特点是在电枢和驱动齿轮之间装有一级减速齿轮（一般速比为3~4），它的优点是：可采用小型高速低转矩的电动机，使起动机的体积减小、质量约减少35%，并便于安装；提高了起动机的起动转矩，有利于发动机的起动；电枢轴较短，不易弯曲；减速齿轮的结构简单、效率高，保证了良好的机械性能，同时拆装修理方便。

3. 起动机型号

国产起动机的型号一般分为五部分。

第一部分：表示起动机的产品代号。用大写字母组成。如"QD"表示传统型起动机；"QDJ"表示减速型起动机；"QDY"表示永磁式起动机（包括永磁减速型起动机）。

第二部分：表示起动机的电压等级代号。用阿拉伯数字表示。含义与项目2中的交流发电机电压等级代号相同。如"1"表示此起动机的电压为12V。

第三部分：表示起动机的功率等级代号。用阿拉伯数字表示。其含义见表4-1，如"2"表示此起动机的功率为1~2kW。

表4-1 功率等级代号

功率等级代号	1	2	3	4	5	6	7	8
功率/kW	0~1	1~2	2~3	3~4	4~5	5~6	6~7	7~8

第四部分：表示起动机的产品设计先后顺序。用1~2位阿拉伯数字表示。含义与项目2中的交流发电机产品设计代号相同。如"4"表示此起动机为第4次设计。

第五部分：表示起动机的变型代号。起动机的变型代号是电气参数和结构的改变，用大写英文字母表示。

例如：QD132，表示额定电压为12V、功率为2~3kW、第二次设计的起动机。

例如：QDY125，表示额定电压为12V、功率为1~2kW、第五次设计的永磁起动机。

4. 起动机的结构与工作原理

现代汽车上常用的起动机是直流串励式起动机，由直流串励电动机、传动机构和控制机构三部分组成，安装在发动机飞轮附近，如图4-5所示。串励式是指励磁绕组和电枢绕组串联，这样可以使电动机在低速运转时产生较大的转矩，以适合发动机的起动要求。

起动机的结构与工作原理

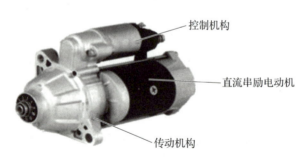

图4-5 起动机的外部结构

（1）直流串励电动机

1）直流串励电动机的结构组成

电动机的作用是将蓄电池输入的电能转换为机械能，产生电磁转矩。串励是指电枢绕组与磁场绕组串联。直流串励电动机组成如图4-6所示。

①磁极。磁极的作用是产生电枢转动时所需要的磁场，它由固定在机壳上的磁极铁心和磁场绕组组成，如图4-7所示。如图4-8所示，为励磁绕组的内部电路连接方法，励磁绕组一端接在外壳的绝缘接线柱上，另一端与两个非搭铁电刷相连。

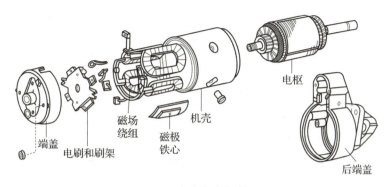

图 4-6 直流串励电动机

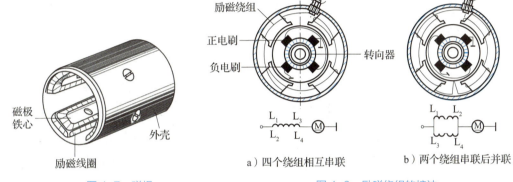

图 4-7 磁极   图 4-8 励磁绕组的接法

②电枢。电枢是电动机中的旋转部件,由电枢铁心、电枢绕组、换向器等构成,励磁绕组和电枢绕组一般采用矩形断面的裸铜线绕制,而换向器装在电枢轴上,它由许多换向片组成,换向片嵌装在轴套上,各换向器之间均用云母绝缘。当电枢受到电枢绕组和励磁绕组所产生的磁场的相互作用时,电枢便会转动,如图4-9所示。

③电刷。电刷和换向器配合使用。它主要用来连接励磁绕组和电枢绕组的电路,并使电枢轴上的电磁转矩保持固定方向。电刷装在端盖上的电刷架中,电刷弹簧使电刷与换向片之间具有适当的压力,以保持配合,如图 4-10 所示。以四磁极电动机为例,其中两个电刷与机壳绝缘,电流通过这两个电刷进入电枢绕组,另外两个为搭铁电刷,通过电枢绕组的电流使这两个电刷搭铁。

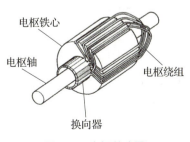

图 4-9 电枢总成图

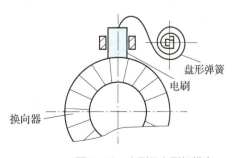

图 4-10 电刷及电刷架组合

④机壳。它是电动机的磁极和电枢的安装机体,其中一端有4个检查窗口,便于进行电刷和换向器的维护,同时起动机的电磁开关也安装在机壳上,其上有一绝缘接线端,是电动机电流的引入线。

2)直流串励电动机的工作原理

电磁转矩的产生。直流串励电动机是根据带电导体在磁场中受到电磁力作用的原理制成的。其工作原理如图4-11所示。电动机工作时,电流通过电刷和换向片流入电枢绕组。如图4-11a所示,换向片 A 与正电刷接触,绕组中的电流从 $a \to d$,根据左手定则判定绕组匝边 ab、cd 均受到电磁力 F 的作用,由此产生逆时针方向的电磁转矩 M 使电枢转动;当电枢转动至换向片 A 与负电刷接触,换向片 B 与正电刷接触时,电流改为从 $d \to a$(图4-11b),但电磁转矩的方向仍保持不变,使电枢按逆时针方向继续转动。

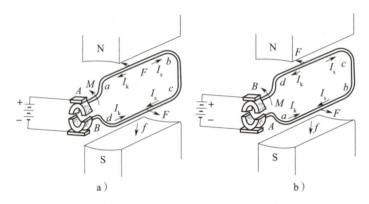

图4-11 直流串励电动机的工作原理

由此可见,直流电动机的换向器将电源提供的直流电转换成电枢绕组所需的交流电,以保证电枢所产生的电磁力矩的方向保持不变,使其产生定向转动。实际的直流电动机为了产生足够大且转速稳定的电磁力矩,其电枢上绕有很多组绕组,换向器的铜片也随其相应增加。

直流电动机的工作特性。电动机中电流越大,电动机产生的转矩越大。电动机的转速越高,电枢绕组中产生的反电动势就越大,电流也随之下降。在起动机起动的瞬间,电枢转速为零,电枢电流达到最大值,转矩也相应达到最大值。使发动机的起动变得很容易。这就是汽车起动机采用串励式电动机的主要原因。

串励式电动机在输出转矩大时,电枢电流也大,电动机转速随电流的增加而急剧下降;反之,在输出转矩较小时,电动机转速又随电枢电流的减小而很快上升。串励式电动机具有轻载转速高、重载转速低的特性,对保证起动安全可靠是非常有利的,是汽车上采用串励式电动机的一个重要原因。

(2)传动机构

传动机构一般由驱动齿轮、单向离合器、拨叉、啮合弹簧等组成,一些减速式起动机传动机构中还增加了减速装置。传动机构的作用是把直流电动机产生的转矩传递给飞轮齿圈，再通过飞轮齿圈把转矩传递给发动机的曲轴，使发动机起动；但是发动机一旦起动，便会迫使起动机以远远超出其设计能力的高速运转，这便会损坏起动电动机，所以发动机起动后，需要依靠单向离合器使飞轮齿圈与驱动齿轮自动打滑脱离。

单向离合器有滚柱式、摩擦片式、弹簧式等几种类型。其中，滚柱式单向离合器是最常用的，下面就以滚柱式单向离合器为例，讨论其结构和工作原理。

减速装置有内啮合式、平行轴式和行星齿轮式，最为常见的是行星齿轮式减速装置。

1）滚柱式单向离合器的结构。如图 4-12 所示，滚柱式单向离合器的驱动齿轮与外壳制成一体，外壳内装有十字块和 4 套滚柱、压帽和弹簧。十字块与花键套筒固定连接，壳底与外壳相互扣合密封。

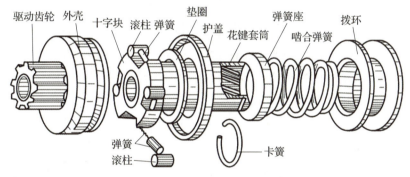

图 4-12　滚柱式单向离合器的结构

花键套筒的外面装有啮合弹簧及衬圈，末端安装拨环和卡簧。整个离合器总成套装在电动机轴的花键部位上，可做轴向移动并随轴转动。在外壳与十字块之间，形成 4 个宽窄不等的楔形槽，槽内分别装有一套滚柱、压帽及弹簧。滚柱的直径略大于楔形槽窄端，略小于楔形槽的宽端。

2）滚柱式单向离合器的工作原理，如图 4-13 所示。当起动机电枢旋转时，转矩经套筒带动十字块旋转，滚柱滚入楔形槽窄端，将十字块与外壳卡紧，使十字块与外壳之间能传递转矩；发动机起动以后，飞轮齿圈会带动驱动齿轮旋转。当转速超过电枢转速时，滚柱滚入宽端打滑，这样发动机的转矩就不会传递至起动机，起到保护起动机的作用。

图 4-13　滚柱式单向离合器的工作原理

3)行星齿轮减速装置。

行星齿轮减速装置中设有三个行星轮,一个太阳轮(电枢轴齿轮)及一个固定的内齿圈,其结构如图4-14所示。内齿圈固定不动,行星齿轮支架是一个具有一定厚度的圆盘,圆盘和驱动齿轮轴制成一体。三个行星轮连同齿轮轴一起压装在圆盘上,行星轮在轴上可以边自转边公转。驱动齿轮轴一端制有螺旋键齿,与离合器传动导管内的螺旋键槽配合。

4)行星齿轮减速装置的工作原理。

当电枢轴转动时,行星轮反向转动,并试图带动内齿轮转动。但是,由于内齿轮是固定的,所以行星轮本身被迫在内齿轮内转动。电枢轴齿轮与行星轮和内齿轮的传动比为11∶15∶43,由此产生的减速比约为5,可将小齿轮的转速减至其原转速的1/5左右。

在正常情况下,内齿轮是固定不动的。但如果对起动机加太大的转矩,也会造成内齿轮转动,为抵消过量的转矩,防止损坏电枢和其他零件,内齿轮与一块离合器片接合在一起,离合器片由一个弹簧垫圈推紧。当过大的转矩施加在内齿轮上时,离合器片便会克服弹簧垫圈的推力而转动,并带动内齿轮旋转。这样便将过大的转矩吸收。减速装置中内齿圈的结构如图4-15所示。

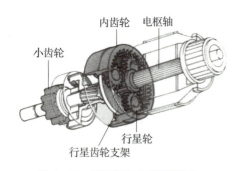

图4-14 行星齿轮减速装置结构

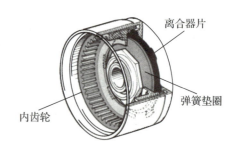

图4-15 减速装置中内齿圈的结构

(3)控制机构

控制机构在起动机上称为电磁开关,它的作用是控制驱动齿轮与飞轮齿圈的啮合与分离,并控制电动机电路的接通与切断。在现代汽车上,起动机均采用电磁式控制电路,电磁式控制装置是利用电磁开关的电磁力操纵拨叉,使驱动齿轮与飞轮啮合或分离。

控制机构的结构,如图4-16所示。其前端的胶木盖上有2个主接线柱,分别是在外部直接连接蓄电池的端子30和连接直流串励式电动机的端子C。2个接线柱伸入电磁开关内部的部分为触点。电磁开

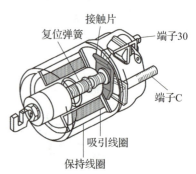

图4-16 控制机构的结构

关另一端有铜套，铜套内有活动铁心，一端与拨叉通过挂钩相连，另一端连接接触片，当活动铁心带动接触片与两触点接触时，两触点电流导通。铜套上面绕着吸引线圈和保持线圈，两线圈的公共端引出一个接点火开关或起动继电器的接线柱端子50，吸引线圈的另一端接端子C，保持线圈的另一端直接搭铁。电磁开关内的弹簧用来保证活动铁心的复位。

（4）起动机的工作过程

下面以丰田AE系列轿车起动机为例讲述其起动机的工作过程：

起动机的工作过程

当点火开关位于起动档时，电流的流向为：蓄电池"＋"→点火开关起动开关→端子50→保持线圈→搭铁，同时吸引线圈中也通过电流，方向为：蓄电池性"＋"→点火开关→端子50→吸引线圈→端子C→励磁绕组→电枢→搭铁。此时，由于吸引线圈和励磁绕组中的电流非常小，电动机低速运转。同时，吸引线圈和保持线圈中产生的磁场吸引活动铁心向右运动，克服复位弹簧的作用力，拉动拨叉向左运动，拨叉使离合器的小齿轮向左与飞轮的齿圈啮合。在这个过程里，电动机的转速低，可以保证齿轮之间平顺啮合，如图4-17所示。

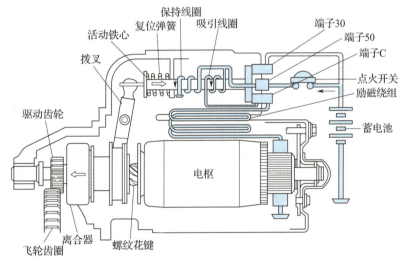

图4-17　点火开关的起动位置

当小齿轮和飞轮齿圈完全啮合以后（图4-18），与活动铁心连在一起的接触片向右运动，与端子30及端子C接触，从而接通了主开关，通过起动机的电流增大，电动机的转速升高。而电枢轴上的螺纹使小齿轮和飞轮齿圈更加牢固地啮合。此时，吸引线圈两端的电压相等，所以无电流通过。保持线圈产生的磁场力使活动铁心保持在原位不动，此时的电流方向分别为：蓄电池"＋"→点火开关起动开关→端子50→保持线圈→搭铁；蓄电池"＋"→端子30接触片→端子C→励磁绕组→电枢绕组→搭铁。

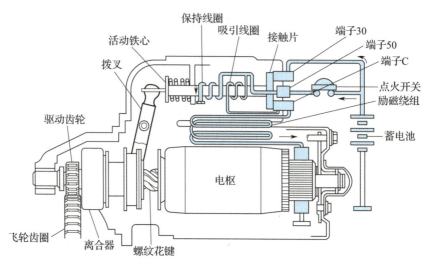

图 4-18 小齿轮和飞轮齿圈啮合

发动机起动以后,点火开关会从"START"档回到"ON"档,这就切断了端子 50 上的电压。这时,接触片和端子 30 及端子 C 仍保持接触。如图 4-19 所示,电路中的电流为:蓄电池"+"→端子 30→接触片→端子 C→吸引线圈→保持线圈→搭铁。同时,电流还经过端子 C→励磁绕组→电枢绕组→搭铁。由于此时吸引线圈和保持线圈的电流方向相反,产生的磁场力相互抵消,在复位弹簧的作用下,活动铁心向左运动,使得小齿轮与飞轮齿圈脱离,同时,接触片和两个端子断开,切断电动机中的电流,整个起动过程结束。

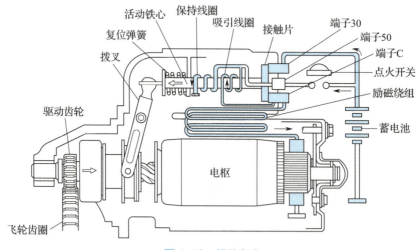

图 4-19 起动完成

小贴士

4S 店里的一名维修技师拆下了客户的起动机总成,将起动机总成交给维修小组中的一名维修学徒,让他对客户车辆的起动机总成进行拆解和检测作业,维修学徒检测后发现是控制机构出现了问题,于是更换了新的控制机构并重新组装了起动机总成，但在装配过程中，维修学徒认为自己对起动机的拆装已经很是熟悉了，没有必要再按照拆装手册和流程进行了，于是学徒凭借自己的经验对起动机总成进行了装配。装配好起动机后将起动机总成交给了维修小组的维修技师，并汇报了故障问题和解决方案。维修技师说按照维修流程，在起动机装车前还需要对起动机进行一次性能检测，而维修学徒说自己对起动机的拆解和装配很有信心，认为不需要再做测试也没问题，但维修技师坚持按维修流程和要求进行测试，经过测试发现，起动机出现了反转的现象，维修技师拆解起动机总成后发现是起动机中的电刷装反了，于是造成了起动机反转的现象。

通过上述事件，同学们应该知道作为一名维修技术人员，一定要坚持精益求精的工匠精神与严谨求实贯彻工艺的科学精神，才能保证每次维修都能有质量、有效率地完成工作任务，不能盲目地依据经验主义行事。

引导问题6：关于开关直接控制式起动机的问题。

1. 根据图4-20，解释开关控制式起动系统的特点及原理。

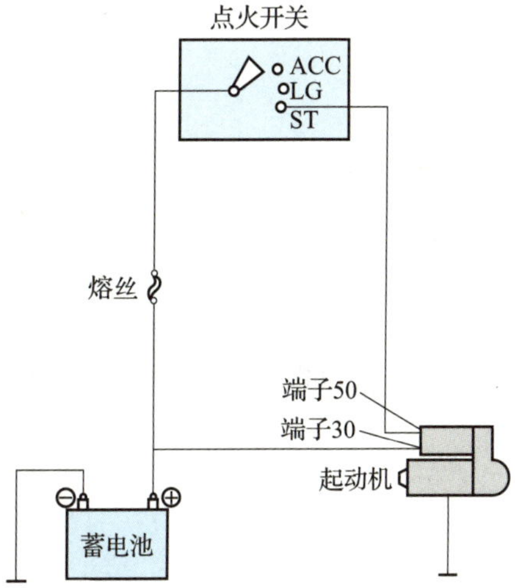

图4-20 开关控制式起动电路

2. 分析大众桑塔纳3000起动系统电路，写出其工作时的电流通路。

引导问题7：起动继电器控制式起动系统的问题。

1．装起动继电器的目的是_____通过控制电路的电流，防止控制电路元件损坏。起动继电器有四个接线柱分别连接起动机、电池、搭铁和_____，点火开关或发动机控制单元与搭铁接线柱之间是继电器的_____，起动机和电池接线柱之间是_____。

2．一些带有自动起停功能的车辆，会使用两个串联的起动机继电器，目的是防止_____。

3．分析雪佛兰科鲁兹起动系统电路，写出其工作时的电流通路。

引导问题8：分析丰田卡罗拉起动系统电路图，写出其工作时的电流通路。

引导问题9：请分析汽车起动时起动机不运转的故障原因，并制订故障原因分析表。

引导问题10：当同学们在学习起动系统电路并进行起动故障原因分析时，经常会遇到种种困难和问题，在面对困难时我们要学习大国工匠的（　　），激发自己的潜能，保持对学习的热情。

　　A．劳模精神　　　B．工匠精神　　　C．奉献精神　　　D．勇于担当

知识链接

1. 开关直接控制式起动系统

（1）电路特点

起动电路由起动开关直接控制起动机电磁开关线圈的通断，因此，通过起动开关的电流就是电磁开关的电流。这种控制方式其起动机电磁开关内的电磁线圈电阻不能太小，对起动开关触点要求较高。起动机电磁开关中的吸引线圈与电动机串联相接，使得电动机在接通起动开关时就有一较小的电流，这样就可使驱动齿轮在慢慢转动中与飞轮齿圈啮合，避免了啮合过程中的顶齿现象。

（2）电路分析

大众桑塔纳3000起动系统电路图，如图4-21所示，大众桑塔纳3000起动系统的控制形式是开关控制型，直接由点火开关和空档开关（自动变速器车型）控制起动机继电器，进而控制起动机工作。

由电路图可知，大众桑塔纳3000的起动机由起动机闭锁继电器控制。当点火开关起动时，点火开关给闭锁继电器的线圈一个12V的电源电压；当自动变速器档位位于驻车档或空档（P或N）时，闭锁继电器的线圈负极搭铁，则闭锁继电器的线圈工作，触点被吸引闭合，电源电压由闭锁继电器触点输出，通过线路及插接器供给起动机电磁开关上的50端子，起动机开始工作。若是手动变速器，则只需点火开关起动，闭锁继电器线圈的负极便直接搭铁，触点吸合。

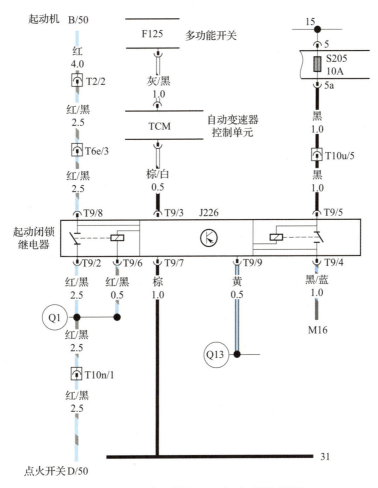

图4-21 大众桑塔纳3000起动系统电路图

2. 起动继电器控制式起动系统

（1）电路特点

装起动继电器的目的是减小系统控制电路的电流，防止控制电路元件烧损。起动继电器有四个接线柱分别连接起动机、电池、搭铁和点火开关或者发动机控制单元，点火开关或发动机控制单元与搭铁接线柱之间是继电器的电磁线圈，起动机和电池接线柱之间是继电器的触点。

起动机控制电路中增设了起动继电器，起动继电器触点常开，串联在起动机电磁开关电源电路中，触点闭合时接通起动机电磁开关电路；起动继电器线圈电路由点火开关（起动档）或者发动机控制单元控制其通断，起动继电器线圈通电时，起动继电器触点闭合，起动机电磁开关通电，起动机工作。

随着时代的发展，带有自动起停功能的车辆越来越多了，车辆频繁的起动会使得起动机继电器控制式起动系统中的起动继电器烧损的故障率大大提高，为了避免由于烧损造成继电器粘连无法断开的故障，一些车辆会采用两个起动机继电器串联的形式来降低故障发生概率和风险，例如大众迈腾 B8 轿车中的两个串联起动继电器 J906 和 J907，如图 4-22 所示。

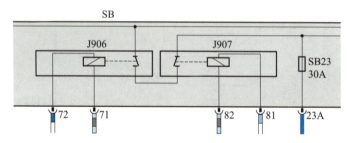

图 4-22 大众迈腾 B8 轿车两个起动继电器

（2）电路分析

雪佛兰科鲁兹起动系统电路，如图 4-23 所示，雪佛兰科鲁兹起动系统是起动继电器控制式，由发动机控制单元控制起动机继电器的工作。

由此电路图可知，点火开关的位置信息传送给车身控制单元，车身控制单元将信息发送到 CAN 总线中，发动机控制单元通过 CAN 总线获取点火开关位置信息和其他起动相关信息。当发动机控制单元检测到起动信号、P/N 档位信号、制动信号等信息时，给起动机继电器一个 12V 的电源电压，起动机继电器的线圈工作，触点被吸引闭合，则起动机通电，起动机电磁开关吸合，继而蓄电池的大电流进入起动机，起动机正常工作，起动发动机。

3. 车身防盗单元控制式起动系统

车身防盗单元控制式起动系统也是由起动继电器控制起动机工作的系统，但相比起动继电器控制式起动系统，车身防盗系统也参与到了起动系统控制中，所以这种控制形式的起动系统在起动控制上更为复杂。

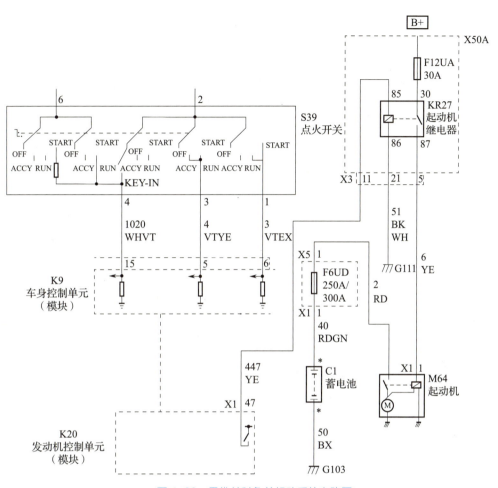

图 4-23 雪佛兰科鲁兹起动系统电路图

丰田卡罗拉起动系统电路图，如图 4-24 所示，丰田卡罗拉起动系统的控制形式是车身防盗控制单元控制式，当防盗系统触发后，在未解除的状况下起动发动机，起动电路将被切断不工作。

由电路图可知，丰田卡罗拉起动系统的电路涉及三个继电器，分别是起动继电器（ST）、起动切断继电器（ST CUT）、继电器（IG2）。起动继电器的线圈控制电路被起动切断继电器所控制，起动切断继电器处于常闭状态，由主车身 ECU 控制，当防盗系统触发后，继电器（IG2）触点闭合，起动切断继电器的线圈工作，触点断开，切断起动继电器的线圈控制电路，起动机不能起动，解除防盗后，起动切断继电器恢复触点闭合状态，起动继电器的线圈控制电路受点火开关和档位开关（*1 手动传动桥车型是离合器起动开关，*2 自动传动桥车型是驻车/空档位置开关）控制，当这些开关闭合时，起动继电器工作，触点闭合，蓄电池的电源经 MAIN 熔丝→ST 熔丝→起动继电器→起动机电磁开关→起动机直流电动机→搭铁，此时，起动机电磁开关吸合，蓄电池的大电流进入起动机，起动机正常工作，起动发动机。

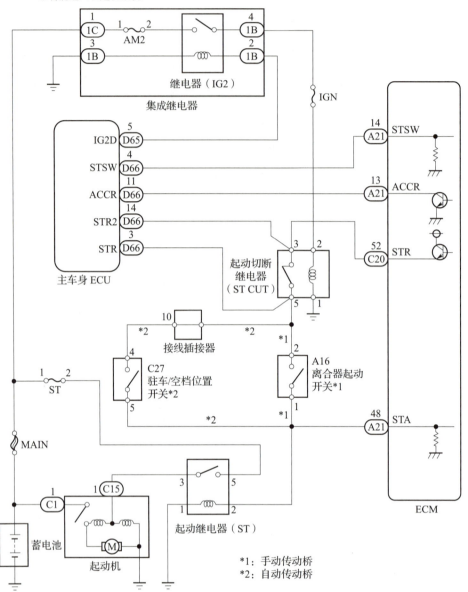

图 4-24　丰田卡罗拉起动系统电路图

4. 起动系统的常见故障及诊断方法

（1）起动机不运转

1）故障原因。

起动电源有故障：蓄电池严重亏电、蓄电池极板硫化或短路、蓄电池极桩与线夹接触不良、起动电路导线连接处松动而接触不良等。

起动机有故障：换向器与电刷接触不良、励磁绕组或电枢绕组有断路或短路、绝缘电刷搭铁、电磁开关故障（线圈断路、短路、搭铁或其触点烧蚀而接触不良）等。

起动继电器不良：起动继电器线圈断路、短路、搭铁或其触点接触点不良。点火开关有故障：点火开关接线松动或内部接触不良。

起动机控制电路的故障：线路有断路、导线接触不良或松脱、熔丝烧断等。

2）诊断方法。

按喇叭或开前照灯，如果喇叭声音小嘶哑或不响，灯光比平时暗淡，说明电源有问题，应先检查蓄电池极桩与线夹、起动电路导线插头处是否有松动，触摸导线连接处是否发热。若某连接处松动或发热，则说明该处接触不良；若线路连接无问题，则应对蓄电池进行检查。

如果判断电源无问题，用螺钉旋具将电磁开关接线柱与起动机电源接线柱相连，看起动机是否转动。如果起动机仍不转动，则说明起动机有故障，应拆检起动机；如果起动机运转正常，则说明故障在起动继电器或有关的线路，进行下一步故障诊断。

用螺钉旋具或导线将起动继电器连接蓄电池的 B 接线柱与连接起动机的 C 接线柱直接相连，看起动机是否转动。如果起动机不转，则应检查连接这两个接线柱的导线；如果起动机能正常运转，则再作下一步诊断。

将起动继电器上连接蓄电池的 B 接线柱与连接点火开关的 SW 接线柱直接相连，看起动机是否转动。如果起动机不转，则说明是起动继电器不良，应拆修或更换起动继电器；如果起动机能正常运转，则故障在起动继电器至点火开关的导线或点火开关，应对其进行检修。

（2）起动机运转无力

1）故障原因。

起动电源有故障：蓄电池亏电或极板硫化短路，起动电源导线连接处接触不良等。

起动机有故障：换向器与电刷接触不良，电磁开关接触盘和触点接触不良，电动机励磁绕组或电枢绕组有局部短路等。

2）诊断方法。

起动机运转无力时，首先通过按喇叭、开前照灯等方法检查起动机电源是否正常，如果起动电源无问题，则应拆检起动机。

小贴士

全国劳动模范、重庆长安汽车股份有限公司江北发动机工厂发动机维修工张永忠始终"干一行、爱一行、钻一行"，经他手调修好的发动机已经数不清有多少台。在一次技术交流中，张永忠发现 G 系列气门间隙调整合格率低，调整螺钉和摇臂报废率高，且费时费力，严重影响生产速度。为提高生产效率，他首先找到日本厂商询问，是否可以提供调整气门间隙的专用工具，但对方提出需要将相关部件资料运回日本本土进行开发，且不保证完全解决问题，价格也相当昂贵。这让张永忠非常愤慨。"不求别人，我自己来！"有些"赌气"的张永忠日夜鏖战，自己动手设计、画图纸，试验，再修改，再推翻重做，通过反复地实践和摸索，一个又快又能保证质量的专用工具、工装终于研制成功并投入使用，其装配合格率达100%，报废率为零，不但突破了生产瓶颈，还获得了国家专利。

从大国工匠张永忠身上我们可以看到真正的劳模精神和工匠精神，要认真钻研技术，掌握过硬技能，甘于奉献，为提高中国汽车技术水平不断贡献自己的力量。

（二）任务计划与实施

引导问题 1：

关于起动机参数测量问题。

1. 罗列出起动机非拆卸检测的内容。

（1）_____

（2）_____

（3）_____

（4）_____

（5）_____

（6）_____

2. 林肯 MKZ 轿车起动继电器的电源熔丝是_____上的_____号熔丝。

3. 起动机总成吸引测试，先将起动机总成固定在_____上，从_____断开励磁绕组引线，将蓄电池正极连接到_____，蓄电池负极端子连接到_____和端子 C 上，正常情况下驱动小齿轮_____。

4. 起动机总成保持测试，是在吸引测试的基础上，从_____断开_____。正常情况下驱动小齿轮应该_____。

5. 起动机总成返回测试，是在保持测试的基础上，从_____断开_____。正常情况下驱动小齿轮应该_____。否则，应该检查_____。

6. 起动机空载性能实验时，一定要使用容量适当的_____及_____的线缆。

引导问题 2：

以下是关于起动机总成拆解的步骤，请在下列步骤的前面标注正确的序号。

☐ 拆卸起动机电磁开关总成

☐ 断开起动机的引线（端子 C）

☐ 拆下电刷架总成

☐ 拆卸起动机电磁开关的固定螺母

□拆卸行星齿轮

□拆卸起动机电枢总成和电枢板

□分离起动机外壳和换向器端盖总成

□拆卸起动机外壳和换向器端盖总成

□拆卸起动机中间轴承离合器分总成

引导问题 3：

关于起动机的解体部件检测问题。

1. 检查吸引线圈用欧姆表测量_____和_____之间的电阻，标准电阻应小于_____。

2. 检查保持线圈，用欧姆表测量_____和_____之间的电阻，标准电阻应小于_____。

3. 检查换向器是否断路，用欧姆表_____之间的电阻，标准电阻小于_____。

4. 检查换向器是否径向跳动，将换向器放在_____上，用_____测量径向跳动，标准径向跳动为_____。

5. 检查起动机中间轴承离合器分总成，顺时针转动驱动齿轮，检查并确认其_____，尝试逆时针转动驱动齿轮，检查并确认其_____。

引导问题 4：

罗列出起动机系统的故障诊断内容。

（1）_____

（2）_____

（3）_____

（4）_____

（5）_____

（6）_____

（7）_____

（8）_____

（9）_____

（10）_____

（11）_____

小提示

1. 在进行起动机和起动系统测量测试中一定注意先后步骤，按测量流程循序渐进地进行，确保高质量完成工作任务。

2. 起动机的一些测试会存在大流量工作的情况，一定要注意选择合适安全的测量导线、线缆和测量设备，时刻保持安全意识。

任务技能点1：起动机参数测量

1. 准备工作

起动机参数测量

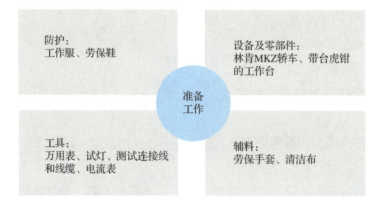

防护：
工作服、劳保鞋

设备及零部件：
林肯MKZ轿车、带台虎钳的工作台

准备工作

工具：
万用表、试灯、测试连接线和线缆、电流表

辅料：
劳保手套、清洁布

2. 起动机非拆卸检测步骤说明

（1）检查起动机继电器的控制电路是否工作

1）查询起动机继电器安装位置，并在车辆中找到起动继电器，如图4-25所示。

2）移除BJB起动机继电器，将试灯接入继电器控制端，如图4-26所示，确保变速器是在驻车或空档位上，当按下点火开关，推动起动按钮和制动踏板，观察试灯，试灯点亮说明控制线路正常，试灯不亮则需要检查起动机继电器控制线路。

图4-25　查找起动继电器

图4-26　连接试灯

（2）检查起动机继电器的电源

使用测试连接线，插入起动继电器位置底座的继电器供电端插口，使用万用表测量该端口的电压是否大于11V，如图4-27所示，大于则说明供电正常，低于11V需进一步检查该端口连接的供电熔丝（BJB-84号）是否完好，如图4-28所示。如果完好，维修电路开路。

（3）检查在起动机继电器处起动机的工作情况

点火开关关闭，且变速器处于驻车或空档情况下，暂时连接带熔丝的跨接线，如图4-29所示，检查起动机是否工作，如起动机运转，更换一个新的起动继电器，如图4-30所示。

图 4-27 测量起动机继电器供电端口

图 4-28 供电熔丝位置

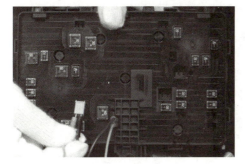
图 4-29 连接带熔丝的跨接线

图 4-30 检查起动机运转情况

（4）检查电池的搭铁电缆

查找搭铁点的位置，搭铁点位置如图 4-31 所示。使用万用表电压档，红表笔接蓄电池正极，黑表笔接搭铁点，如图 4-32 所示，测量电压值应高于 11V，如低于 11V 可清理或安装新的蓄电池负极电缆。

图 4-31 搭铁点位置

图 4-32 测量搭铁线缆电压

（5）测量起动机搭铁

使用万用表电压档进行测量，万用表黑表笔接起动机外壳，如图 4-33 所示，万用表黑表笔接蓄电池正极，测量电压值应高于 11V，如图 4-34 所示，如电压低于 11V，清洁起动机的安装用法兰，并确保正确安装起动机。

（6）检查起动机的电源

使用万用表电压档测量起动开关处常火线电压，测量位置如图 4-35 所示，测量电压值应高于 11V，如电压低于 11V，需要安装新的正极蓄电池电缆。

图 4-33　连接起动机外壳

图 4-34　连接蓄电池正极测量

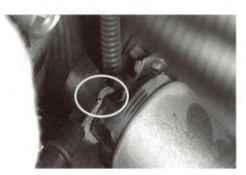

图 4-35　起动开关处常火线位置

3. 起动机拆卸检测步骤说明

（1）吸引测试

1）将起动机总成固定在台虎钳上，如图 4-36 所示。

2）为防止起动机转动，从端子 C 断开励磁绕组引线，如图 4-37 所示。

图 4-36　固定起动机总成

图 4-37　断开端子 C 连接线

3）通过测试连接线将蓄电池正极连接到端子 50 上，将蓄电池负极端子连接到起动机体和端子 C（测试引线 A）上，连接方式如图 4-38 所示，检查驱动小齿轮是否外移露出，如图 4-39 所示。如果驱动小齿轮没有伸出，更换电磁起动机开关总成。

（2）保持测试

吸引测试之后，当小齿轮伸出时，从端子 C 断开测试引线 A（该引线连接蓄电池负极端子和端子 C），如图 4-40 所示，检查小齿轮是否保持伸出状态，正常情况下驱动小齿轮应保持在露出位置，如图 4-41 所示。如果小齿轮无法保持伸出状态，请更换电磁起动机开关总成。

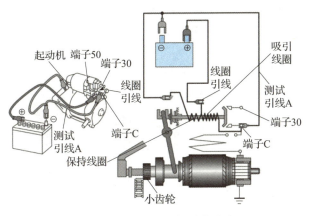

图 4-38 吸引测试的连线方式

图 4-39 驱动小齿轮外移露出

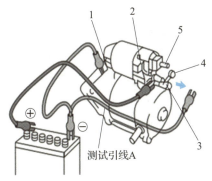

图 4-40 断开测试引线 A

图 4-41 断开引线后驱动齿轮的位置

(3) 返回测试

从开关壳体上断开负极导线, 如图 4-42 所示。检查驱动小齿轮, 驱动小齿轮应缩回, 如图 4-43 所示。如小齿轮不能立即缩回, 则检查复位弹簧是否疲弱, 可动铁心是否卡住, 或有无其他故障的原因。

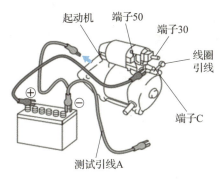

图 4-42 断开负极导向

图 4-43 驱动小齿轮缩回

(4) 空载性能实验

1) 用台虎钳等工具固定好起动机。

2) 将励磁绕组引线连接至端子 C。确保引线不搭铁。

3）接线方法如图 4-44 所示，将蓄电池和安培表连接至起动机。

4）检查起动机，应平稳转动，小齿轮应移出。

5）检查安培表读数，应符合规定电流值。规定电流值：电压为 11.5V 左右时，电流应小于 90A。

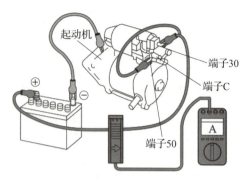

图 4-44 空载性能实验的接线方法

4. 注意事项

1）起动机拆卸检查时会有大电流流过电缆，必须使用粗电缆，否则，电缆可能会变得很烫，甚至发生线路燃烧损坏的情况。

2）起动机拆卸检查时，为避免线圈烧坏，测试必须在 3~5s 内进行。

3）在空载性能实验中，流经电路中的电流强度因起动机型号而异，某些起动机可达 200~300A。事前应参阅车辆维修手册，查明电流强度指标。一定要使用容量适当的安培表及大功率电缆。

4）驱动小齿轮在旋转时要注意不要绕住测试引线或其他物品。

任务技能点 2：起动机的拆解与装配

1. 准备工作

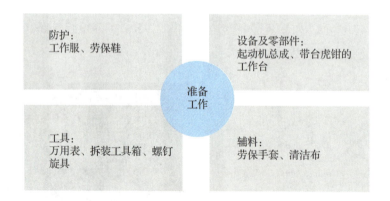

2. 拆解起动机步骤说明

以行星齿轮式减速起动机为例，讲解拆装步骤。

（1）断开起动机的引线（端子C）

如图 4-45 所示，拆下螺母，从电磁开关上断开引线。

（2）拆卸起动机电磁开关的固定螺母

如图 4-46 所示，固定起动机总成，从起动机总成上拆卸电磁开关的固定螺母。

图 4-45　断开端子 C 引线

（3）拆卸起动机电磁开关总成

如图 4-47 所示，提起起动机总成前部时，拉出电磁开关总成，从拨叉和起动机总成上松开铁心挂钩。

图 4-46　拆卸电磁开关固定螺母　　　图 4-47　拆卸电磁开关总成

（4）拆卸起动机外壳和换向器端盖总成

如图 4-48 所示，拆卸起动机外壳固定螺栓，将起动机外壳和起动机换向器端盖总成一起拉出。

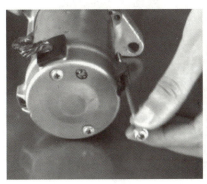

图 4-48　拆卸外壳和换向器端盖总成

（5）分离起动机外壳和换向器端盖总成

如图 4-49 所示，从起动机换向器端盖总成上拉出起动机外壳总成。

图 4-49　分离外壳和换向器端盖总成

（6）拆卸起动机电枢总成和电枢板

如图 4-50 所示，从起动机外壳总成上取下起动机电枢总成，然后拆下电枢板。

图 4-50　拆卸起动机电枢总成和电枢板

（7）拆下电刷架总成

如图 4-51 所示，从起动机换向器端盖总成上拆下 2 个螺钉，然后拆下卡夹，从起动机换向器端盖总成上拆下电刷架总成。

图 4-51　拆卸电刷架总成

（8）拆卸行星齿轮

如图 4-52 所示，从起动机中间轴承离合器分总成上拆下 3 个行星齿轮。

（9）拆卸起动机中间轴承离合器分总成

如图 4-53 所示，从起动机驱动端壳总成上拆下起动机中间轴承离合器分总成、橡胶密封件和拨叉。

图 4-52　拆卸行星齿轮

图 4-53　拆卸起动机中间轴承离合器分总成

3. 装配起动机步骤说明

组装步骤（组装步骤与拆解步骤相反）：

（1）安装起动机中间轴承离合器分总成

如图 4-54 所示：将拨叉和橡胶密封件安装至起动机中间轴承离合器分总成。将起动机中间轴承离合器和起动机小齿轮驱动杆一起安装至起动机驱动端壳总成。

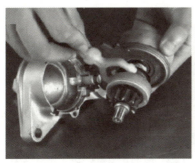 

图 4-54　安装拨叉和橡胶密封件

（2）安装行星轮

如图 4-55 所示，在行星轮和行星轴销部位涂抹润滑脂，安装 3 个行星轮。

（3）安装起动机电刷架总成

如图 4-56 所示，安装电刷架总成。

图 4-55　安装行星轮　　　　图 4-56　安装电刷架总成

（4）安装起动机换向器端盖总成

如图4-57所示，将电刷架卡夹装配到起动机换向器端盖总成上，并用2个螺钉安装换向器端盖，力矩为1.5N·m。

（5）安装起动机电枢总成和电枢板

如图4-58所示，将橡胶件对准起动机外壳总成的凹槽，将带电刷架的起动机电枢总成安装至起动机外壳总成上，然后安装电枢板。

图4-57　安装换向器端盖总成

图4-58　安装起动机电枢总成和电枢板

（6）安装起动机外壳总成

如图4-59所示，将起动机外壳键对准位于起动机驱动端壳总成上的键槽，并用2个螺栓安装起动机外壳总成，力矩为6.0N·m。

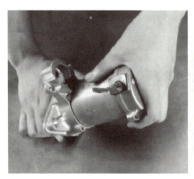

图4-59　安装起动机外壳总成

（7）安装电磁开关至起动机总成

如图 4-60 所示，将电磁开关总成的铁心从上侧接合至拨叉，并用 2 个螺母安装电磁开关总成，力矩为 7.5N·m。

如图 4-61 所示，将引线连接至电磁开关，用螺母紧固，力矩为 10N·m。

图 4-60　安装电磁开关总成

图 4-61　安装引线

任务技能点 3：起动机的解体部件检测

1. 准备工作

防护：
工作服、劳保鞋

设备及零部件：
起动机总成及部件、工作台

工具：
万用表、百分表、卡尺、磁力表座、V型架

辅料：
劳保手套、清洁布

准备工作

2. 解体部件检测步骤说明

（1）检查电磁开关铁心

如图 4-62 所示，推入铁心，然后检查并确认其迅速复位至初始位置，如果必要，则更换电磁开关总成。

（2）检查吸引线圈是否断路

如图 4-63 所示，用欧姆表测量端子 50 和端子 C 之间的电阻，标准电阻应小于 1Ω；或可以将万用表调至蜂鸣档，听到蜂鸣声则吸引线圈正常。如果不符合标准，则更换电磁开关总成。

图 4-62　检查电磁开关铁心

图 4-63　检查吸引线圈是否断路

（3）检查保持线圈是否断路

如图 4-64 所示，用欧姆表测量端子 50 和开关壳体之间的电阻，标准电阻小于 2Ω；或可以将万用表调至蜂鸣档，听到蜂鸣声则保持线圈正常。如果不符合标准，则更换电磁开关总成。

（4）检查换向器是否断路

如图 4-65 所示，用欧姆表测量换向器片之间的电阻，标准电阻小于 1Ω；或可以将万用表调至蜂鸣档，听到蜂鸣声则换向器正常。如果不符合标准，则更换电磁开关总成。

图 4-64　检查保持线圈是否断路

图 4-65　检查换向器是否断路

（5）检查换向器是否搭铁断路

如图 4-66 所示，用欧姆表测量换向器和电枢之间的电阻，标准值大于 10kΩ，如果不符合标准，则更换电磁开关总成。

（6）检查换向器是否径向跳动

如图 4-67 所示，将换向器放在 V 型架上，用百分表测量径向跳动，标准径向跳动：0.02mm，最大径向跳动：0.05mm，如果径向跳动大于最大值，则更换电枢总成。

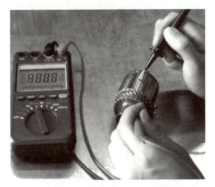
图 4-66 检查换向器是否搭铁断路

图 4-67 检查换向器是否径向跳动

（7）用游标卡尺测量换向器直径

如图 4-68 所示，标准直径 29.0mm，最小直径 28.0mm，如果直径小于最小值，则更换电枢总成。

（8）检查起动机电刷架总成

如图 4-69 所示，拆下弹簧卡爪，然后拆下 4 个电刷。用游标卡尺测量电刷长度，标准长度 14.4mm，最小长度 9.0mm，如果长度小于最小值，则更换起动机电刷架总成。

图 4-68 测量换向器直径

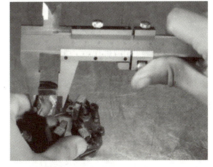
图 4-69 测量电刷长度

如图 4-70 所示，用欧姆表测量电刷之间的电阻，标准值：相邻两个电刷都大于 10kΩ，相对两个电刷都小于 1Ω，如果不符合标准，则更换起动机电刷架总成。

（9）检查起动机中间轴承离合器分总成

检查行星齿轮的齿轮轮齿、内齿轮和起动机离合器是否磨损和损坏。如果损坏，则更换齿轮或离合器总成。

如图 4-71 所示，顺时针转动驱动齿轮，检查并确认其自由转动，尝试逆时针转动驱动齿轮，检查并确认其锁止，如果必要，则更换起动机中间轴承离合器分总成。

图 4-70　测量电刷之间的电阻

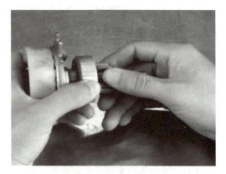

图 4-71　检查中间轴承离合器分总成

任务技能点 4：起动系统的故障诊断

起动系统的故障诊断

1. 准备工作

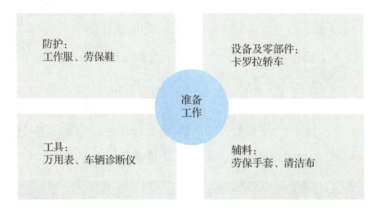

2. 故障诊断步骤说明

（1）检查蓄电池电压，使用万用表电压档，测量蓄电池电压，测量电压值应在 12V 左右，如图 4-72 所示。可通过喇叭的响亮程度初步判断蓄电池电量是否耗尽。

图 4-72　测量蓄电池电压

（2）使用诊断仪检查故障码，将诊断仪插接器插入车辆诊断座中，如图 4-73，在诊断仪上读取故障码，如图 4-74 所示。

图 4-73　连接诊断仪插接器

图 4-74　读取故障码

（3）检查发动机点火开关状态

携带电子钥匙发射器分总成进入车辆，将变速杆移至 P 位，自动档车辆松开制动踏板，手动档车辆松开离合器踏板时检查并确认按下发动机开关切换电源模式，如切换不成功须检查防盗 / 无钥匙上车系统，如图 4-75 所示。

（4）检查起动功能

携带电子钥匙发射器总成进入车辆，将变速杆移至 P 位，手动档车辆踩下离合器踏板，自动档车辆踩下制动踏板。确认显示钥匙警告灯，然后按下发动机开关，检查并确认发动机起动。

（5）检查点火开关起动档位

使用诊断仪读取起动器信号数据流，按下点火开关起动档，查看数据流是否会同步变化，如图 4-76 所示。

图 4-75　检查发动机点火开关状态

图 4-76　检查点火开关起动档位

（6）检查起动继电器线圈是否正常

使用万用表欧姆档测量起动机继电器线圈阻值，万用表红黑表笔分别接在起动继电器线圈端针脚上，环境温度 20℃时，阻值为 14~98Ω，如不在此范围需更换，如图 4-77 所示。

（7）检查继电器开关是否正常

使用万用表欧姆档测量起动机继电器线圈阻值，万用表红黑表笔分别接在起动继电器开关端针脚上，线圈未通电时，电阻值为10kΩ或更多，如图4-78所示；线圈通电时，电阻值小于1Ω。如果不符合规定则更换起动继电器，如图4-79所示。

图4-77　检查起动机继电器线圈

图4-78　线圈未通电时检查起动机继电器开关

（8）检查起动机总成是否正常

使用万用表电压档测量起动开关处常火线电压，测量位置如图4-35所示，测量电压值应高于11V，如电压低于11V，需要安装新的正极蓄电池电缆。

（9）检查空档开关、P/N换档位置是否正常

使用诊断仪读取换档开关状态数据流，操作对应档位开关，查看数据流是否会同步变化，如图4-80所示。

图4-79　线圈通电时检查起动机继电器开关

图4-80　检查空档开关、P/N换档位置

（10）检查制动灯开关是否正常

使用诊断仪读取制动灯开关状态数据流，踩下制动踏板，查看数据流是否会同步变化，如图4-81所示。

（11）检查转向锁

点火开关至于ACC位置，检查并确认专项锁解锁，如图4-82所示。如未解锁，使用诊断仪读取专项解锁开关数值。

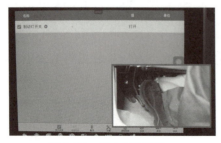

图4-81　检查制动开关

图4-82　检查转向锁

（三）任务评价反馈

1. 小组自评表能够让小组成员对各自的信息检索能力、任务认知程度、参与状态、学习方法和工作过程等方面进行评价，从记忆、领会、应用、分析、反馈全方位评估自己对知识的学习及掌握情况，见表 4-2。

表 4-2　小组自评表

班级		组名		日期	
评价指标	评价要素			分数	分数评定
信息检索	能有效利用网络资源、工作手册查找有效信息；能用自己的语言有条理地去理解、表述所学知识；能将查找到的信息有效地转换到工作中			10	
任务认知	熟悉各自的工作岗位，认同工作价值；在工作中获得满足感			10	
参与状态	与教师、同学之间相互尊重、理解、平等相待；与教师、同学之间能够保持多向、丰富、适宜的信息交流			10	
	探究学习、自主学习不流于形式，处理好合作学习和独立思考的关系，做到有效学习；能够提出有意义的问题或能发表个人见解；能按要求正确操作；能够倾听、协助分享			10	
学习方法	工作计划、操作技能符合规范要求；能获得了进一步发展的能力			10	
工作过程	遵守管理规程，操作过程符合现场管理要求；注意平时上课的出勤情况和每次完成工作任务的情况；善于多角度思考问题，能主动发现、提出有价值的问题			15	
思维状态	能发现问题、提出问题、分析问题、解决问题、创新解决问题方法			10	
自评反馈	按时按质地完成工作任务；较好地掌握了专业知识点；具有较强的信息分析能力和理解能力；具有较为全面严谨的思维能力并能条理清晰地表述成文			25	
自评分数					
有益的经验和做法					
总结反思建议					

2. 小组互评表能够让小组成员从信息检索能力、任务认知程度、参与状态、学习方法和工作过程等方面对其他小组进行评价，通过互相评价环节，学习其他小组的长处，弥补自己小组的不足，见表 4-3。

表 4-3 小组互评表

班级		被评组名		日期	
评价指标	评价要素			分数	分数评定
信息检索	该组能有效利用网络资源、工作手册查找有效信息			10	
	该组能用自己的语言有条理地去理解、表述所学知识			5	
	该组能将查找到的信息有效地转换到工作中			5	
任务认知	该组能熟悉各自的工作岗位，认同工作价值			5	
	该组成员能在工作中获得满足感			5	
	该组能处理好合作学习和独立思考的关系，做到有效学习			5	
	该组能提出有意义的问题或能发表个人见解，按要求正确操作，能够倾听、协助分享			5	
	该组能积极参与工作任务，并在过程中综合运用信息技术的能力得到提高			5	
学习方法	该组工作计划、操作技能符合规范要求			5	
	该组获得了进一步发展的能力			5	
工作过程	该组遵守管理规程，操作过程符合现场管理要求			10	
	该组平时上课的出勤情况和每次完成工作任务的情况			10	
	该组善于多角度思考问题，能主动发现、提出有价值的问题			10	
思维状态	该组能发现问题、提出问题、分析问题、解决问题、创新问题			5	
自评反馈	该组能严肃认真地对待自评，并能独立完成自测试题			10	
互评分数					
简要评述					

3. 教师评价的内容主要包括小组的出勤状况、信息检索能力、计划制订是否完善、工作过程是否规范等，能够帮助学生更好的理解工作任务，促进对任务知识点、技能点的消化和吸收，见表 4-4。

表 4-4　教师评价表

班级			组名		姓名	

出勤情况	

评价指标	评定要素	分数	分数评定
职业素养	坚持社会主义核心价值观	5	
	具备信息素养	5	
	具备探究学习、终身学习的能力	5	
	在实操过程中体现劳模精神、劳动精神、工匠精神	5	
	具备良好的职业道德和环保意识	5	
道德品质	遵守实训试验场所、场地等公共场所的管理规定，自觉维护秩序	5	
	在公共场所举止文雅，文明礼貌	5	
	爱护公物，保护公共设施	5	
信息检索	能够顺利完成教师安排的任务，快速找到有效信息，并转化到工作中去	5	
任务认知	能够读懂文字的表达内容	5	
	能够满足岗位工作要求，掌握工作流程，熟悉注意事项	5	
参与状态	与教师、同学之间相互尊重、相互理解	5	
	能够做到独立思考、表达自己的想法	5	
	能够按照要求正确操作、能够倾听对方表达的内容，乐于分享	5	
学习方法	能够按照工作内容的紧急情况合理制订计划	5	
	能够按要求完成工作计划，且操作符合规范	5	
工作过程	操作符合安全规定	5	
	操作符合流程规范	5	
	能协助他人完成任务	5	
思维状态	工作过程思维清晰，对工作结果能够正确预判，对其他相关工作有帮助	5	
师评分数			
综合评价			

三、任务拓展信息

一键控制起动系统

一键控制起动系统又叫无钥匙起动系统，即起动车辆时不用掏出钥匙将其插入钥匙孔去拧动点火开关，把钥匙放在包内或口袋里，按下车内按键或拧动导板即可使发动机点火起动。

当车主进入车内时，车内的检测系统会马上识别您的智能钥匙，经过确认后车内的电子控制单元才会进入工作状态，这时您只需轻轻按动车内的起动按钮（或者是旋钮），就可以正常起动车辆了。也就是说无论在车内还是车外，都可以保证系统在任何情况下都能正确识别驾驶员。

1. 结构组成

下面以一汽大众新迈腾 B7L 轿车为例进行介绍。

一汽大众新迈腾（B7L 车型）装配了接线端控制单元，它一方面充当车载电网控制单元与电子点火锁操作元件之间的连接件，用于进行接线端控制；另一方面它还用于模拟新增的点火起动按键的接线端。接线端控制单元仅与 Kessy（无钥匙进行功能）配套安装实现一键起动功能。该系统的相关组成部件有：接线端控制单元 J942、车载电网控制单元 J519、舒适控制单元 J393（与防盗控制单元 J362 集成于一体）、发动机控制单元 J623、进入及起动许可天线、点火钥匙、点火开关 E415、点火起动按键 E378、网关 J533 等部件组成，电路如图 4-83 所示。

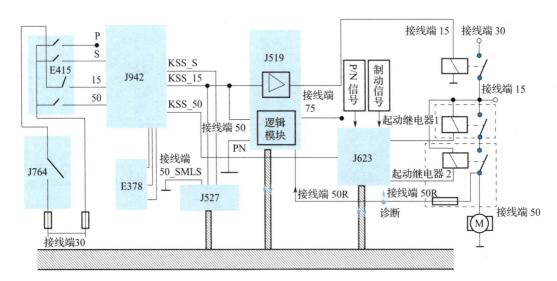

图 4-83　新迈腾一键起动系统电路

2. 工作原理

一键起动系统的工作原理如图 4-84 所示，起动时，已授权的智能钥匙不必插入和起动授权系统开关，但其必须位于车内，这样，当按下进入和起动授权按钮时，就可以通过车内天线开始感应式查询了。智能钥匙发出一个加密的反馈信息给进入和起动授权系统控制单元，如果智能钥匙被识别为已授权，按下进入和起动授权按钮时，电动机械式转向柱联锁装置将被打开，点火开关将被接通。详细步骤如下：

1）驾驶员踩住制动踏板，按下起动按钮，方向盘锁控制（ELV）将需要起动的请求通过 CAN 线发送给仪表（内含防盗控制单元）。

2）仪表控制单元（WFS）发出验证请求给 Kessy 控制器。

3）Kessy 控制器通过其所控制的低频天线发送低频信号给钥匙，同时唤醒车身控制单元（BCM）。

4）钥匙被低频信号激活后，发送高频信号给 BCM。

5）BCM 将钥匙的防盗信息发送给 WFS。

6）WFS 和 ELV 验证防盗信息，通过后 ELV 解锁。仪表 WFS 和发动机单元验证防盗信息，通过后允许发动机起动。着车后，为了安全，Kessy 停止工作，即如果着车后拿着钥匙离开，车不会熄火，门锁不会自动上锁。

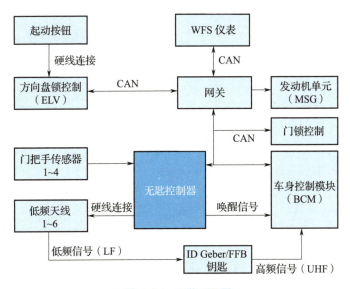

图 4-84　工作原理图

3. 智能钥匙的使用注意事项

1）不要和电子装置放在一起。由于智能钥匙使用低强度无线电波，因此在有磁场干扰的情况下可能无法正常工作。经常将智能车钥匙和手机放在一起会受到手机频率的干扰，会出现失灵现象。如果智能钥匙接收高强度无线电波，可能过度消耗电量。因此，不要将智能钥匙放在电视或者电脑等附近。

2）不要乱抛乱扔。对于智能钥匙来说，最害怕的就是由高空摔落在地，因为钥匙内部线路抗冲击力较弱，遇到剧烈碰撞时容易损坏。

3）智能车钥匙进水后会烧坏内部的线路，也会造成失灵。一旦遇到智能钥匙进水，将外壳打开平放，并用吹风机吹干，然后再送到维修店检查。千万不要拿着钥匙使劲地甩，这样最容易使水流到其他重要线路上，也不要立刻用遥控开锁，因为这样可能导致电路板烧坏。

4）不能将智能钥匙暴露于高温直射环境中，例如，仪表板或者发动机罩上。

5）不要将备用钥匙放在车内。如果汽车钥匙保管不善丢失，就会带来许多麻烦，尤其是智能车钥匙，一旦丢失不仅需要重新打造，而且还要和电脑进行重新匹配。

6）不要用错电池。智能车钥匙的电池寿命大约在1年左右。由于车钥匙使用的频率不同，电池的消耗量也就不同；不同距离使用车钥匙，耗费的电量会有所不同。给智能车钥匙换电池要很慎重，一旦出现差错，钥匙中的电路板就会烧坏。

学习任务 5
汽车照明系统的检测维修

一、任务说明

任务描述	一辆迈腾轿车车主在行驶过程中发现车灯突然熄灭了，于是给 4S 店打电话询问情况，维修技师与车主简单沟通后邀请车主到店来进行检查，维修技师检查后，确定车辆不存在实际故障，是由于客户没有能理解正确使用车辆的照明系统导致的。同学们，你们了解照明系统的组成吗？遇到照明系统故障又该如何进行检查呢？ 汽车照明系统的检测维修任务案例
任务所属模块课程	● 动力系统检修　　　　　　　　　（　　） ● 变速器与传动系统检修　　　　　（　　） ● 转向悬架系统检修　　　　　　　（　　） ● 制动安全系统检修　　　　　　　（　　） ● 电气与控制系统检修　　　　　　（ ✓ ） ● 空调与舒适系统检修　　　　　　（　　） ● 动力与底盘网关控制系统检修　　（　　） ● 车身与娱乐网关控制系统检修　　（　　）
任务对应工作领域	● 汽车动力与驱动系统工作领域　　　　　　　（　　） ● 汽车转向悬架与制动安全系统工作领域　　（　　） ● 汽车电子电气与空调舒适系统工作领域　　（ ✓ ） ● 汽车全车网关控制与娱乐系统工作领域　　（　　）
任务育人目标描述	
1. 树立正确的环保理念和生态文明观 2. 引导学生要有居安思危的意识和创新精神	
职业技能（能力）要求描述	
行为	1. 能进行汽车照明系统的检查、调节和检修 2. 能进行汽车照明系统主要部件的更换和设置
条件	车辆/设备：迈腾轿车 工具及场地要求： 维修工位 4 个、配套维修手册 4 本、工具箱（内包含扳手、棘轮、套筒、钳子等通用手动工具）4 个、数字式万用表 4 块、车辆诊断仪 4 台、拆装专用工具 4 个、零件盒 4 个、工作灯 4 个、手套若干、无纺布若干
标准与要求	● 树立正确的环保理念和生态文明观；引导学生要有居安思危的意识和创新精神 ● 能熟悉照明系统的作用与基本组成；了解汽车照明设备的标准与要求；掌握前照灯的结构与工作原理；掌握前照灯的分类；掌握照明系统电路分析方法；掌握前照灯防眩目措施；掌握前照灯照明距离调节装置的结构和工作原理；掌握联网照明系统 ● 能正确进行汽车照明系统的检查 ● 能按照标准要求进行汽车前照灯的调节 ● 能按照维修手册的规范正确进行前照灯的更换与设置 ● 能按照维修手册的规范正确进行水平高度传感器的更换与设置 ● 能按照维修手册的规范正确进行控制单元拆装 ● 能正确进行照明系统检修
成果	完成汽车照明系统的检查、调节和检修 完成汽车照明系统主要部件的更换和设置

二、任务学习与实施

（一）任务引导与学习

引导问题1：列出车外和车内照明设备的名称及作用。
_____
_____

引导问题2：

1. 关于汽车近光灯有哪些标准与要求？
_____
_____

2. 关于汽车远光灯有哪些标准与要求？
_____
_____

引导问题3：

1. 汽车前照灯一般由_____、_____、_____三部分组成。

2. 反射镜的作用就是_____；表面形状呈_____，现在一般采用真空镀铝。配光镜的作用是对反射镜反射出的平行光束进行_____。

3. 补全如图5-1所示双丝卤素灯泡的结构名称，并简述卤素灯的工作原理。

图5-1 双丝卤素灯泡结构

4. 补全如图5-2所示气体放电灯的结构名称，并简述其工作原理。

图5-2 气体放电灯结构

5. LED 灯基本结构为一块电致发光的_____，封装在_____中，通过_____作为正负电极并起到支撑作用。

6. 补全如图 5-3 所示迈腾 LED 灯组中箭头指示的结构名称，并简述 LED 前照灯的工作原理。

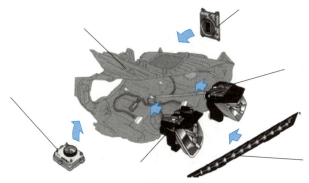

图 5-3　迈腾 LED 灯组结构

7. 补全如图 5-4 所示迈腾 LED 近光灯单元中箭头指示的结构名称，并解释灯组是如何实现前方区域光线非对称分布的。

图 5-4　迈腾 LED 近光灯单元结构

引导问题 4：

1. 全封闭式前照灯，其_____与_____制成整体，灯丝直接焊在_____上。

2. 投射式前照灯采用了_____配光镜，反射镜为_____，第一个焦点处放置_____，光束经反射会聚至_____。_____的焦点与第二个焦点相交重合，灯泡发出的光被反射镜聚成第二个焦点。

引导问题 5：分析卡罗拉轿车前照灯电路图，分别写出其近光灯、远光灯和超车灯工作时的电流通路。

近光灯：

远光灯：

超车灯：

引导问题 6：大学生作为祖国的未来，需要树立正确的（　　）和（　　），要热爱大自然，保护大自然，并通过实际行动促进我国社会主义生态文明的建设和发展。

A．环保理念　　　B．生态文明观　　　C．人生观　　　D．世界观

> **知识链接**

汽车照明系统的作用与基本组成

1. 照明系统的作用与基本组成

汽车照明设备是为了保证汽车在光线不好的条件下提高车辆行驶的安全性和运行速度而设置的。一般来说，汽车照明设备除了主要用于照明外，还用于汽车装饰。随着汽车电子技术应用程度的不断提高，照明设备正在向智能化方向发展。汽车照明设备分为车内照明和车外照明两部分。

（1）车外照明设备

前照灯：俗称前大灯或头灯，安装在汽车头部的两侧，用于夜间或光线昏暗的路面上行驶时的照明，如图 5-5 所示。前照灯的主要用途是近光和远光的照明，但也可以用近光和远光的变换作为超车信号。

图 5-5　前照灯

雾灯：安装在车头和车尾，装于车头的雾灯成为前雾灯，装于车尾的雾灯称为后雾灯。为防止迎面车辆驾驶员的眩目，前雾灯光束在地面的投射距离相对近光光束来说要近，一般前雾灯的安装位置位于比前照灯稍低的前保险杠下方位置。雾灯主要是用于改善大雾、大雨、大雪或尘埃弥漫情况下道路照明的灯具，不但有助于驾驶员看清楚道路，也有助于本车被其他人看到，因此雾灯的光源需要有较强的穿透性。

牌照灯：装于汽车尾部牌照上方或左右，用来照亮后牌照，功率一般为 5W，确保行人在后方 20m 能够清楚地看见牌照上的文字、数字，对于牌照灯的入射角，一般要求在 8° 以上。入射角太小，照明有困难；入射角太大，又有安装难度。

倒车灯：安装于车辆尾部，给驾驶员提供额外的照明，使其能在夜间倒车时看清车辆后方的情况，同时倒车灯也属于灯光信号装置，警告后面的车辆或行人，该车驾驶员将要倒车或正在倒车。倒车灯颜色是白色，驾驶员挂上倒档，就自动接通倒车灯，灯的亮度应照亮 7.5m 的距离，灯泡的功率一般为 28W。

（2）车内照明设备

顶灯、阅读灯：顶灯安装在驾驶室顶部，主要用于车辆的内部照明，如图 5-6 所示。阅读灯一般装于乘客座位旁边供乘客阅读使用，提供给乘坐人员足够亮度，同时又不会影响驾驶员的正常驾驶或其他乘员的休息。目前很多汽车的顶灯可以实现剧场式亮度控制及延时熄灭控制。

车门灯：一般用于轿车或旅行车。当车门打开时，车门灯电路即接通，车门灯被点亮；当车门关上时，车门灯便熄灭。为了便于驾驶员上、下车或打开其他设备以及插入点火钥匙等操作，有的车门灯电路还设有自动延时器。

仪表及开关照明灯：主要用于夜间行车时仪表及开关的照明，为驾驶员及时查看仪表以及操作开关提供便利条件，如图 5-6 所示。示廓灯打开时，仪表及开关照明灯同时亮起，一些车辆还装载了灯光控制器，使驾驶员能主动调整仪表灯的亮度或通过传感器来自动控制亮度。

其他辅助用灯：开关照明灯安装于各开关内部，用于指示开关位置；行李舱照明灯用于行李舱的照明；门控灯用于打开车门时，照亮车内；化妆灯在化妆镜上设置，以方便在光线暗淡时也能打扮自己。

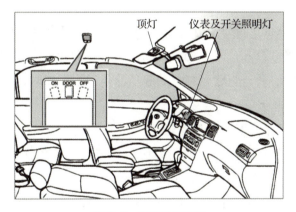

图 5-6　车内照明设备

2. 汽车照明设备的标准与要求

汽车照明设备的标准与要求

照明及灯光信号设备应保证在车辆正常使用状态下，即使受到振动，仍应符合国标中对于各装置以及整车的要求。不能由于不当操作引起对装置不正确的调整，特别是灯具不能松动和失调。

（1）汽车照明设备的通用标准

1）近光灯、远光灯和前雾灯的安装，应便于其照准的正确调节。所有的灯光信号装置（包括安装于车辆侧面的光信号装置）安装时其基准轴线应平行于车辆在道路上的停放面。

2）灯具在符合各自的光色、安装位置、方向、几何可见度、电路连接和其他要求的情况下，彼此可以组合、复合或混合。在组合、复合或混合的其他灯具均关闭的情况下，灯具应满足其配光和色度要求。

3）电路连接应保证前位灯、后位灯、示廓灯、侧标志灯、牌照灯和牵引杆挂车标志灯只能同时打开或关闭。

4）汽车灯具的光色应符合国标的规定，例如其中规定了：远、近光灯必须为白色，制动灯、后尾灯、后雾灯必须为红色，转向信号灯、危险警告灯必须为琥珀色，而前雾灯可以为白色或选择性黄色，紧急制动信号可以为琥珀色或红色。国标中还规定了前、后三角形回复反射器的颜色。

（2）远光灯的要求

1）在数量上，每辆汽车可安装两只或四只远光灯，但当车辆安装四只可藏式前照灯时，其中两只附加前照灯只允许用于昼夜发出间歇光信号功能。

2）在安装位置上，远光灯在横向和高度方面无特殊要求，但在纵向位置方面规定，远光灯发射光不直接或间接地通过后视镜或车辆其他反射面而引起驾驶员的不舒适。

3）在方向上，远光灯应朝前，车辆单侧不得安装超过一只具有弯道照明功能而转动的远光灯。

4）在电路连接方面，除非间歇地打开远光灯开启发出警告信号，远光灯只有在前照灯开关位于前照灯打开位置或处于自动位置，并存在近光灯自动起动的条件时才可开启。对于后一种情形，当近光灯自动起动的条件不存在时，远光灯应自动关闭。

（3）近光灯的要求

1）在数量上，只允许安装两只近光灯。

2）在安装位置上，近光灯在横向方面，两视表面相邻边缘间的距离应不小于600mm。在高度方面，离地高度不小于500mm，不大于1200mm。在纵向方面，若发射光不直接或间接地由于后视镜的反射而引起驾驶员的不舒适感，即满足要求。

3）在电路连接上，切换近光灯时，应同时关闭所有的远光灯。远光灯开着时，近光灯允许开着。气体放电光源近光灯，在远光灯打开时，应保持打开。

（4）前雾灯的要求

1）在数量上，只允许安装两只前雾灯。

2）在安装位置上，前雾灯在横向方面，在基准轴线方向上，离车辆纵向对称平面最远的视表面上的点到车辆外缘端面的距离应不大于400mm。在高度方面，离地高度不小于250mm，不大于1200mm。在纵向方面，若该灯发射光不直接或间接地由于后视镜的反射而引起驾驶员的不舒适感。

3）在电路连接上，前雾灯应独立于远光灯、近光灯或任何远近光组件打开或关闭。

（5）倒车灯的要求

1）在数量上，对于长度不大于 6000mm 的所有车辆，应配备一只，选装一只，对于长度大于 6000mm 的所有车辆应配备两只，选装两只。

2）在安装位置上，离地高度应不小于 250mm，不大于 1200mm。

3）在电路连接上，只有当倒车齿轮处于啮合状态或驱动系统处于倒车状态，而发动机的点、熄火控制装置处于使发动机能工作的状态时，倒车灯才能打开，否则无法打开。

3. 前照灯的结构与工作原理

（1）前照灯基本结构组成

汽车前照灯一般有光源（灯泡）、反射镜、配光镜（散光玻璃）三部分组成，如图 5-7 所示。

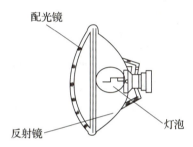

图 5-7 前照灯的基本结构组成

1）光源：目前汽车前照灯上常用的光源类型有卤素灯、气体放电灯（氙气灯）和 LED 灯三种。三种光源的结构与工作原理在下面会具体介绍。

2）反射镜：由于前照灯灯泡灯丝发出的光度有限，功率仅 45~60W。如无反射镜，那只能照清汽车灯前 6m 左右的路面。而有了反射镜之后，使前照灯照距可达到 150m 或更远。因此，反射镜的作用就是将灯泡的光线聚合并导向前方。灯丝位于焦点 F 上，灯丝的绝大部分光线向后射在立体角范围内，经反射镜反射后将平行于主光轴的光束射向远方，使光度增强几百倍甚至上千倍，从而使车前 150m，甚至 400m 内的路面照得足够清楚，如图 5-8 所示。

反射镜的表面形状呈旋转抛物面，一般由 0.6~0.8mm 的薄钢板冲压而成，或由玻璃或塑料制成。其内表面镀银、铝或铬，然后抛光处理。由于镀铝的反射系数可以达到 94% 以上，机械强度也较好，所以现在一般采用真空镀铝，如图 5-9 所示。

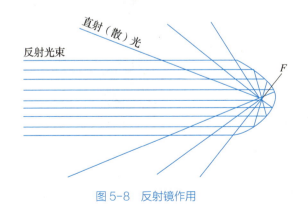

图 5-8 反射镜作用

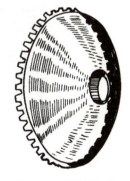

图 5-9 反射镜外形

3）配光镜：配光镜又称散光玻璃，由透光玻璃压制而成，是多块特殊棱镜和透镜的组合，外形一般为圆形或矩形，配光镜外形如图 5-10 所示。配光镜的作用是对反射镜反射出的平行光束进行折射，使车前的路面有良好而均匀的照明，如图 5-11 所示。现代轿车的组合前照灯往往将反射镜和配光镜作为一体，也就是说反射镜形状经过计算机辅助设计，既起到反光作用，同时也进行了光的合理分配。

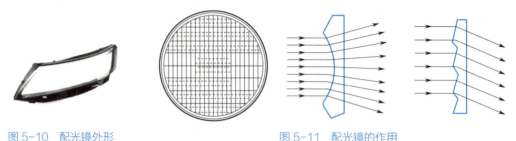

图 5-10　配光镜外形　　　　　　　　图 5-11　配光镜的作用

（2）卤素灯的结构与工作原理

卤素灯泡，简称为卤素泡或卤素灯，又称为钨卤灯泡、石英灯泡，是白炽灯的一个变种，一般用于车辆的近光灯、远光灯和雾灯。灯泡的材料采用石英玻璃，可以屏蔽卤素灯泡发光时产生的微量紫外线辐射。与白炽灯相比，卤素灯泡内充入卤素气体（碘或溴），可以使灯丝温度接近钨的熔点（3400℃左右），达到较高的发光率。

卤素灯的结构与工作原理

1）卤素灯的结构。

卤素灯泡有两种：单丝灯泡和双丝灯泡，单丝灯泡主要由灯泡、灯丝、灯头和电触头组成，如图 5-12 所示；双丝灯泡主要由玻璃泡、有罩近光灯丝、远光灯丝、灯座和电连接片组成，如图 5-13 所示。双丝卤素灯在进行近光点亮时，近光灯丝的下半部分用一个阴罩遮蔽起来，使得只有上半部分的灯光得到反射，防止对迎面行驶的车辆产生刺眼的眩光。如果想要切换回远光灯时，只需要再点亮远光灯丝即可。

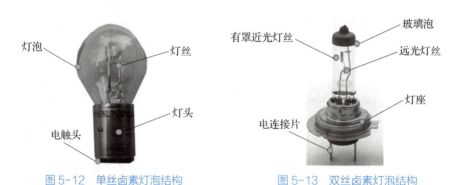

图 5-12　单丝卤素灯泡结构　　　　　图 5-13　双丝卤素灯泡结构

2）卤素灯的工作原理。

钨丝蒸发后，靠近灯泡热表面的钨蒸气与周围的卤素气体结合，形成一种半透明的气体（卤化钨）。卤化钨在 200～1400℃的温度范围内都保持稳定。靠近灯丝附近的卤化钨遇到高温分解，又形成一层坚固的钨沉淀层。这种循环过程延长了灯丝的寿命。由于灯泡外部温度需要达到约 300℃才能维持这一循环，所以石英泡壁与灯丝之间的距离必须非常小。这种设计的另一个优点是可以使用较高的充气压力，以消除钨的固有蒸发趋势，延长钨丝的寿命。卤素灯的工作原理如图 5-14 所示。

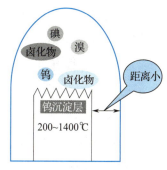

图 5-14　卤素灯的工作原理

3）卤素灯的优点。

卤素灯保持了白炽灯所具有的优点：简单、成本低廉、亮度容易调整和控制显色性好。同时，卤素灯克服了白炽灯的许多缺点：如使用寿命短、发光效率低（白炽灯一般只有 6%~10% 可转化为光能，而其余部分都以热能的形式散失）。

4）更换卤素灯泡时的注意事项。

卤素灯泡的工作温度很高，灯泡的表面温度可达 600℃，因此要等灯泡充分冷却后才可以打开前照灯卸下灯泡。

卤素灯泡由石英材料制成玻璃壳，该材料具有一个严重的缺陷，即如果用手或抹布去接触灯泡后再将灯泡点亮，灯泡就会失去光泽而且无法复原。

卤素灯泡弄脏了必须在点燃以前进行清洗，可用在酒精中浸过的脱脂棉球用力擦洗。清洗后不要擦干灯泡，应将它晾干后再装入前照灯中。若时间紧迫，可先在前照灯外把灯泡点燃一会儿再装，以免酒精蒸气在前照灯内部凝结。

（3）气体放电灯的结构与工作原理

气体放电灯是由气体、金属蒸气或几种气体与金属蒸气的混合放电而发光的灯。通过气体放电将电能转换为光的一种电光源。

气体放电灯的结构与工作原理

1）气体放电灯的结构。

汽车上大多数的气体放电灯都是由泡壳、电极和放电气体构成的，基本结构大同小异，如图 5-15 所示。泡壳与电极之间是真空气密封接，泡壳内充有放电气体。气体放电灯不能单独接到电路中去，必须与触发器、镇流器等辅助电器一起接入电路才能起动和稳定工作。放电灯的起动通常要施加比电源电压更高的电压，有时高达几千伏或几万伏。

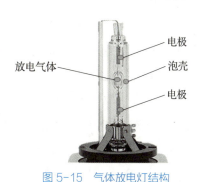

图 5-15　气体放电灯结构

2）气体放电灯的工作原理。

气体放电灯的放电腔内充入惰性气体氙和金属卤化物的混合气体，放电腔两边的电极用以建立电压；同时，还需要一个电子镇流器，使其点火和工作。10~20kV 的点火电压使气体在电极之间发生电离，产生电弧。形成的交流电流将灯管加热，使充入的金属物质蒸发辐射出亮光,如图 5-16 所示。

3)气体放电灯的优点。

辐射光谱具有可选择性,通过选择适当的发光物质,可使辐射光谱集中于所要求的波长上,也可同时使用几种发光物质,以求获得最佳的组合光谱;具有高效率,它们可以把 25%~30% 的输入电能转换为光输出;寿命长,使用寿命长达 1 万 h 或 2 万 h 以上;光输出维持特性好,在寿命终止时仍能提供 60%~80% 的初始光输出。

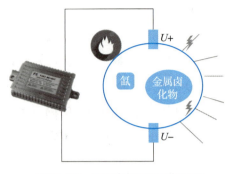

图 5-16 气体放电灯的工作原理

气体放电灯与使用气体放电灯的电子前照灯系统,在汽车上得到广泛应用。与白炽灯相比,气体放电灯有几个显著优点:应用在前照灯上,使前照灯的照度距离得到显著提高;使前方路面的照明更明亮、更均匀;工作温度低,能耗低,工作效率较高;紧凑的前照灯风格造型,适用于扁平风格的前脸。

(4)LED 灯的结构与工作原理

1)LED 灯的结构。

LED 汽车前照灯的核心器件就是 LED。所谓 LED,就是发光二极管(light emitting diode),顾名思义发光二极管是一种可以将电能转化为光能的电子器件,具有二极管的特性。基本结构为一块电致发光的半导体模块,封装在环氧树脂中,通过针脚作为正负电极并起到支撑作用,如图 5-17 所示。

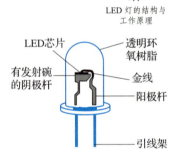

图 5-17 LED 灯的结构

2)LED 前照灯的工作原理。

在 LED 灯的电极上加上正向偏压之后,使电子和空穴分别注入发光二极管的 P 区和 N 区,当非平衡少数载流子与多数载流子复合时,就会以辐射光子的形式将多余的能量转化为光能。而光的波长也就是光的颜色,是由形成 PN 结的材料决定的。

汽车上的 LED 前照灯就是利用 LED 作为光源制造出的照明器具,汽车 LED 前照灯驱动模块驱动 LED 灯,灯芯工作发出蓝光,由于白光无法直接发出,需要蓝色光加黄色光两种波长光线的混合才能发出白光达到日光的效果,通过将多个 LED 灯串并联在一起,增加发光强度,从而保证夜间行驶的安全性,如图 5-18 所示。

3)LED 前照灯灯组的结构。

以一汽大众迈腾 B8L 标准版轿车前照灯灯组为例,该车型的 LED 灯组主要由远光灯、近光灯、日间行车灯、驻车灯和转向信号灯等组成,如图 5-19 所示。将迈腾 LED 灯组拆开,其灯罩内包括下述部件:远近光 LED 单元、远近光灯 LED 电源模块、转向信号灯 / 日间行车灯

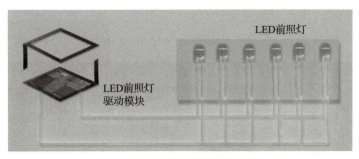

图 5-18 LED 前照灯工作过程

LED 模块，以及转向信号灯/日间行车灯、驻车灯 LED 电源模块和壳体六部分，如图 5-20 所示。

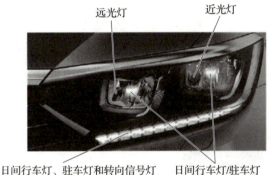

图 5-19 迈腾 B8L 轿车前照灯 LED 灯组

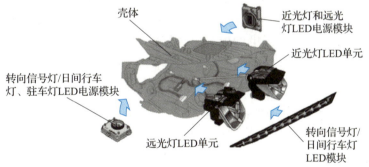

图 5-20 迈腾 LED 灯组结构

近光灯 LED 单元主要包括：近光灯 LED 模块 1 和模块 2、支架、LED 日间行车灯/驻车灯的电路板、反光罩等部件。位于支架上方的 LED 模块与支架一起，构成一个较大的散热体，用于 LED 的被动散热。LED 光束从上方照进反光罩，根据法律规定照射到道路上。在支架上还有带日间行车灯/驻车灯 LED 的电路板，如图 5-21 所示。

LED 近光灯模块为了能够发射出符合法律规定的光束范围，在 LED 模块 1 和 2 各配有一个多晶 LED 发光单元，由 4 个紧密排列的 LED 组成。它们的区别为 LED

灯珠排列方式不同。在方向盘左置的车辆中，LED 模块 1 产生水平光线，同时 LED 模块 2 产生一个 15° 的斜坡（前方区域光线分布），如图 5-22 所示。这是通过不同排列的 LED 发光单元、反光罩和 LED 近光灯模块上的遮光板实现的。

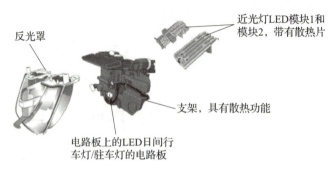

图 5-21　近光灯 LED 单元结构

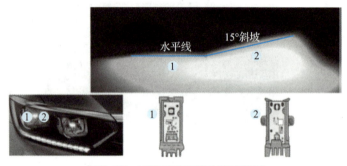

图 5-22　LED 近光灯发出光束范围

　　近光灯的两个多晶 LED 发光单元采用串联接通，由远近光灯 LED 电源模块供电。此 LED 电源模块是由车载电网控制单直接供电，并通过接线端 56b 接收开启和关闭命令。LED 电源模块还具有监测任务，并通过诊断导线将故障信息传递给车载电网控制单元 J519。此外，在 LED 模块 1 上安装有一个温度传感器，用以监控 LED 温度并相应减少电流供应，如图 5-23 所示。

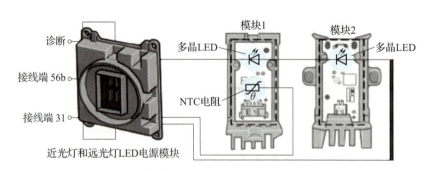

图 5-23　LED 近光灯控制结构

　　远光灯 LED 单元与近光灯 LED 单元最大的不同，就是它只有一个带散热体的 LED 模块。该 LED 模块带有两个多晶 LED 发光单元，每个发光单元各包括两个

LED。LED 模块上的多晶 LED 发光单元串联接通，同样由远近光灯电源模块供电。控制方式与近光灯相同。

用于日间行车灯/驻车灯和转向信号灯是由双色 LED 灯组成，如图 5-24 所示。日间行车灯和驻车灯亮起后，LED 光链为白色。转向信号灯亮起时为橙色。当作为驻车灯时，LED 光链和反光罩中的两个 LED 灯的灯光将变暗。

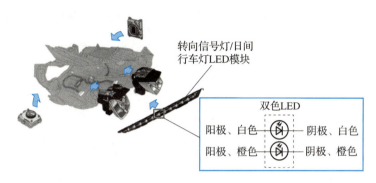

图 5-24　日间行车灯/驻车灯和转向信号灯组成

4）LED 前照灯的优点。

与卤素前照灯和气体放电前照灯相比，LED 前照灯的优势在于：

寿命长，目前用在汽车上的 LED 基本上都能达到 5 万 h，并且知名的汽车灯光供应商已经能够将 LED 的寿命延长到 10 万 h，相当于 LED 将拥有 11 年的寿命。

反应速度快，LED 灯在通电后，能够迅速点亮。

节能环保，LED 灯的能耗为卤素灯的 1/20，并且无辐射，不污染环境，还可回收利用。

低压安全，LED 对使用环境要求低、适应性好，低压直流电就可以驱动它，不像气体放电前照灯需要升压装置。

耐用性好，虽然 LED 的结构简单，但它的抗冲击性跟抗振性都非常好，而且不易破碎。

体积小，这也是 LED 的巨大优势，可以做成多种外形，彻底打破了传统光系统对创新造型的束缚，满足了广大消费者的需求。

4. 前照灯的分类

前照灯有可拆式前照灯、半封闭式前照灯和全封闭式前照灯。随着科技进步的不断发展，现代汽车上出现了许多新型的前照灯。可拆式前照灯和半封闭式前照灯，因其密封性差，反射镜容易受湿气、灰尘的污染而影响反射能力，在汽车上已被淘汰。

全封闭式前照灯，其配光镜与反光镜制成整体，灯丝直接焊在反射镜底座上，一种圆形全封闭式前照灯如图 5-25 所示。全封闭结构形式可避免反射镜受湿气和灰尘等污染，反光镜可保持高的反光效率，延长了前照灯的使用寿命，因此，全封闭式前照灯在汽车上的使用日渐广泛。

投射式前照灯,结构如图 5-26 所示,投射式前照灯采用了凸形配光镜,反射镜为椭圆形,所以其外径很小。由于其反射镜呈椭圆形,所以有两个焦点。第一个焦点处放置灯泡,光束经反射会聚至第二个焦点。凸形配光镜的焦点与第二个焦点相交重合,灯泡发出的光被反射镜聚成第二个焦点,并通过配光镜将聚集的光投射到远方。投射式前照灯使用的光源为卤素灯泡。在第二个焦点附近设有遮光板,可遮挡向上的光线,形成明暗分明的配光。投射式前照灯可用光束较多,经济实用,这种配光特性适用于前照灯近、远光灯,也可用于雾灯。

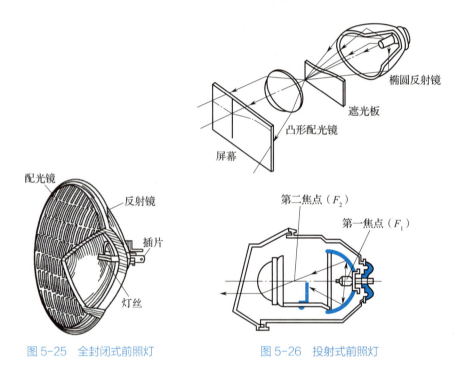

图 5-25 全封闭式前照灯　　图 5-26 投射式前照灯

多曲面汽车前照灯的配光镜上没有透镜,配光完全由反射面来完成,其反射面不再是单一抛物面,而是由一组复杂的自由曲面组成,完成由反射面来控制光场的分布,以达到相关标准的要求。由于结构复杂,采用金属材料冲压难以制造,所以大多通过计算机辅助设计,用工程塑料注射成型。多曲面前照灯大小一般约为 400mm×200mm×350mm,由于外形、位置、体积等要求,前照灯、雾灯和转向灯需设计成一体式结构,且反射面必须为多曲面。

5. 卡罗拉轿车前照灯电路图分析

丰田卡罗拉轿车前照灯电路如图 5-27 所示。

(1) 近光灯电路分析

如需要近光灯工作,前照灯变光开关总成 E60 中的灯光控制开关,必须先从关

学习任务 5　汽车照明系统的检测维修

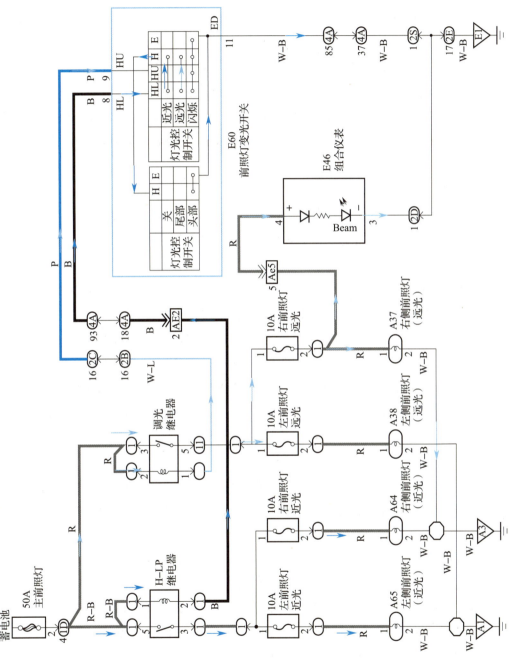

图 5-27　卡罗拉轿车前照灯电路图

173

闭档位调到示廓灯档位，让示廓灯开始工作，然后才能调到前照灯档位，即需要前照灯工作时，必须先打开示廓灯才能打开前照灯。然后变光开关中的近光开关接通，近光灯开始工作。

近光灯电路：蓄电池正极（BAT）→50A H-LP MAIN 熔丝→近光继电器的 1 号端子→近光继电器的 2 号端子→前照灯变光开关总成 E60 的 8 号端子（HL）→近光开关的 HL 端子→近光开关的 H 端子→前照灯档位的 H 端子→前照灯档位的 E 端子→前照灯变光开关总成 E60 的 11 号端子（ED）→搭铁 E1，此时近光继电器的线圈通电工作，触点闭合，有电流由蓄电池正极（BAT）→50A H-LP MAIN 熔丝→近光继电器的 5 号端子→近光继电器的 3 号端子→左近光灯熔丝 10A H-LP LH LO 和右近光灯熔丝 10A H-LP RH LO→左右近光灯泡 A65 和 A64→分别搭铁 A1 和 A3，近光灯工作。

（2）远光灯电路分析

如需要远光灯工作，前照灯变光开关总成 E60 中，灯光控制开关的前照灯档位不变，将前照灯变光开关操纵杆向外按，变光开关中的远光开关接通，远光灯开始工作。

远光灯电路：蓄电池正极（BAT）→50A H-LP MAIN 熔丝→远光继电器的 2 号端子→远光继电器的 1 号端子→前照灯变光开关总成 E60 的 9 号端子（HU）→远光开关的 HU 端子→远光开关的 H 端子→前照灯档位的 H 端子→前照灯档位的 E 端子→前照灯变光开关总成 E60 的 11 号端子（ED）→搭铁 E1，此时远光继电器的线圈通电工作，触点闭合，有电流由蓄电池正极（BAT）→50A H-LP MAIN 熔丝→远光继电器的 3 号端子→远光继电器的 5 号端子→左远光灯熔丝 10A H-LP LH HI 和右远光灯熔丝 10A H-LP RH HI→左右远光灯泡 A38 和 A37→分别搭铁 A1 和 A3，远光灯工作。

与此同时，在右远光灯熔丝 10A H-LP RH HI 和右远光灯泡 A37 之间的线路上，引出一条接线，将电流引入组合仪表总成 E46，然后搭铁 E1，即远光指示灯也开始工作。

在前照灯变光开关总成 E60 中，由于变光开关中的远光开关接通时，近光电路也被接通了，即有电流由蓄电池正极（BAT）→50A H-LP MAIN 熔丝→近光继电器的 1 号端子→近光继电器的 2 号端子→前照灯变光开关总成 E60 的 8 号端子（HL）→远光开关的 HL 端子→远光开关的 H 端子→前照灯档位的 H 端子→前照灯档位的 E 端子→前照灯变光开关总成 E60 的 11 号端子（ED）→搭铁 E1，近光继电器的线圈通电工作，因此在远光灯工作时，近光灯也工作。

（3）超车灯电路分析

如果需要超车灯工作，将前照灯变光开关操纵杆向怀中拉一下，前照灯变光开关总成 E60 中，变光开关的超车开关接通，超车灯开始工作；手松开则操纵杆自动回位，超车开关断开。

超车时近光灯电路：蓄电池正极（BAT）→ 50A H-LP MAIN 熔丝→近光继电器的 1 号端子→近光继电器的 2 号端子→前照灯变光开关总成 E60 的 8 号端子（HL）→超车开关的 HL 端子→超车开关的 E 端子→前照灯变光开关总成 E60 的 11 号端子（ED）→搭铁 E1，此时近光继电器的线圈通电工作，触点闭合，有电流由蓄电池正极（BAT）→ 50A H-LP MAIN 熔丝→近光继电器的 5 号端子→近光继电器的 3 号端子→左近光灯熔丝 10A H-LP LH LO 和右近光灯熔丝 10A H-LP RH LO →左右近光灯泡 A65 和 A64 →分别搭铁 A1 和 A3，近光灯工作。

超车时远光灯电路：蓄电池正极（BAT）→ 50A H-LP MAIN 熔丝→远光继电器的 2 号端子→远光继电器的 1 号端子→前照灯变光开关总成 E60 的 9 号端子（HU）→超车开关的 HU 端子→超车开关的 E 端子→前照灯变光开关总成 E60 的 11 号端子（ED）→搭铁 E1，此时远光继电器的线圈通电工作，触点闭合，有电流由蓄电池正极（BAT）→ 50A H-LP MAIN 熔丝→远光继电器的 3 号端子→远光继电器的 5 号端子→左远光灯熔丝 10A H-LP LH HI 和右远光灯熔丝 10A H-LP RH HI →左右远光灯泡 A38 和 A37 →分别搭铁 A1 和 A3，远光灯工作；与此同时，蓄电池正极（BAT）→ 50A H-LP MAIN 熔丝→远光继电器的 3 号端子→远光继电器的 5 号端子→右远光熔丝 10A H-LP RH HI →组合仪表总成 E46 →搭铁 E1，远光指示灯同时工作。

在前照灯变光开关总成 E60 中，由于变光开关的超车开关接通时，近光电路和远光电路都被接通了，因此超车灯不受示廓灯档位的限制，处于任何档位都可以让远光灯和近光灯工作。

小贴士

通过上面的学习，同学们都知道了汽车前照灯上常用的光源类型有卤素灯、气体放电灯（氙气灯）和 LED 灯三种。而现代汽车上越来越多的前照灯都选择使用 LED 作为光源，这是因为与卤素前照灯、气体放电前照灯相比，LED 前照灯更节能环保，它无辐射，不污染环境，还可回收利用。

生态文明和环保理念是近些年全社会都在关注的问题，我国改革开放的成绩是举世瞩目的，生态文明和环保理念是社会主义精神文明建设中不可或缺的一部分，大学生作为祖国的未来，需要树立正确的环保理念和生态文明观，要热爱大自然，保护大自然，并通过实际行动树立生态文明和环保理念，促进我国社会主义生态文明的建设和发展。

引导问题 7：

1. 前照灯防眩目措施有：_____、_____、_____和_____等。

2. 补全如图 5-28 所示自动照明距离调节系统的结构名称，并简述其工作原理。

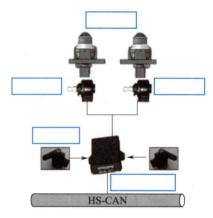

图 5-28　自动照明距离调节系统的结构

引导问题 8：

1. 车身高度传感器的作用是：_____，目前主流的非接触式车身高度传感器可以分为霍尔型、_____、_____等几种。

2. 补全如图 5-29 所示霍尔型车身高度传感器的结构名称，并简述其工作原理。

图 5-29　霍尔型车身高度传感器的结构

3. 简述照明距离调节装置的两种类型执行元件——永磁直流电动机和永磁步进电动机的区别。

引导问题 9：

1. 联网照明系统相比传统照明系统的优势有哪些？

2. 分析迈腾 B8L 照明系统的电路图，写出工作时的电流通路。

_____
_____
_____

引导问题 10：

根据如图 5-30 所示，简述照明失效保护的工作原理_____。

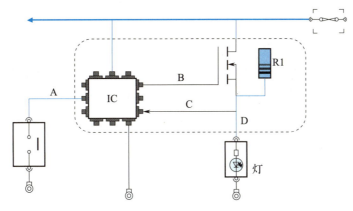

图 5-30　照明失效保护原理

引导问题 11："核心技术靠化缘是要不来的，靠金钱也是买不来的"。所以作为当代大学生，未来汽车专业从业人员，一定要（　　），要有（　　），发展和掌握自己的核心技术。

　　A. 居安思危　　　　B. 依赖进口　　　　C. 创新精神　　　　D. 自律意识

知识链接

1. 前照灯防眩目措施

当前照灯射出的强光束，突然映入人的眼睛时，就会对视网膜产生刺激，瞳孔来不及收缩造成视盲的现象，叫做眩目。夜间行车时，强烈光束会使对面行驶的车辆驾驶员眩目，从而容易引发交通事故。为避免此类现象发生，前照灯采取了以下防眩目的措施。

（1）采用对称形配光（SAE方式）

远光灯丝功率较大（45~60W），位于反射镜的焦点位置，射出的光线远而亮；近光灯灯丝功率小（22~55W），位于反射镜焦点的上方并稍向右偏斜。由于近光灯光线弱，且经反射镜反射后大部分向下倾斜，从而减少了对迎面来车驾驶员的眩目，如图 5-31 所示。一般美国、日本采用这一配光方式。

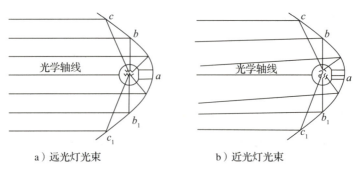

a）远光灯光束　　　　　　b）近光灯光束

图 5-31　对称形配光

（2）采用非对称配光（ECE方式）

为了满足既能防止眩目，又能不影响会车速度的目的，汽车的前照灯常采用非对称光型。如图 5-32 所示为非对称配光方式，可以看到一条明显的明暗截止线，即上方Ⅲ区是一个明显的暗区。该区点 B　50L 表示相距 50m 处迎面驾驶员的眼睛位置。下方区域Ⅰ、Ⅱ、Ⅳ区及右上约 15℃内是一个亮区，可有效地照亮车前道路和右侧人行道。

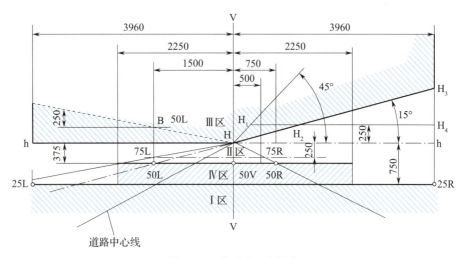

图 5-32　非对称配光方式

将配光屏单边倾斜 15°，可使近光灯既有良好的防眩目效果，又有较远的照明距离。这种形式的配光屏可使近光灯发出的光线形成"L"形非对称近光光形（图 5-33b）。这种配光符合联合国经济委员会制订的 ECE 标准，被称之为 ECE 形配光，这是一种较为理想的光形，我国已采用这种配光形式。近年来，在国外出现了另一种被称之为 Z 形配光的非对称型配光（图 5-33c），它不仅可以避免迎面汽车驾驶员

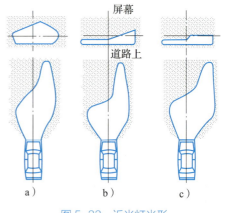

图 5-33　近光灯光形

眩目，还可以防止车辆右边的行人和非机动车辆使用人员眩目。

（3）采用前照灯自动变光器

前照灯自动变光器是一种根据对方车辆灯光的亮度自动变远光为近光或变近光为远光的自动控制装置。它的优点首先是实现了自动控制，不需要驾驶员操纵，其次是体积小，性能稳定可靠，且灵敏度高。

在夜间两车相对行驶，当相遇150~200m时，对方的灯光照射到自动变光器上，就立即自动变远光为近光，从而有效地避免了远光给对方驾驶员带来的眩目，待两车相会时，自动变光器自动变近光为远光，汽车即可恢复原来的行驶速度。

（4）前照灯照明距离调节装置

当车辆负载发生变化时，如后排坐满乘客或行李舱放置物品时，汽车会出现尾部下降、前部升高的现象，造成灯光角度向上倾斜，这将导致迎面来车的驾驶员眩目，同时会造成路面的照明不足。

前照灯照明距离调节装置

前照灯照明距离调节装置可以补偿车辆载荷和车辆行驶工况（匀速行驶、静止、加速和减速）的变化，以保持良好的视距。照明距离调节根据车辆的倾斜度调节前照灯近光的倾斜度，保证照明距离不会因为车辆载荷的变化而变动，并且不会对迎面的车辆产生眩光。

1）前照灯距离调节的结构形式。

所有结构形式的自动照明距离调节系统都有调整执行机构，使前照灯反射器（壳式设计）或前照灯单元在垂直方向上做俯仰运动。对于自动调节装置，依靠安装在车轴上的传感器监测悬架装置（弹簧）的行程，产生与之成比例的信号，传递给调节机构。对于手动调节装置，则利用安装在座椅边的手动开关进行调节。

自动照明距离调节系统可分为两类：静态系统和动态系统。静态系统补偿乘员室和行李舱中的载荷变化；动态系统则在此基础上，对汽车起步、加速及制动工况下的照明距离进行调节。

自动照明调节系统结构，如图5-34所示，系统主要包括以下组成部件：安装在车轴上的车身高度传感器，用以测量车身的高度；车身高度电控单元，能利用车身高度传感器信号计算车辆倾角，并与设定值进行比较，当发现车辆发生倾斜时，将控制信号传给前照灯高度调节电动机；高度调节电动机，执行车身高度电控单元指令，将前照灯调整到正确高度。

2）前照灯照明距离调节的工作原理。

自动照明距离调节静态系统的工作原理，如图5-35所示，静态系统的电控单元除接受车身高度传感器的信号外还接受车速传感器提供的车速信号。根据这些信号，系统即可以判定车辆是静止不动、车速有所变化、还是处于匀速行驶状态。以静态原理为基础的自动系统，总是有很大的响应惯性，因此只对长时间记录的倾角进行修正。

每当车辆起动时,系统便根据载荷的变化修正前照灯角度。当车辆进入匀速行驶后,便开始第二轮修正,系统会不断修正设定值与实际值之间的偏差。通常静态系统只需要在后轴安装一个车身高度传感器,每个前照灯配备一个直流电动机作为调整执行器。

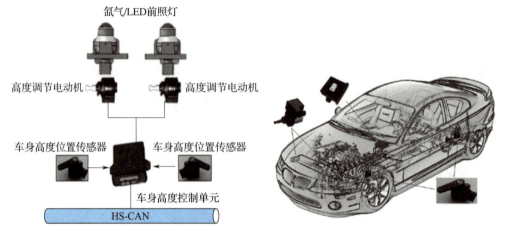

图 5-34 自动照明调节系统的结构

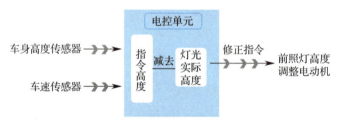

图 5-35 自动照明距离调节静态系统的工作原理

动态系统有两种工作方式,能在所有行驶条件下保证最佳的前照灯定向。通过对车速信号进行微分的辅助分析,使系统能区分静态系统无法识别的加速和制动过程。当车辆匀速行驶时,动态系统的工作方式与静态系统相同,有很大的响应惯性;但控制器一旦记录到加速或制动信号,系统马上切换到动态模式。

与静态系统不同,动态系统的信号处理时间快,伺服电动机的调节速度高,使前照灯照明距离在几分之一秒内就能调整完毕。加速或制动结束后,系统又自动切回到响应惯性大的静态模式。动态系统需要在每个车轴上都安装一个悬架行程传感器,以满足动态系统快速响应的要求,同时,前照灯的调节执行器必须是高速步进电动机。

2. 前照灯照明距离调节装置传感器和执行元件的类型、结构和功能

(1) 车身高度传感器

车身高度传感器(又叫轴高传感器、车姿传感器、悬架高度传感器等),是汽车上用于测量车身前后悬架高度变化必不可少的零部件。

目前主流的非接触式车身高度传感器可以分为霍尔型、磁阻型、电磁感应型等几种。下面就以霍尔型传感器为例进行讲解。该传感器主要

前照灯照明距离调节装置传感器和执行元件的类型、结构和功能

由耦合杆、摇臂、霍尔高度传感器和插头组成，如图 5-36 所示，其主要作用就是将车身高度行程转换成霍尔传感器的旋转信号。

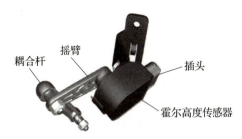

图 5-36 霍尔型车身高度传感器的结构

霍尔高度传感器主要由霍尔元件、永磁体、采集模块等组成，轮毂带动定位臂从而带动上控制臂进行移动，而上控制臂的移动驱使永磁体摆动，从而使霍尔元件产生相应的电压变化从而确定车身的高度。但永磁体头部靠近霍尔元件时，此时霍尔元件磁通量最大，产生的端电压也越大，而当永磁体头部远离霍尔元件时，此时磁通量最小，从而端电压越小。传感器正是通过这种方式将电压信号传给车身单元，从而判断出车身高度，然后通过车身控制单元对前照灯高度控制。例如当车辆上坡时，由于上控制臂的变化，从而检测到车身高度的变化，由车身控制单元调节前照灯高度。

（2）执行元件

照明距离调节装置的执行元件安装在汽车前照灯内（或前照灯外）部，带动前照灯反光面运动调节，从而调整反射光焦距的高低，达到调节前照灯的效果。目前主要的执行器又分为永磁直流电动机和永磁步进电动机 2 种，如图 5-37 所示。

图 5-37 永磁直流电动机和永磁步进电动机

直流电动机的结构应由定子和转子两大部分组成。直流电动机运行时静止不动的部分称为定子，定子的主要作用是产生磁场，由外壳、主磁极、换向极、端盖和电刷装置等组成。

运行时转动的部分称为转子，其主要作用是产生电磁转矩和感应电动势，是直流电动机进行能量转换的枢纽，所以通常又称为电枢，由转轴、电枢铁心、电枢绕组和换向器等组成。

当直流电源通过电刷向电枢绕组供电时，电枢表面的 N 极下导体可以流过相同方向的电流，根据左手定则，导体将受到逆时针方向的转矩作用；电枢表面 S 极下部分导体也流过相同方向的电流，同样根据左手定则，导体也将受到逆时针方向的转矩作用，如图 5-38 所示。

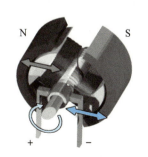

图 5-38 永磁直流电动机工作原理

永磁步进电动机是一种把电脉冲信号转换成机械角位移的控制电动机，常作为数字控制系统中的执行元件。永磁步进电动机主要由前端盖、轴承、中心轴、磁钢转子铁心、绕组绝缘、定子铁心、波纹垫圈和后端盖等部件组成。

永磁步进电动机有两种绕组形式：双极性和单极性。双极性电动机每相上只有一个绕组，电动机连续旋转时电流要在同一绕组内依次变向励磁，驱动电路设计上需要八个电子开关进行顺序切换。单极性电动机每相上有两个极性相反的绕组，电动机连续旋转时只要交替对同一相上的两个绕组进行通电励磁。驱动电路设计上只需要四个电子开关。在双极性驱动模式下，因为每相的绕组为100%励磁，所以双极性驱动模式下电动机的输出转矩比单极性驱动模式下提高了约40%。

当两相绕组都通电励磁时，在额定电流下使电动机保持锁定的最大转矩为保持转矩，电动机输出轴将静止并锁定位置。如果其中一相绕组的电流发生了变向，则电动机将顺着一个既定方向旋转一步。同理，如果是另外一相绕组的电流发生了变向，则电动机将顺着与前者相反的方向旋转一步。当通过绕组的电流按顺序依次变向励磁时，则电动机会顺着既定的方向实现连续旋转步进，如图 5-39 所示。总之，不论是单极性电动机，还是双极性电动机，它们都受控于步进电动机驱动器，步进电动机驱动器只需接受控制器的脉冲信号即可。

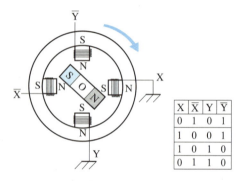

图 5-39　永磁步进电动机工作原理

3. 联网照明系统

（1）联网照明系统总线应用

以大众迈腾轿车 B8L 照明系统为例，其车灯开关有 4 个旋转档位，即关闭档、自动灯光档、示廓灯档和近光灯档，以及 2 个触按式档位（前雾灯档和后雾灯档），一共包含 6 个档位，如图 5-40 所示。

联网照明系统

图 5-40　迈腾轿车 B8L 照明开关档位

当拆掉车灯开关总成，从开关背面，我们可以观察到控制开关的线路只有 4 根，如图 5-41 所示。迈腾 B7L 的车灯开关也具有相同的 6 个档位，但是雾灯档是向外拉动的，另外从开关的背面我们可以观察到控制开关的线路为 10 根。

从图 5-42 和图 5-43 两车车灯开关电路图可以看出，B7L 车灯开关的每个档位都由 1 根信号线与 J519（控制单元）相连，J519 通过感知信号线的电压变化来控制车灯的开启。而迈腾 B8L 车灯开关的电路线路要简单很多，这是因为它运用了 LIN 总线与 J519 进行通信。

图 5-41　车灯开关背面控制线

从之前的电压信号感知到现在的 LIN 总线通信，照明系统正在逐步向联网智能的方向发展，网络系统的低成本、高传输速率也逐渐地体现出来。

（2）联网照明系统网络通信

新款的迈腾 B8L 照明系统中有两处 LIN 线通信和一处 CAN 线通信，车灯开关信号和氛围灯控制信号分别都依靠 LIN 总线进行通信。对于高配车辆距离调节控制单元 J745 和前照灯照明距离调节伺服电动机之间是 CAN 总线进行的通信，如图 5-44 所示。

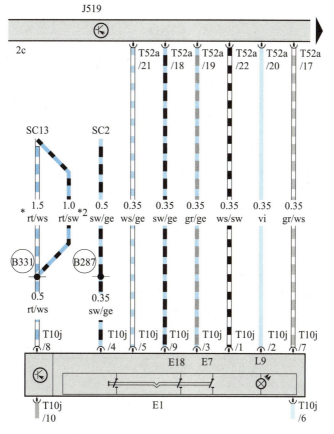

图 5-42　迈腾 B7L 车灯开关电路

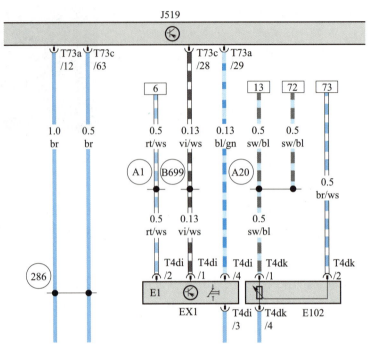

图 5-43　迈腾 B8L 车灯开关电路

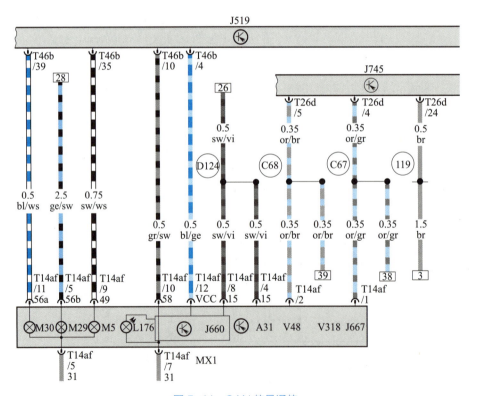

图 5-44　CAN 信号通信

从迈腾 B8L 车灯开关电路图中我们可以看出车灯开关 EX1 的 1 号针脚连接 LIN 总线，2 号针脚为 12V 电源，3 号针脚为搭铁，4 号针脚为冗余信号。车辆灯光旋转开关状态信号通过 LIN 总线发出，并传给车载电网控制单元 J519。J519 和 EX1 通过这个 LIN 总线组成局域网，输入和输出数据信息，并通过控制单元 J519 解析后将数据传入或传出，并通过舒适 CAN 总线的数据诊断接口和诊断仪通信，接收外部数据以及发送故障码和当前工作状态，拓扑关系如图 5-45 所示。

图 5-45　迈腾 B8 车灯开关的联网拓扑关系

4. 照明主控装置工作机理

（1）照明主控装置的工作过程

以福特轿车为例，控制外部照明系统的主控装置为 BCM 控制单元，BCM 控制单元主要有以下控制功能：蓄电池减载功能、省电功能、可调背光、外部照明、加热式后窗、喇叭、车内照明、免钥匙进入、被动防盗系统、运输模式功能和刮水器喷水功能等。

福特轿车近光灯控制原理如图 5-46 所示，BCM 通过在并联电路中向前照灯开关发送电压信号监控前照灯开关的位置。每个前照灯开关位置有一个电路。在任何给定时间，其中有一个信号电路转换为搭铁，指示前照灯开关位置。当 BCM 收到请求开启前照灯的信号时，它向各前照灯总成中的卤素前照灯的灯泡或者高强度放电式前照灯的镇流器供电，来点亮车辆的前照灯。

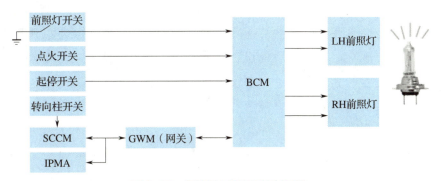

图 5-46　福特轿车近光灯控制原理

（2）照明的失效保护

当点火开关处于打开状态时，如果 BCM 控制单元此时检测到前照灯开关或线路存在故障，BCM 控制单元就会打开停车灯和前照灯，这是该 BCM 的正常行为。BCM 还提供车外灯切换电压和近光灯输出电路的场效应晶体管保护，当检测到电流消耗过大时 BCM 会禁用受影响的电路驱动器。

以福特前照灯的失效保护为例，在福特车辆灯光线路中，场效应管得到了广泛的应用。例如前照灯线路、雾灯线路、倒车灯线路都有用到。照明失效保护原理如

照明的失效保护

图 5-47 所示，场效应管由 BCM 来控制，当按下开关请求打开灯光时，BCM 通过线路 B 给场效应管施加一个电压，此时，场效应管导通，灯泡被点亮。在控制模块内部，C 线路为灯光检测线路，当出现线路搭铁、断路或者灯泡损坏时，BCM 控制场效应管的栅极，可以使灯光的供电切断，从而起到过载保护的作用，同时 BCM 内部会存储故障码。排除故障之后，需要清除故障码，否则场效应管将不会工作。

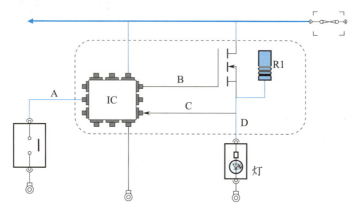

图 5-47 照明失效保护原理

场效应管控制的电路中，当外部电路短路时，场效应管会自动断开线路，同时在系统中产生故障码，消除短路、清除故障码后，系统可正常工作。当短路超过一定次数后，场效应管将损坏，需要更换模块。

小贴士

通过学习同学们也发现了，不论是在汽车前照灯照明距离调节装置上，还是在联网照明等系统中，控制单元是最重要的部件，而在控制单元中还有一个核心部件，那就是"芯片"。自从 2020 年以来，汽车行业就出现了"缺芯"的情况，那汽车"缺芯"是怎么引起的呢？

第一，是受到全球疫情影响，产能不足，造成供应不平衡。第二，我国对于"芯片"的自主研发和生产能力不足，太过于科技精密的东西还需要依赖其他方面，而且国外企业长期垄断和封闭相关的核心技术。尽管我国汽车发展已处于世界前列，但"核心技术靠化缘是要不来的，靠金钱也是买不来的"。所以作为当代大学生，未来汽车专业从业人员，一定要居安思危，要有创新精神，发展和掌握自己的核心技术，为中国发展成为一个科技强国做出自己的贡献和努力。

（二）任务计划与实施

引导问题 1：

1. 在进行检查、测量和检修作业时，需要在车内铺设_____，车外_____。

2. 前照灯开关旋转至 AUTO 位置，此时如果车辆处于_____检查时，前照灯则不允许亮起，如果车辆处于_____进行检查时，前照灯则亮起。

3. 灯光系统检查时，踩下_____，观察制动灯的点亮情况。将车辆_____，观察倒车灯的点亮情况。

引导问题 2：

1. 汽车前照灯调节前的准备工作有哪些？

----

2. 将灯光检测仪放置到车辆左侧前照灯的前方，保证前照灯的基准中心到仪器的光接收箱聚光镜的距离为（　　　）。

   A. 0.5m   B. 1m   C. 2m   D. 1.5m

3. 在调节前照灯调节螺母调节光束时，使明暗截止线的_____与屏幕上_____的 0 度线重合，使明暗截止线的_____和_____与屏幕上水平方向的 0 度线重合。

引导问题 3：

以下是关于汽车 LED 前照灯更换的步骤，请在下列步骤的前面标注正确的序号。

☐ 拆卸车辆前围在车轮挡泥板位置的卡扣

☐ 连接前照灯总成导线插头

☐ 拆卸进气格栅固定螺钉，移除进气格栅

☐ 拧紧前照灯总成固定螺钉

☐ 拆卸发动机下护板的固定螺钉

☐ 拆卸前照灯总成所有固定螺钉，断开前照灯总成导线插头

☐ LED 前照灯总成放置到安装位置并安装固定螺钉，但不拧紧螺钉

☐ 对齐前照灯总成挡泥板开口，旋转前照灯总成调节器上的套环，使前照灯与挡泥板保持对齐并保持一定的间距。

☐ 安装并固定前照灯周边的其他部件

引导问题 4：

以下是关于卡罗拉前照灯检修的步骤，请在下列步骤的前面标注正确的序号。

□ 检查 H-LP LHHI（左侧远光）和 H-LPRHHI（右侧远光）熔丝
□ 查询车辆前照灯系统电路图，并分析其工作过程
□ 检查前照灯远光继电器 2 插口和 3 插口
□ 对车辆进行功能性检查，验证故障现象，并获取相关故障信息
□ 检查熔丝插槽端子有无电压
□ 检查前照灯远光继电器
□ 检查前照灯远光灯是否点亮
□ 检查组合开关的变光开关挡导通性
□ 检查前照灯变光开关线路

引导问题 5：

1. 以下是关于水平高度传感器拆卸的步骤，请在下列步骤的前面标注正确的序号。

□ 断开前悬架高度传感器电器插头
□ 拆下前悬架高度传感器支架安装螺栓
□ 车辆保持在 N 位，将车辆在举升机上定位
□ 拆下前悬架高度传感器臂支架到下臂螺栓
□ 拆下水平高度传感器

2. 安装前悬架高度传感器支架安装螺栓，力矩：_____N·m；安装前悬架高度传感器臂支架到下臂螺栓，力矩：_____N·m。

3. 进行水平高度传感器校准，进入诊断程序，选择_____进入校准。

引导问题 6：

1. 以下是关于控制单元拆卸的步骤，请在下列步骤的前面标注正确的序号。

□ 拆卸仪表板左侧盖板，拆卸 A 柱下饰板条
□ 拆卸控制单元前准备工作
□ 使用翘板拆卸驾驶员侧门槛饰板
□ 使用一字螺钉旋具拆卸驾驶员侧地毯固定卡扣，将驾驶员侧地毯向外翻出
□ 用一字螺钉旋具撬出 A 柱底部饰板固定卡扣，拆卸 A 柱底部饰板并取出
□ 拆卸仪表板下方固定饰板
□ 拆卸 BCM 控制单元固定螺栓，拆卸 BCM 控制单元电器连接插头
□ 取出 BCM 控制单元

2. 控制单元更换过程中有哪些注意事项？

_____
_____
_____

引导问题 7：

以下是关于联网照明系统检修的步骤，请在下列步骤的前面标注正确的序号。

□ 测量蓄电池电压，连接充电机

□ 做好车辆防护工作

□ 连接故障诊断仪器，读取故障码

□ 打开点火开关至 ON 档，观察近光灯

□ 检查车灯开关信号输入是否正常，查看车灯开关测量值

□ 打到近光灯档位，观察近光灯

□ 更换 EX1 开关总成

□ 试车验证灯光点亮情况

□ 进行 5S 作业

> **小提示**
>
> 1. 汽车照明系统检查或检修时，往往不需要起动车辆，但点火开关长时间打开会使蓄电池电量下降，影响检查或检修，所以在长时间做供电检查或检修时，要连接上充电设备。
> 2. 汽车前照灯的发光强度较大，不要长时间近距离的观察灯光，容易对眼睛造成伤害。
> 3. 在更换控制单元或检查精密电器电路设备时，注意消除自身静电，以免对部件造成损伤。

任务技能点 1：汽车灯光系统的检查

汽车灯光系统的检查

1. 准备工作

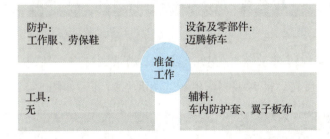

2. 检查步骤说明

（1）车辆前部灯光的检查

将车辆停放于举升工位的合适位置，铺设车内防护，铺设车外防护，如图 5-48 所示。

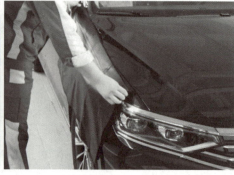

图 5-48　铺设车内车外防护

车辆的前照灯开关处于 O 位置，此时前雾灯、前照灯近光和示廓灯均处于关闭状态，如图 5-49 所示。

图 5-49　前照灯开关处于 O 位置时前部灯光状态

将前照灯开关旋转至 AUTO 位置，此时如果车辆处于白天或者明亮处进行检查时，前照灯则不允许亮起，如果车辆处于夜间或者暗处进行检查时，前照灯则亮起，如图 5-50 所示。

图 5-50　前照灯开关旋转至 AUTO 位置时前部车灯状态

将前照灯开关旋转至示廓灯位置，观察车辆示廓灯点亮情况，如图 5-51 所示。将前照灯开关继续旋转，此时观察车辆近光灯是否打开，如图 5-52 所示。

图 5-51　前照灯开关旋转至示廓灯位置时前部车灯状态

图 5-52　将前照灯开关旋转至近光灯位置时前部车灯状态

向后操作远光灯操纵杆，观察车辆远光灯是否打开，如图 5-53 所示。将远光灯操纵杆复位，将远光灯操纵杆向前拨动一下，观察车辆的远近光是否交替点亮。

向下操作远光灯操纵杆，观察车辆左转向灯是否点亮。向上操作远光灯操纵杆，观察车辆右转向灯是否点亮。

按下车辆前雾灯开关按钮，观察车辆前雾灯是否点亮，如图 5-54 所示。

图 5-53　将前照灯开关旋转至远光灯位置时前部车灯状态

图 5-54　按下前雾灯开关时前部车灯状态

（2）车辆后部灯光检查

将前照灯开关旋转至示廓灯位置，观察示廓灯的点亮情况。按下车辆后雾灯开关按钮，观察车辆后雾灯的点亮情况，如图 5-55 所示。

图 5-55　前照灯开关旋转至示廓灯位置时后部灯光状态

踩下车辆制动踏板，观察制动灯的点亮情况。将车辆挂入倒档，观察倒车灯的点亮情况，如图 5-56 所示。打开危险警告灯（俗称双闪灯）按钮，观察危险警告灯的点亮情况。

图 5-56 车辆挂入倒档时后部灯光状态

任务技能点 2：汽车前照灯的调节

汽车前照灯的调节

1. 准备工作

防护：
工作服、劳保鞋

设备及零部件：
迈腾轿车

准备工作

工具：
车辆诊断仪、六角扳手、灯光检测仪

辅料：
车内防护套、翼子板布

2. 调节步骤说明

（1）调节前的准备

车辆需要满足：轮胎压力正常；前照灯玻璃不得破损或脏污；前照灯照明距离调节装置的初始化阶段必须已经结束；车辆必须滑行几米，或者前后部多次弹跳，以使弹簧下沉；汽车和前照灯调节装置必须处于平面上；必须对准车辆或前照灯调节装置；必须调节倾斜度；必须删除故障存储器的内容；如果存在的话，前照灯调节装置必须处于正确的调节模式。

（2）设置防护

对车辆进行安全防护，铺设车内防护，铺设车外防护，如图 5-57。

图 5-57 设置防护

（3）检测前照灯发出的光线

打开点火开关，将灯光检测仪放置到车辆左侧前照灯的前方，保证前照灯的基准中心到仪器的光接收箱聚光镜的距离为 1m，如图 5-58 所示，同时也要保证仪器与光源的中心线纵向垂直。

图 5-58　灯光检测仪放置位置

图 5-59　调整灯光检测仪上下位置

开启车辆近光灯，仪器移动到被测前照灯的前方，使灯光照射到仪器正面聚光镜上，如图 5-59 所示。

打开仪器后盖上的影像瞄准器盖子，从盖子的反射镜上可观察到前照灯在影像瞄准器上的映像，如图 5-60 所示。移动接收箱的位置，使前照灯的影像落在影像瞄准器的正中央，仪器屏幕上显示的光斑即为前照灯近光配光特性图，如图 5-61 所示。

图 5-60　影像瞄准器上的映像

图 5-61　近光配光特性图

（4）调节前照灯

找到车辆前照灯高度调节螺母和左右调节螺母，分别如图 5-62 和图 5-63 所示。

图 5-62　前照灯高度调节螺母

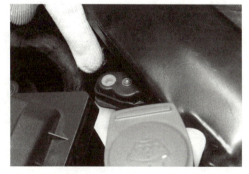

图 5-63　前照灯左右调节螺母

使用合适的工具转动高度调节螺母，使明暗截止线的垂直部分与屏幕上垂直方向的 0 度线重合，使用合适的工具转动左右调节螺母，使明暗截止线的水平部分和斜线部分的拐点与屏幕上水平方向的 0 度线重合，如图 5-64 所示。

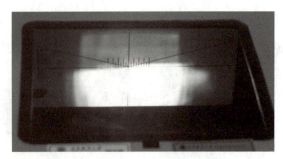

图 5-64 明暗截止线在屏幕上的位置

按照相同的方法对车辆的另一前照灯进行调节。

任务技能点 3：汽车 LED 前照灯的更换与设置

汽车 LED 前照灯的更换与设置

1. 准备工作

防护：
工作服、劳保鞋

设备及零部件：
林肯大陆轿车、举升机

准备工作

工具：
车辆诊断仪、螺钉旋具、拆装工具箱

辅料：
劳保手套、清洁布

2. 更换步骤说明

（1）拆卸并移开前照灯周边的其他部件

拆卸车辆前围在车轮挡泥板位置的卡扣，如图 5-65 所示。拆卸发动机下护板的固定螺钉，如图 5-66 所示。移除车辆前围板。

图 5-65 拆卸挡泥板位置卡扣

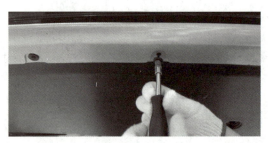

图 5-66 拆卸发动机下护板固定螺钉

拆卸进气格栅固定螺钉，如图 5-67 所示，移除进气格栅。

（2）拆卸前照灯总成

拆卸前照灯总成所有固定螺钉，如图 5-68 所示。断开前照灯总成导线插头，如图 5-69 所示。取下前照灯总成，如图 5-70 所示。

图 5-67 拆卸进气格栅固定螺钉

图 5-68 拆卸前照灯总成固定螺钉

图 5-69 断开前照灯总成导线插头

图 5-70 拆下前照灯总成

（3）安装新的LED前照灯总成

连接前照灯总成导线插头，将新的 LED 前照灯总成放置到安装位置并安装固定螺钉，但不拧紧螺钉，如图 5-71 所示。

对齐前照灯总成挡泥板开口，如图 5-72 所示。旋转前照灯总成调节器上的套环，如图 5-73 所示，使前照灯与挡泥板保持对齐并保持一定的间距。

拧紧前照灯总成固定螺钉，如图 5-74 所示。按拆卸步骤相反的顺序，安装进气格栅、发动机下挡板、车辆前围板。

图 5-71 安装前照灯总成固定螺钉

图 5-72 对齐前照灯总成挡泥板开口

图 5-73 旋转前照灯总成调节器上的套环

图 5-74 拧紧前照灯总成固定螺钉

3. 设置新的 LED 前照灯总成

使用车辆诊断仪，打开点火开关，连接诊断扫描工具并使用以下路径执行"LED 灯驱动模块初始化"程序：电气→检修功能→LED 灯驱动模块初始化，如图 5-75 所示。按照引导指示一步一步进行设置。

图 5-75　LED 灯驱动模块初始化

任务技能点 4：汽车前照灯的检修

1. 准备工作

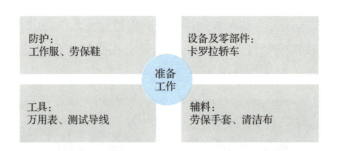

2. 检修步骤说明

1）查询车辆前照灯系统电路图，并分析其工作过程。

2）对车辆进行功能性检查，验证故障现象，并获取相关故障信息，这里以前照灯不亮为例。

3）从发动机舱继电器盒上拔下 H-LP LHHI（左侧远光）和 H-LP RHHI（右侧远光）熔丝，检查熔丝是否断开。如果熔丝断开，则更换熔丝，如图 5-76 所示。

4）检查熔丝插槽端子有无电压，如图 5-77 所示，如果无电压，则检查远光继电器。

5）从发动机舱继电器盒上拆下前照灯远光继电器，如图 5-78 所示。检查前照灯远光继电器导通性，如图 5-79 所示，如果不符合要求，则更换前照灯远光继电器。

6）将变光开关置于远光档，用万用表电压档检查前照灯远光继电器 2 插口和 3 插口有无电压，如图 5-80 所示。如果测量电压为蓄电池电压，则为正常；如果无电压，则检查 H-LP-MAN 熔丝及线路。

图 5-76　拔下并检查熔丝

图 5-77　检查熔丝插槽端子有无电压

图 5-78　拆下前照灯远光继电器

图 5-79　检查前照灯远光继电器导通性

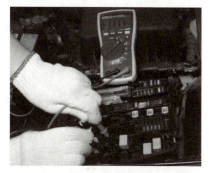

图 5-80　检查前照灯远光继电器插口电压

7）安装上远光灯继电器，检查前照灯远光灯是否点亮。如果不亮，则检查前照灯变换开关及线路。

8）拔下组合开关插头，检查组合开关的变光开关档的导通性，如图 5-81 所示。如果不符合要求，则更换组合开关。

9）插上组合开关导线插头，检查前照灯远光灯是否亮。如果不亮，则检查前照灯变光开关线路，如图 5-82 所示。

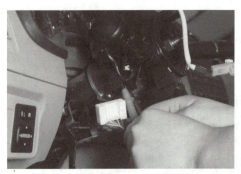
图5-81 检查组合开关的变光开关档的导通性

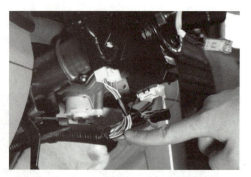
图5-82 前照灯变光开关线路

任务技能点5：水平高度传感器更换与校准

1. 准备工作

```
防护：              设备及零部件：
工作服、劳保鞋       林肯大陆轿车、举升机

                准备
                工作

工具：              辅料：
车辆诊断仪、拆装工具箱  劳保手套、清洁布
```

水平高度传感器更换与校准

2. 更换步骤说明

以林肯大陆轿车左前水平高度传感器为例。

（1）拆除旧的水平高度传感器

1）车辆保持在N位，将车辆在举升机上定位，如图5-83所示。

2）断开前悬架高度传感器电器插头，如图5-84所示。

图5-83 车辆保持在N位，将车辆在举升机上定位

图5-84 断开传感器电器插头

3）拆下前悬架高度传感器臂支架到下臂螺栓，如图5-85所示。

4）拆下前悬架高度传感器支架安装螺栓，如图5-86所示。

5）拆下水平高度传感器，如图5-87所示。

图 5-85　拆下前悬架高度传感器臂支架到下臂螺栓　　图 5-86　拆下前悬架高度传感器支架安装螺栓

（2）安装新的水平高度传感器

1）固定传感器，安装前悬架高度传感器支架安装螺栓，力矩：20N·m，如图 5-88 所示。

2）安装前悬架高度传感器臂支架到下臂螺栓，力矩：20N·m，如图 5-89 所示。

3）安装前悬架高度传感器电器插头，如图 5-90 所示。

图 5-87　拆下的水平高度传感器　　图 5-88　安装前悬架高度传感器支架安装螺栓

图 5-89　安装前悬架高度传感器臂支架到下臂螺栓　　图 5-90　安装前悬架高度传感器电器插头

3. 校准步骤说明

1）连接车辆诊断仪，打开点火开关，打开诊断程序，在程序中选择底盘→悬架→行驶高度校准，如图 5-91 所示。

2）读取程序中的准备要求，依次确认：悬架传感器不存在故障码、汽车必须在平地上、车辆中没有乘员、钥匙开、发动机关等，最后执行底盘高度校准，如图 5-92 所示。

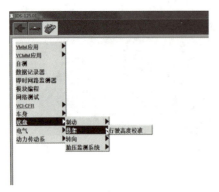
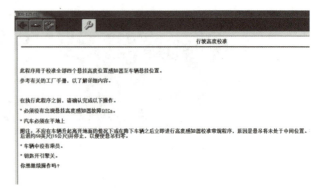

图 5-91　进入校准程序　　　　　图 5-92　确认校准条件执行校准程序

3）确认执行后，跳转到选择最接近的燃油箱加注水平界面，根据实际情况进行选择，如图 5-93 所示。

4）等待校准程序执行校准，如图 5-94 所示。

5）校准进度条结束后，关闭点火开关，然后再转回到运行位置，水平高度传感器校准完成。

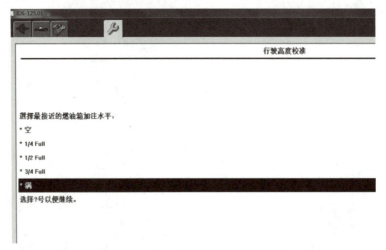

图 5-93　选择最接近的燃油箱加注水平

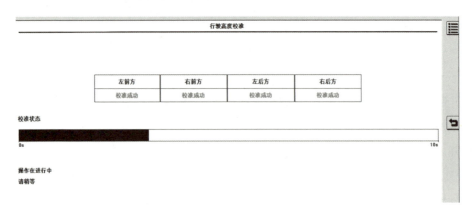

图 5-94　等待校准程序执行校准

任务技能点 6：控制单元的更换与匹配

控制单元的
更换与匹配

1. 准备工作

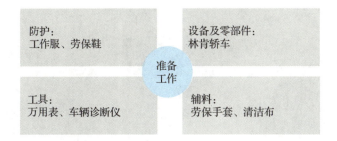

2. 更换步骤说明

以林肯轿车的照明主控装置 BCM 控制单元为例。

（1）拆卸控制单元前准备工作

连接 IDS 诊断仪，打开点火开关，使用诊断扫描工具，按照屏幕上的说明为 BCM 开始执行 PMI 过程，如图 5-95 所示。

（2）控制单元的拆卸

1）使用翘板拆卸驾驶员侧门槛饰板，在撬动的过程中要注意受力均匀，避免饰板的损坏，如图 5-96 所示。

2）拆卸仪表板左侧盖板，拆卸 A 柱下饰板条，如图 5-97 所示。

图 5-95　执行 PMI

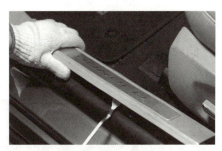

图 5-96　拆卸驾驶员侧门槛饰板

图 5-97　拆卸仪表板左侧盖板

3）用一字螺钉旋具撬出 A 柱底部饰板固定卡扣，拆卸 A 柱底部饰板并取出，如图 5-98 所示。

4）使用一字螺钉旋具拆卸驾驶员侧地毯固定卡扣，将驾驶员侧地毯向外翻出，如图 5-99 所示。

图 5-98　撬出 A 柱底部饰板固定卡扣取出 A 柱底部装饰板

 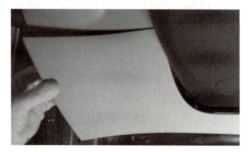

图 5-99　拆卸驾驶员侧地毯固定卡扣　　　图 5-100　拆卸仪表板下方固定饰板

5）拆卸仪表板下方固定饰板，如图 5-100 所示，拆卸完成后我们即可看到 BCM 控制单元。

6）使用工具拆卸 BCM 控制单元固定螺栓，拆卸 BCM 控制单元电器连接插头，取出 BCM 控制单元，如图 5-101 所示。

图 5-101　拆卸 BCM 固定螺栓和电器连接插头

（3）控制单元的安装

控制单元的安装顺序与拆卸顺序相反。

1）安装 BCM 控制单元电器插头。

2）使用工具拧紧 BCM 控制单元固定螺栓。

3）安装仪表板下方固定饰板，安装车辆驾驶员侧地毯，安装驾驶员侧地毯固定卡扣。

4）安装 A 柱底部装饰板并固定好卡扣，安装 A 柱下饰板，安装仪表板左侧盖板。

5）安装驾驶员侧门槛饰板。

6）安装完成后检查车门密封胶条是否卡入饰板中，否则需进行调整。

7）检查各部位饰板是否安装到位，否则需要调整饰板。

3. 控制单元匹配方法

1）连接 IDS 车辆诊断仪，打开点火开关，进入诊断程序，按照屏幕上的说明为 BCM 开始执行 PMI 过程。

2）在工具箱菜单里依次选择车身、安全、PATS 功能，如图 5-102 所示。

3）开启 PATS 功能菜单，在 PATS 菜单中选择"清除并设定钥匙"菜单，如图 5-103 所示。

图 5-102　进入 PATS 功能　　　　图 5-103　清除并设定钥匙

4）按照 IDS 中的提示，关闭点火开关，此时进入编程授权验证界面，要求技师在点击确认后输入经销商的用户名和密码，点击"是"，如图 5-104 所示。

图 5-104　进入编程授权验证

5）在输入正确的用户名和密码后，系统将会弹出"在线安全授权系统"的操作界面，此处选择"通过 WXLs 登录"，如图 5-105 所示。

图 5-105　在线安全授权系统登录

6）完成编程授权后，系统提示此程序需要准备两把钥匙，此处点击对勾，接下来进入钥匙编程界面，按照免钥匙车辆的编程提示将第一把钥匙放入应急起动槽中，如图 5-106 所示。

7）点击起动开关一次，完成第一把钥匙的编程。

图 5-106　钥匙放入应急起动槽中

8）关闭点火开关，拿出第一把钥匙，把第二把钥匙放入应急起动槽，再次点击起动开关一次完成第二把钥匙的编程。

9）系统提示两把钥匙匹配成功，选择退出菜单"PATS"功能，结束钥匙匹配操作。

10）执行 BCM 自检，然后重复自检，以确认所有的诊断故障码已被清除，如图 5-107 所示。

4. 注意事项

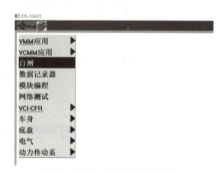

图 5-107　执行 BCM 自检

1）因为 BCM 控制单元中集成有防盗系统，所以在更换新的 BCM 控制单元时，确保车辆中至少存有 2 把车钥匙后才执行此过程，否则会使其中的一把钥匙失灵。

2）如果安装了新的 BCM，点火装置将无法打开，直到参数进行复位以及 2 把钥匙编程到车辆上。点火开关关闭后，BCM 仍需与诊断扫描工具通信。

任务技能点 7：联网照明系统的检修

联网照明系统的检修

1. 准备工作

2. 检修步骤说明

以迈腾 B8L 车辆前照灯常亮，灯光进入应急保护模式为例。

1）做好车辆防护工作，铺设车内防护五件套，铺设翼子板布，放置好车辆挡块，如图 5-108 所示。

图 5-108　做好车辆防护工作

2）使用万用表测量蓄电池电压，连接充电机，如图 5-109 所示。

图 5-109　测量蓄电池电压并连接充电机

3）打开点火开关至 ON 档，观察近光灯常亮，如图 5-110 所示。

图 5-110　打开点火开关近光灯常亮

4）打开近光灯档位，观察近光灯，常亮。

5）连接故障诊断仪器，读取故障码：E3108，灯开关，不可信信号，如图 5-111 所示。

图 5-111　读取故障码

6）检查车灯开关信号输入是否正常。

①车灯开关在关闭位置时，测量值：灯开关位置中关闭为已操作，冗余信号线为关闭，其他灯开关位置均显示为未操作。

②车灯开关在示廓灯位置时，测量值：灯开关位置中驻车示廓灯为已操作，冗余信号线为驻车示廓灯，其他灯开关位置均显示为未操作。

③车灯开关在近光灯位置时，测量值：灯开关位置中近光灯为未操作，冗余信号线为关闭，关闭为已操作，其他灯开关位置均显示为未操作，如图 5-112 所示。

读取测量值

测量值名称	ID	值
灯开关位置	IDE05742	
关闭	MAS00063	已操作
驻车示廓灯	MAS03835	未操作
自动前照灯控制	MAS02462	未操作
近光灯	IDE02515	未操作
雾灯	IDE05323	未操作
后雾灯	MAS03836	未操作
冗余信号线	IDE07956	关闭

图 5-112　车灯在近光灯位置的测量值

测试发现，当打开近光灯档位时，J519 未收到车灯开关近光灯档信号，可能原因为：J519 控制单元自身故障或开关 EX1 自身故障。由于开关 EX1 模块和 J519 之间采用 LIN 线通信技术，且 EX1 属于集成控制模块，无法进一步拆检，在只有近光灯档位故障情况下，优先考虑更换 EX1。

7）更换 EX1 开关总成，使用撬板把车灯开关总成拆下，并断开电器连接线，如图 5-113 所示。

图 5-113　拆卸车灯开关总成

8）更换 EX1，试车验证灯光点亮情况，故障排除。

9）进行 5S 作业，收起翼子板布，车轮挡块，防护五件套，归置车辆，整理、归纳、清洁工具，打扫场地卫生等。

（三）任务评价反馈

1. 小组自评表能够让小组成员对各自的信息检索能力、任务认知程度、参与状态、学习方法和工作过程等方面进行评价，从记忆、领会、应用、分析、反馈全方位评估自己对知识的学习及掌握情况，见表 5-1。

表 5-1　小组自评表

班级		组名		日期	
评价指标	评价要素			分数	分数评定
信息检索	能有效利用网络资源、工作手册查找有效信息；能用自己的语言有条理地去理解、表述所学知识；能将查找到的信息有效地转换到工作中			10	
任务认知	熟悉各自的工作岗位，认同工作价值；在工作中获得满足感			10	
参与状态	与教师、同学之间相互尊重、理解、平等相待；与教师、同学之间能够保持多向、丰富、适宜的信息交流			10	
	探究学习、自主学习不流于形式，处理好合作学习和独立思考的关系，做到有效学习；能够提出有意义的问题或能发表个人见解；能按要求正确操作；能够倾听、协助分享			10	
学习方法	工作计划、操作技能符合规范要求；能获得了进一步发展的能力			10	
工作过程	遵守管理规程，操作过程符合现场管理要求；注意平时上课的出勤情况和每次完成工作任务的情况；善于多角度思考问题，能主动发现、提出有价值的问题			15	
思维状态	能发现问题、提出问题、分析问题、解决问题、创新解决问题方法			10	
自评反馈	按时按质地完成工作任务；较好地掌握了专业知识点；具有较强的信息分析能力和理解能力；具有较为全面严谨的思维能力并能条理清晰地表述成文			25	
自评分数					
有益的经验和做法					
总结反思建议					

2. 小组互评表能够让小组成员从信息检索能力、任务认知程度、参与状态、学习方法和工作过程等方面对其他小组进行评价，通过互相评价环节，学习其他小组的长处，弥补自己小组的不足，见表 5-2。

表 5-2 小组互评表

班级		被评组名		日期	
评价指标	评价要素			分数	分数评定
信息检索	该组能有效利用网络资源、工作手册查找有效信息			10	
	该组能用自己的语言有条理地去理解、表述所学知识			5	
	该组能将查找到的信息有效地转换到工作中			5	
任务认知	该组能熟悉各自的工作岗位，认同工作价值			5	
	该组成员能在工作中获得满足感			5	
	该组能处理好合作学习和独立思考的关系，做到有效学习			5	
	该组能提出有意义的问题或能发表个人见解，按要求正确操作，能够倾听、协助分享			5	
	该组能积极参与工作任务，并在过程中综合运用信息技术的能力得到提高			5	
学习方法	该组工作计划、操作技能符合规范要求			5	
	该组获得了进一步发展的能力			5	
工作过程	该组遵守管理规程，操作过程符合现场管理要求			10	
	该组平时上课的出勤情况和每次完成工作任务的情况			10	
	该组善于多角度思考问题，能主动发现、提出有价值的问题			10	
思维状态	该组能发现问题、提出问题、分析问题、解决问题、创新问题			5	
自评反馈	该组能严肃认真地对待自评，并能独立完成自测试题			10	
互评分数					
简要评述					

3. 教师评价的内容主要包括小组的出勤状况、信息检索能力、计划制订是否完善、工作过程是否规范等，能够帮助学生更好的理解工作任务，促进对任务知识点、技能点的消化和吸收，见表 5-3。

表 5-3　教师评价表

班级			组名		姓名		
出勤情况							
评价指标	评定要素					分数	分数评定
职业素养	坚持社会主义核心价值观					5	
	具备信息素养					5	
	具备探究学习、终身学习的能力					5	
	在实操过程中体现劳模精神、劳动精神、工匠精神					5	
	具备良好的职业道德和环保意识					5	
道德品质	遵守实训试验场所、场地等公共场所的管理规定，自觉维护秩序					5	
	在公共场所举止文雅，文明礼貌					5	
	爱护公物，保护公共设施					5	
信息检索	能够顺利完成教师安排的任务，快速找到有效信息，并转化到工作中去					5	
任务认知	能够读懂文字的表达内容					5	
	能够满足岗位工作要求，掌握工作流程，熟悉注意事项					5	
参与状态	与教师、同学之间相互尊重、相互理解					5	
	能够做到独立思考、表达自己的想法					5	
	能够按照要求正确操作、能够倾听对方表达的内容，乐于分享					5	
学习方法	能够按照工作内容的紧急情况合理制订计划					5	
	能够按要求完成工作计划，且操作符合规范					5	
工作过程	操作符合安全规定					5	
	操作符合流程规范					5	
	能协助他人完成任务					5	
思维状态	工作过程思维清晰，对工作结果能够正确预判，对其他相关工作有帮助					5	
师评分数							
综合评价							

三、任务拓展信息

激光前照灯

随着汽车电气及电子技术的快速发展，汽车前照灯灯光系统呈现蓬勃发展之势。除了汽车上常用的前照灯类型，如卤素前照灯、氙气前照灯、LED 前照灯，一种新型的汽车灯光——激光前照灯应运而生。最早提出将激光技术用于汽车前照灯想法的是宝马公司和美国桑迪亚国家实验室。他们把蓝色、红色、绿色和黄色 4 种发光的光源相结合，通过一定的技术处理，使发光器把 4 种有色光源变为白色光源发射出来，这样就解决了激光二极管激光器的发光问题。2011 年，宝马公司率先将激光前照灯技术应用在 i8 概念汽车上，之后宝马公司又将激光前照灯技术应用到新一代 7 系车型上，与此同时，奥迪公司将矩阵式的激光前照灯技术应用于量产车型 R8LMX 上。

1. 激光前照灯的结构与工作过程

激光前照灯包括激光光源（激光二极管）、反射镜、黄磷滤光镜、反射碗以及保护外壳等部分，如图 5-114 所示。

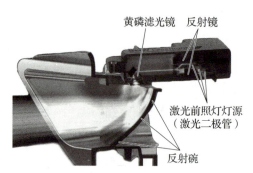

图 5-114　激光前照灯结构

其工作过程为：三束蓝色的激光光线从激光光源射出，此三束光线狭窄而发散，发散的三束激光光线照射到反射镜上，经过反射镜之后以平行聚焦的光束形式照射到黄磷滤波镜上，黄磷滤波镜经过滤波处理，最终只许白色的光波照射出来，白色光波照射到反射碗上，经过反射碗的再次反射，从而最终形成集中照射的圆锥形光束照射到车辆前方。

2. 激光照明的原理

激光二极管只能发射单色激光，需要通过多个单色激光光源合成，或者使用单色激光激发荧光粉而形成白光。车灯领域现在常用的是蓝色激光二极管远程激发黄色荧光粉方案，可以通过两种方式实现。

1）透射式，原理如图 5-115 所示。来自异侧的蓝色激光穿过透明基板，在荧光粉转换层内，将部分转换为黄光，并与剩余未转换的蓝光混合，形成白光。由于激光需要穿透几个材料层,因此基板和黏合层也必须是透明的,而且是具有散热性能的高导热性材料。

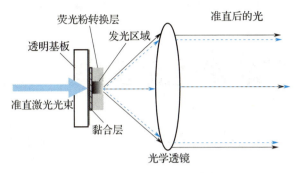

图 5-115 透射式单色激光合成原理

2)反射式,原理如图 5-116 所示。同侧的蓝色激光射入荧光粉转换器中,部分转换为黄光。荧光粉转换器具有高反射背面,并安装在散热基板上。发射光混合了蓝色和黄光,形成白色。在此方案中,黏合层和基板都不需要透明,因此材料的选择有更大的灵活性,可以选择最佳散热性能的材料。

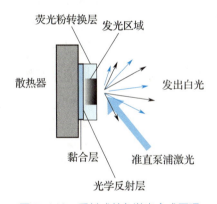

图 5-116 反射式单色激光合成原理

3. 激光前照灯的特性

(1)体积小,亮度高

激光前照灯相对来说体积变小,一款激光前照灯的体积仅仅相当于 LED 前照灯的五分之一。如此小的体积,对于汽车流线的设计具有很大的意义,同时对车灯的形状改变有很大的空间,从而使车头前照灯的造型更为美丽。激光前照灯在体积缩小的同时,而亮度却有很大的提高。

(2)照射距离远,反应速度快

与其他类型前照灯相比较而言,激光前照灯的照射距离更远。普通 LED 前照灯只能照射到车前 300m 左右的距离,而激光前照灯的照射距离为 600m,照射距离将近是 LED 前照灯的 2 倍,如图 5-117 所示。普通的氙气前照灯在接通开关后约 0.8s

才能达到额定亮度的 20%，在起动开关 4s 以内才能达到额定亮度的 80% 以上，只有当镇流器向灯具提供约 85V 供电电压后，氙气前照灯才能保持以恒定的功率运转。而激光前照灯则不然，即开即亮，并且同时达到额定亮度，没有时间延迟。

图 5-117　LED 前照灯与激光前照灯的照射范围

（3）使用寿命长，灯光具有可控性

从发光的原理上来讲，卤素、氙气、LED 前照灯的使用寿命各有不同，通常使用情况下，卤素前照灯的照射寿命约为几百小时，氙气前照灯的使用寿命为 2500~3000h，LED 灯在使用约 4 万 h 后会有明显的光衰，而激光前照灯的使用寿命则为 10 万 h，可以说，当车辆达到报废的时间时激光前照灯依然是完好的。氙气前照灯和 LED 前照灯的控制性也较差，通常氙气前照灯和 LED 前照灯发射的光束发散性较大，在加有透镜的情况下才得以聚集，而激光前照灯的发光是定向的，光束的发散度极小，大约只有 0.001 弧度，接近平行，因而控制性更好。

学习任务 6
汽车信号装置的检测维修

一、任务说明

汽车信号装置的检测维修任务案例

任务描述	掌握信号装置的基本结构、类型及工作过程，完成信号装置相关元件及总成的工作原理，以及相关诊断和更新方法
任务所属模块课程	● 动力系统检修　　　　　　　　　　（　　） ● 变速器与传动系统检修　　　　　　（　　） ● 转向悬架系统检修　　　　　　　　（　　） ● 制动安全系统检修　　　　　　　　（　　） ● 电气与控制系统检修　　　　　　　（ ✓ ） ● 空调与舒适系统检修　　　　　　　（　　） ● 动力与底盘网关控制系统检修　　　（　　） ● 车身与娱乐网关控制系统检修　　　（　　）
任务对应工作领域	● 汽车动力与驱动系统工作领域　　　　　　（　　） ● 汽车转向悬架与制动安全系统工作领域　　（　　） ● 汽车电子电气与空调舒适系统工作领域　　（ ✓ ） ● 汽车全车网关控制与娱乐系统工作领域　　（　　）
任务育人目标描述	
1. 增强学生们的爱国热情和创新精神，强调养成良好学习习惯的重要性。 2. 在学习过程中，应该时刻保持谨慎、认真、探究的学习精神，多听取他人意见，集百家之长，补己之短。	
职业技能（能力）要求描述	
行为	掌握信号装置的基本结构认知，并能进行检测维修。
条件	车辆/设备：丰田卡罗拉 工具及场地要求： 维修工位 4 个、卡罗拉配套维修手册 4 本、卡罗拉电路图 4 本、工具箱（内包含扳手、棘轮、套筒、钳子等通用手动工具）4 个、零件车 4 个、万用表 4 个、工作灯 4 个、手套若干、维修工作台 4 个
标准与要求	● 增强学生们的爱国热情和创新精神，学习老一辈科学家们的工作热情 ● 学习过程中多听取他人意见，集百家之长，补己之短 ● 掌握信号装置的基本结构、类型及工作过程，完成信号装置相关元件及总成的工作原理，以及相关诊断和更新方法 ● 能按照维修手册的规范正确进行转向信号装置检修 ● 能按照维修手册的规范正确进行危险报警信号装置检修 ● 能按照维修手册的规范正确进行制动信号装置检修 ● 能按照维修手册的规范正确进行倒车信号装置检修 ● 能按照维修手册的规范正确进行喇叭信号装置检修
成果	完成汽车信号装置检测维修

二、任务学习与实施

（一）任务引导与学习

引导问题1：汽车信号系统的组成包括哪几部分？

_____

_____

_____

引导问题2：

1.汽车信号系统各部分具有什么作用？

_____

_____

_____

2.如图6-1所示转向信号装置：

（1）结构：_____

_____

_____

（2）功用：_____

_____

_____

图6-1　转向信号装置

3.如图6-2所示危险警告信号装置：

（1）结构：_____

_____

_____

（2）功用：_____

_____

_____

图6-2　危险警告信号装置

4.如图6-3所示，制动信号装置中制动灯一般有3只，一只装在车尾上部叫_____，另两只一左一右装于汽车后部，_____，红色。

学习任务 6　汽车信号装置的检测维修

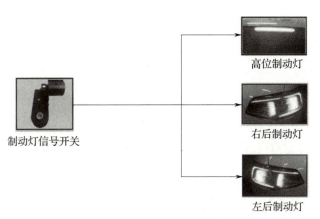

图 6-3　制动灯

5. 如图 6-4 所示，描述倒车信号装置的组成，各装置的工作原理。

图 6-4　倒车信号装置的组成

引导问题 3：作为一名汽车维修技术人员，一定要坚持精益求精的工匠精神与严谨求实贯彻工艺的科学精神，我们要如何去检测汽车灯光信号系统的各部分呢？

| 知识 |
| 链接 |

1. 汽车信号系统概述

汽车信号系统主要是用于向他人或其他车辆发出警告和示意的信号，以提高行车安全，减少交通事故的发生。

汽车信号系统主要包括转向灯、危险警告灯、制动灯、倒车灯、示廓灯、喇叭等。

汽车信号系统概述

215

（1）转向信号装置

转向灯用于在车辆转弯时发出明暗交替的闪光信号，使周围车辆和行人知道其行驶方向。

转向信号装置工作原理

转向信号装置主要包括开关、转向灯和闪光器，其中闪光器是主要器件，转向灯一般为4只或6只，分别安装在汽车侧面、前部和后部，多采用组合式灯具，功率一般为20W（但装于侧面的功率一般较小）。

（2）危险警告信号装置

危险警告灯与转向灯共用。当车辆出现故障或有紧急情况时，按下危险警告灯开关，所有转向灯一起闪烁，以示警告，提醒后方车辆注意避让。

（3）制动信号装置

制动灯也称刹车灯，用于当汽车制动或减速停车时，向车后发出灯光信号，以警示随后车辆及行人。制动灯一般有3只，一只高位制动灯装在车尾上部，另两只制动灯一左一右装于汽车后部，多采用组合式灯具，一般与尾灯共用灯泡（LED灯），颜色为红色。

制动信号装置工作原理

（4）倒车信号装置

倒车灯用于照亮车后路面，并警告车后的车辆和行人，表示该车正在倒车。倒车灯一般有一只或两只，装于汽车后部多采用组合式灯具，颜色为白色。如果车辆只有一只倒车灯，则一般安装在和雾灯对称的位置，且"左雾右倒"。

（5）喇叭装置

喇叭为声响信号装置，按下喇叭按钮，发出声响，警告行人车辆，以确保行车安全。

喇叭装置工作原理

2. 转向信号装置结构

（1）转向灯

转向灯开关外形如图6-5所示，左右拨动转向开关，可接通转向灯电路。当转向灯受组合开关控制时，因方向盘回正，使组合开关中的转向灯开关的回正销拨动，从而自动切断转向灯电路。

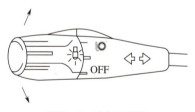

图6-5 转向灯开关

（2）闪光器

转向灯的频闪由闪光器控制。闪光器按结构不同可分为阻丝式、电容式、电子式三种。其中阻丝式又分为电热式和翼片式，电子式又分为晶体管式和集成式。

1）电容式闪光器。

电容式闪光器外形如图6-6所示。

工作原理：汽车转向时，接通转向开关，电流经蓄电池"+"极→点火开关→接线柱 B→串联线圈→常闭触点→接线柱 L→转向开关→转向灯及转向指示灯（左或右）→搭铁→蓄电池"-"极，构成回路。

流经串联线圈的电流产生的吸力大于弹簧片的作用力，将触点迅速打开，由于流过转向灯灯丝的电流时间很短，故灯泡处于暗的状态（未来得及亮）。触点打开后，蓄电池开始向电容器 C 充电，回路为：蓄电池"+"极→点火开关→接线柱 B→串联线圈→并联线圈→电容 C→转向开关→转向灯及转向指示灯（左或右）→搭铁→蓄电池"-"极。由于线圈丝电阻较大，充电电流较小，仍不足以使转向灯亮。同时，两线圈产生的电磁吸力方向相同，使触点维持打开，随着电容器 C 两端电压升高，充电电流逐渐减小，电磁吸力也减小，在弹簧片作用下，触点闭合。随后，电源通过串联线圈、触点、转向开关向转向灯供电，电容器经并联线圈、触点放电。由于此时两线圈磁力方向相反，产生的合成磁力不足以使触点打开，此时转向灯亮。随着 C 两端电压下降，流经并联线圈的电流减少，产生的磁力减弱，串联线圈产生的电磁吸力又将触点打开，转向灯变暗。如此反复，使转向灯以一定的频率闪烁。

电容式闪光器

图 6-6　电容式闪光器外形

2）晶体管式闪光器。

图 6-7 所示为带继电器触点式晶体管闪光器外形和结构原理图，其触点为常闭合触点。

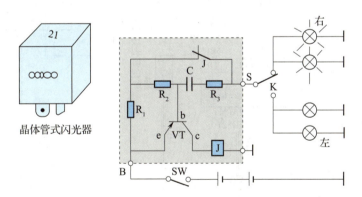

图 6-7　晶体管式闪光器外形和结构原理图

工作原理：当车辆转弯时，接通电源开关 SW 和转向开关 K，电流经蓄电池"+"极→电源开关 SW→接线柱 B→R_1→继电器 J 的触点→接线柱 S→转向开关 K→转向灯及转向指示灯（左或右）→搭铁→蓄电池"-"极，转向灯亮。由于 R_1 上的分压给晶体管 VT 提供了偏置电压而使其导通，集电极电流流经继电器 J 的线圈，其上产生的吸力使触点断开。晶体管 VT 导通后其基极电流向电容器充电，其回路为：蓄电池"+"极→电源开关 SW→接线柱 B→发射极、基极→电容器 C→R_3→转向灯开关→转向灯及转向指示灯（左或右）→搭铁→蓄电池"-"极。电容器 C 充电过程

217

转向信号和危险警告灯

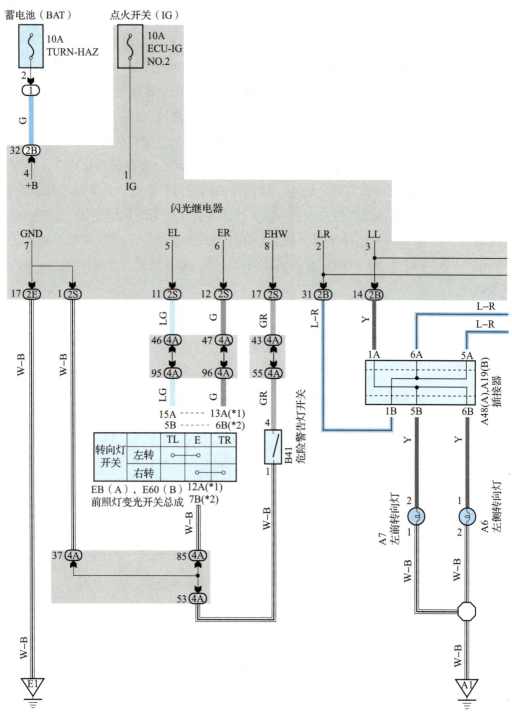

图6-8 丰田卡罗拉转向灯和危险警告灯电路图（一）

中,随着电容器两端电压上升,基极电流变小,使集电极电流也相应变小。当流经继电器 J 的线圈的电流不足以造成吸力减小而释放常闭合触点时,继电器 J 的触点又重新闭合,使转向灯点亮,同时电容器通过 R_2、触点、R_3 放电,由于此时 R_2 向 VT 提供了反向偏压,加速了 VT 的截止。随着电容器放电电流的减小,R_1 上的压降又为 VT 提供了正向的偏置电压。这样循环往复,使转向信号灯闪烁发光。

3)电子式闪光器。

电子式闪光器利用晶体管的开关特性,电容器的充放电延时特性,来控制继电器线圈的通断电,接通和断开触点,使转向灯闪烁。电子式闪光器由于其工作可靠,使用寿命长,目前在汽车转向灯系统中广泛使用。

3. 转向灯和危险警告灯电路

丰田卡罗拉转向灯和危险警告灯电路图,如图 6-8 和图 6-9 所示。

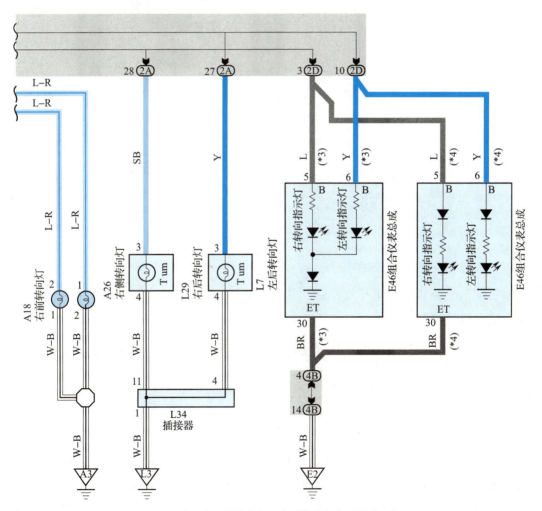

图 6-9 丰田卡罗拉转向灯和危险警告灯电路图(二)

4. 危险警告信号装置结构

危险警告灯开关外形如图 6-10 所示，标有红色△的开关为危险警告灯开关，当按下时，左右转向灯将同时闪烁。危险警告灯操纵装置不受点火开关及灯光组合开关的控制。

危险警告信号装置由转向灯、转向指示灯、转向灯开关、闪光器、警告灯开关等组成，转向灯的闪烁由闪光器控制。危险警告灯与转向灯闪光器可以共用，也可单独设置。危险警告灯的控制装置和控制电路因车型不同而不尽相同，但基本结构及原理相似。常见的危险警告信号装置控制电路如图 6-11 所示。

图 6-10 危险警告灯开关

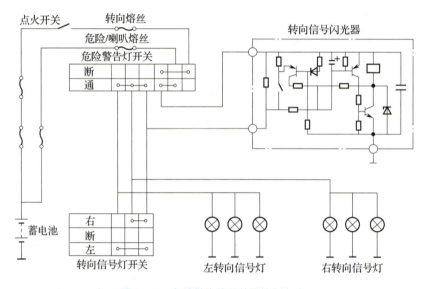

图 6-11 危险警告信号装置控制电路

5. 制动信号装置开关结构

制动信号装置由制动开关控制，其电路如图 6-12 所示。制动开关分为气压式、液压式和机械式。

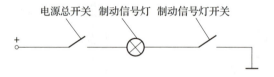

图 6-12 制动信号装置电路

1）气压式制动开关，通常安装在制动系统管路中或制动阀上，固定触点接线柱与蓄电池正极相连，活动触点接线柱与指示灯相连。结构如图 6-13 所示。制动时，气压推动橡皮膜向上拱曲，压缩弹簧，使触点接通制动信号灯电路，制动信号灯亮。当抬起制动踏板时，气压下降，橡皮膜复原，触点断开，切断电路，制动灯熄灭。

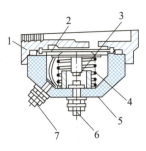 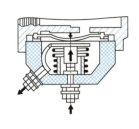

图 6-13 气压制动开关

1—制动阀壳　2—制动灯开关膜片　3—活动触点　4—活动触点弹簧
5—开关壳　6—固定触点接线柱　7—活动触点接线柱

2）液压式制动开关，通常安装在制动主缸的前端。结构如图 6-14 所示。

3）机械式制动开关一般装于制动踏板下方，如图 6-15 所示。当踩下制动踏板时，制动开关内的活动触点便将两接线柱接通，使制动灯点亮；当松开踏板后，断开制动灯电路。

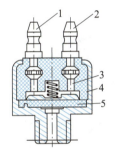 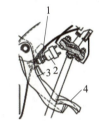

图 6-14　液压制动开关　　　　图 6-15　制动踏板下的制动开关
1、2—接线柱　3—触头　　　　1—制动踏板限制块　2—调整螺母
4—触板　5—膜片　　　　　　　3—制动开关　4—制动踏板

6. 制动灯电路

丰田卡罗拉制动灯电路图，如图 6-16 所示。

7. 倒车信号装置结构

汽车倒车时，为了更好地警告车后的行人和车辆驾驶员，在汽车的后部常装有倒车灯、倒车蜂鸣器或语音倒车警告器，它们均由装在变速器盖上的倒车开关自动控制。当把变速杆拨到倒车档时，车尾部倒车灯亮，同时倒车蜂鸣器发出断续的鸣叫声或语音倒车警告器发出语音警告。

倒车信号装置开关的结构如图 6-17 所示。未挂倒档时，倒车信号装置开关钢球 1 被倒档变速叉轴顶起，开关处于断开状态；当变速杆拨至倒档时，倒档变速叉轴的凹槽正好对着钢球，钢球下移，在弹簧 5 的作用下，触点 4 闭合，接通倒车灯和倒车蜂鸣器电路。

制动灯

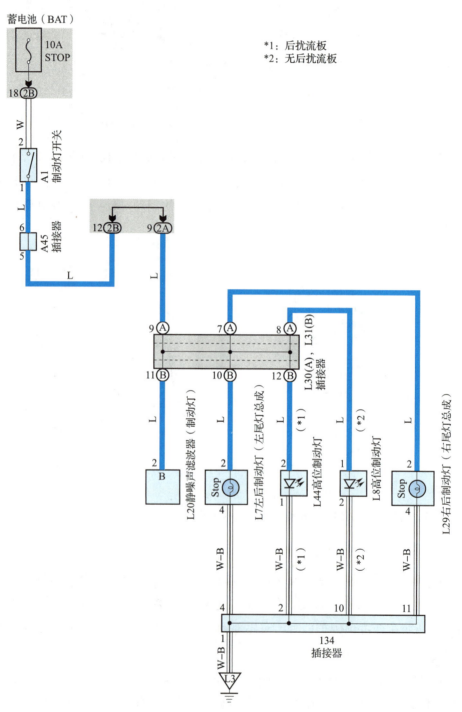

图 6-16　丰田卡罗拉制动灯电路图

倒车灯装于汽车尾部，左、右各一只，白色，用于照亮车后的路面，并警告车后的其他车辆和行人，表示该车正在倒车。

8. 倒车灯电路

丰田卡罗拉倒车灯电路图，如图6-18所示。

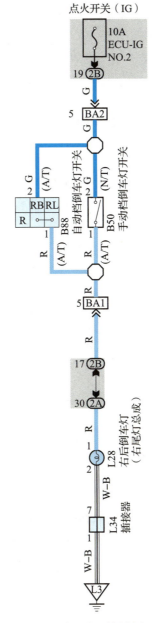

图6-18 丰田卡罗拉倒车灯电路图

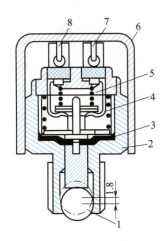

图6-17 倒车信号装置开关

1—钢球 2—壳体 3—膜片 4—触点
5—弹簧 6—保护罩 7、8—导线

> **小贴士**
>
> 胡西园，中国灯光之父，根据国内外杂志上零星介绍制造灯泡的工艺，胡西园与留日的工程师钟训贤和留德的工程师周志廉一起探索，边试验边摸索，辛苦实甚。经过无数次的失败，如灯泡漏气、断丝、裂管、爆炸等，终在1921年4月4日成功制造出我国自制的第一只长丝白炽灯泡。
>
> 老一辈的科学家们用自己的热情和艰苦卓绝的精神，为我们铺出了一条光明之路，我们作为新时代的大学生，同样要学习他们的精神，艰苦奋斗，勇于创新，在汽车领域闯出自己的未来，找到属于我们自己的明天。

引导问题4：如图6-19所示喇叭装置。

（1）结构：_____
_____
_____

（2）功用：_____
_____
_____

图6-19 喇叭装置

引导问题5：如图6-20所示，描述电喇叭的分类与工作原理。

_____
_____
_____
_____

图6-20 电喇叭

引导问题6：当同学们在学习喇叭装置检测时，经常会遇到种种困难和问题，在面对困难时我们要学习大国工匠什么样的精神来保持对学习的热情？

_____
_____
_____
_____
_____

> 知识
> 链接

1. 电喇叭作用与分类

电喇叭是利用电磁力使金属膜片振动产生声响,其声音悦耳,广泛使用于各种类型的汽车上。电喇叭按外形有螺旋形、筒形、盆形之分。在中小型汽车上,普遍采用螺旋形和盆形电喇叭。

电喇叭按有无触点可分为普通电喇叭和电子电喇叭。普通电喇叭主要是通过触点的闭合和断开,控制电磁线圈激励膜片振动而产生声响;电子电喇叭是利用晶体管开关电路激励膜片振动产生声响。

2. 电喇叭的控制电路

1)筒形、螺旋形(蜗壳形)电喇叭构造与工作原理。筒形、螺旋形电喇叭的构造如图 6-21 所示。其主要机件由"山"形铁心 5、线圈 11、衔铁 10、膜片 3、共鸣板 2、扬声器 1、触点 16 以及电容器 17 等组成。膜片 3 和共鸣板 2 借中心杆 15 与衔铁 10、调整螺母 13、锁紧螺母 14 联成一体。当按下喇叭按钮时,电流由蓄电池正极→线圈 11→触点 16→按钮 20→搭铁→蓄电池负极。当电流通过线圈 11 时,产生电磁吸力,吸下衔铁 10,中心杆上的调整螺母 13 压下活动触点臂,使触点 16 分开而切断电路。此时线圈 11 电流中断,电磁吸力消失,在弹簧片 9 和膜片 3 的弹力作用下,衔铁又返回原位,触点闭合,电路又接通。上述过程反复进行,膜片不断振动,从而发出一定音调的音波,由扬声筒 1 加强后传出。共鸣板与膜片刚性连接,在振动时发出陪音,使声音更加悦耳。为了减小触点火花,保护触点,在触点 16 间并联了一个电容器(或消弧电阻)。

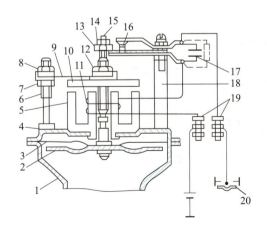

图 6-21 筒形、螺旋形电喇叭结构原理图

1—扬声器 2—共鸣板 3—膜片 4—底板 5—铁心 6—螺柱 9—弹簧片 10—衔铁
11—线圈 7、12、13—调整螺母 8、14—锁紧螺母 15—中心杆
16—触点 17—电容器 18—支架 19—接线柱 20—按钮

2）盆形电喇叭具有体积小、重量轻、指向好、噪声小等优点。盆形电喇叭工作原理与上述相同，其结构如图 6-22 所示。

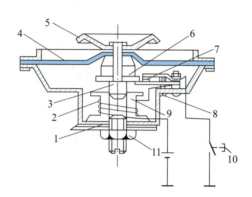

图 6-22　盆形电喇叭结构原理图

1—下铁心　2—线圈　3—上铁心　4—膜片　5—共鸣板　6—衔铁
7—触点　8—调整螺钉　9—电磁铁心　10—按钮　11—锁紧螺母

3. 电子电喇叭的构造与工作原理

电流通过，产生电磁力，吸引上衔铁，连同绝缘膜片和共鸣板一起动作，当上衔铁与下衔铁接触而直接搭铁时，晶体管 VT 失去偏压而截止，切断线圈中的电流，电磁力消失，膜片与共鸣板在弹力作用下复位，上、下衔铁又恢复为断开状态，晶体管 VT 重又导通。如此周而复始地动作，膜片不断振动便发出响声。

> **小贴士**
>
> 汽车扬声器（喇叭）作为汽车本身的输出设备，一方面，可以为人们更好地享受生活创造良好的基础，人们在开车之际，可以更好地享受音乐带给人们的欢乐；另一方面，可以作为声响信号装置，确保行车安全。但它作为输出设备，只能够发出信号，不会接收信号。而我们不能这样，我们在生活学习中，要多听听外部的声音，要有分辨性地多采纳别人好的建议，多听多看，集百家之长，补己之短，这样才能在今后的工作中开阔自己的事业，迎接美好的未来。

（二）任务计划与实施

引导问题 1：如图 6-23 所示，使用电容式闪光器应注意什么？

图 6-23　电容式闪光器

引导问题 2：如图 6-24 所示，危险警告信号装置检测的注意事项有哪些？

图 6-24　危险警告信号装置检测

引导问题 3：如图 6-25 所示，简述制动信号装置的检测步骤。

图 6-25　制动信号装置检测

引导问题 4：如图 6-26 所示，简述倒车信号装置的检测步骤。

图 6-26　倒车信号装置检测

引导问题 5：

1. 如图 6-27 所示，喇叭装置的检测步骤。

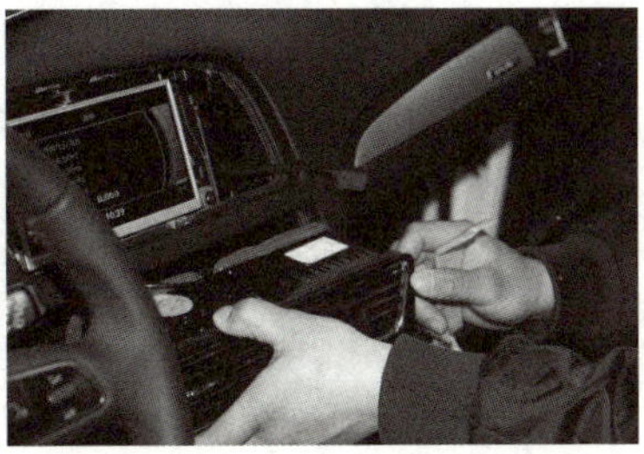

图 6-27　喇叭装置检测

2. 喇叭装置检测的注意事项有哪些？

任务技能点 1：汽车转向信号装置故障检修

1. 准备工作

汽车转向信号
装置故障检修

2. 转向信号装置故障检修步骤说明

转向灯不亮的原因主要有以下三种：

1）转向灯熔丝断路或导线搭铁不良。

2）闪光器失灵，不能控制转向灯工作。

3）转向灯灯丝烧断，灯泡损坏。

接下来我们就以迈腾 B8 汽车上的转向灯为例，通过实际操作的方式，向大家介绍转向灯信号装置应该如何检修。

1）确定 +B 大于 11.5V。

2）如图 6-28 所示，打开点火开关至 ON 档，仪表板显示正常点亮。

3）如图 6-29 所示，向后拨动转向灯开关手柄至左转向灯开启位置，发现左前转向灯不亮不闪烁。

4）向前拨动转向灯开关手柄至右转向灯开启位置，发现右侧转向灯正常闪烁。

图 6-28　仪表板显示正常点亮　　图 6-29　拨动转向灯开关手柄至左转向灯开启位置

5）按下危险警告灯开关，左前转向灯不亮不闪烁，右转向灯正常闪烁。

6）观察仪表板上有没有外部灯光故障提示。

7）如图 6-30 所示，连接故障诊断仪，读取故障码，根据故障码进行诊断、维修。

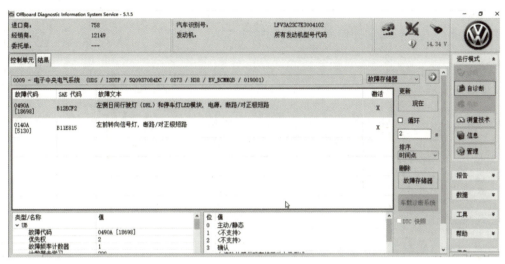

图 6-30　读取故障码

8）结合维修手册和电路图，对左侧转向、危险警告灯控制、搭铁线路进行电压和通断测量。

9）测量左前转向灯 T10az/9 端子对搭铁的电压，标准值应该在 0~+B 之间交替，若实际测量值为 0V，不正常。

10）测量 J519 的 T46b/36 端子对搭铁的电压，标准值应该在 0~+B 之间交替，实测值为 0~+B，正常。

11）如图 6-31 所示，测量 J519 的 T46b/36 与左前转向灯 T10az/9 间线路的导通性，若测量值为无穷大，异常。

12）检修 T46b/36 与 T10az/9 间线路的断路情况。

13）如图 6-32 所示，打开点火开关至 ON 档，再次向后拨动转向灯开关，左前转向灯闪烁，故障检修完成。

图 6-31　测量 J519 的 T46b/36 与左前转向灯 T10az/9 间线路的导通性

图 6-32　故障检修完成

任务技能点 2：汽车制动信号装置故障检修

1. 准备工作

- 防护：工作服、劳保鞋
- 零部件：工作台、迈腾B8汽车
- 工具：万用表、诊断仪
- 辅料：清洗剂、无纺布辅料

2. 制动信号装置故障检修步骤说明

制动灯不亮的原因主要有以下三种：

1）制动灯灯丝烧断，灯泡损坏。

2）制动灯开关失灵，不能控制制动灯工作。

3）制动灯熔丝断路或搭铁不良。

接下来我们就以迈腾 B8 汽车上的制动灯为例，向大家介绍制动灯信号装置应该如何检修。

1）如图 6-33 所示，确定 +B 大于 11.5V。

2）如图 6-34 所示，打开点火开关至 ON 档，仪表板显示正常。

图 6-33　确定 +B 大于 11.5V

图 6-34　仪表板显示正常

3）踩下制动踏板，发现右后侧制动灯不亮。

4）观察仪表板上没有外部灯光故障提示。

5）如图 6-35 所示，连接故障诊断仪，读取故障码，根据故障码进行诊断、维修。

6）结合维修手册和电路图，对左侧转向、危险警告灯控制、搭铁线路进行电压和通断测量。

7）测量右后侧制动灯 M22 端子 T81/1 端子对搭铁的电压，标准值应该为 +B，若实际测量值为 0V，不正常。

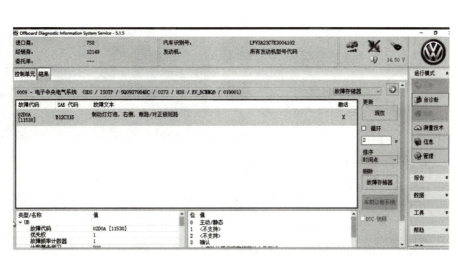

图 6-35 读取故障码

8）测量 J519 的 T73c/9 端子对搭铁的电压，标准值应该为 +B，若实测值 +B，正常。

9）如图 6-36 所示，测量 J519 的 T73c/9 与右后侧制动灯线路的导通性，标准值应该小于 2Ω，若测量值为无穷大，不正常。

10）检修 T73c/9 与 T81/1 间线路的断路情况。

11）打开点火开关至 ON 档，再次踩下制动踏板，右后侧制动灯点亮，故障检修完成。

图 6-36 测量值为无穷大

任务技能点 3：喇叭装置故障检修

1. 准备工作

喇叭装置故障检修

2. 喇叭装置故障检修步骤说明

喇叭不响或声音嘶哑的主要原因有蓄电池存电不足、喇叭继电器和按钮损坏、喇叭损坏等。接下来我们就以迈腾 B8 汽车上的喇叭为例，通过实际操作的方式，向大家介绍喇叭信号装置应该如何检修。

1）确定 +B 大于 11.5V。

2）如图 6-37 所示，打开点火开关至 ON 档，仪表板显示正常点亮。

3）按下喇叭开关，发现喇叭完全不响。

4）如图 6-38 所示，连接故障诊断仪，读取故障码，根据故障码进行诊断、维修。

图 6-37　仪表板显示正常

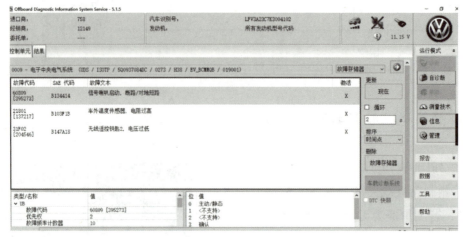

图 6-38　读取故障码

5）结合维修手册和电路图，对左侧转向、危险警告灯控制、搭铁线路进行电压和通断测量。

6）如图 6-39 所示，测量喇叭继电器 J413/65 端子对搭铁的电压，标准值应该为 +B，若实际测量值为 +B，正常。

7）测量 T2mb/1 端子对搭铁的电压，标准值应该为 +B，若实测值为 0，不正常。

8）测量 T2lo/1 端子对搭铁的电压，标准值应该为 +B，若实测值为 0，不正常。

9）测量 J413/65 与 T2mb/1 及 T2lo/1 间线路的导通性，标准值应该小于 2Ω，若实际测量值为无穷大，异常。

10）如图 6-40 所示，检修 J413/65 与 T2mb/1 及 T2lo/1 间线路的断路情况。

11）打开点火开关至 ON 档，再次按下喇叭开关，喇叭鸣响，故障检修完成。

图 6-39　喇叭继电器 J413/65 端子对搭铁的电压

图 6-40　检修 J413/65 与 T2mb/1 及 T2lo/1 间线路的断路情况

（三）任务评价反馈

1. 小组自评表能够让小组成员对各自的信息检索能力、任务认知程度、参与状态、学习方法和工作过程等方面进行评价，从记忆、领会、应用、分析、反馈全方位评估自己对知识的学习及掌握情况，见表 6-1。

表 6-1 小组自评表

班级		组名		日期	
评价指标	评价要素			分数	分数评定
信息检索	能有效利用网络资源、工作手册查找有效信息；能用自己的语言有条理地去理解、表述所学知识；能将查找到的信息有效地转换到工作中			10	
任务认知	熟悉各自的工作岗位，认同工作价值；在工作中获得满足感			10	
参与状态	与教师、同学之间相互尊重、理解、平等相待；与教师、同学之间能够保持多向、丰富、适宜的信息交流			10	
	探究学习、自主学习不流于形式，处理好合作学习和独立思考的关系，做到有效学习；能够提出有意义的问题或能发表个人见解；能按要求正确操作；能够倾听、协助分享			10	
学习方法	工作计划、操作技能符合规范要求；能获得了进一步发展的能力			10	
工作过程	遵守管理规程，操作过程符合现场管理要求；注意平时上课的出勤情况和每次完成工作任务的情况；善于多角度思考问题，能主动发现、提出有价值的问题			15	
思维状态	能发现问题、提出问题、分析问题、解决问题、创新解决问题方法			10	
自评反馈	按时按质地完成工作任务；较好地掌握了专业知识点；具有较强的信息分析能力和理解能力；具有较为全面严谨的思维能力并能条理清晰地表述成文			25	
自评分数					
有益的经验和做法					
总结反思建议					

2.小组互评表能够让小组成员从信息检索能力、任务认知程度、参与状态、学习方法和工作过程等方面对其他小组进行评价，通过互相评价环节，学习其他小组的长处，弥补自己小组的不足，见表6-2。

表6-2 小组互评表

班级		被评组名		日期	
评价指标	评价要素			分数	分数评定
信息检索	该组能有效利用网络资源、工作手册查找有效信息			10	
	该组能用自己的语言有条理地去理解、表述所学知识			5	
	该组能将查找到的信息有效地转换到工作中			5	
任务认知	该组能熟悉各自的工作岗位，认同工作价值			5	
	该组成员能在工作中获得满足感			5	
	该组能处理好合作学习和独立思考的关系，做到有效学习			5	
	该组能提出有意义的问题或能发表个人见解，按要求正确操作，能够倾听、协助分享			5	
	该组能积极参与工作任务，并在过程中综合运用信息技术的能力得到提高			5	
学习方法	该组工作计划、操作技能符合规范要求			5	
	该组获得了进一步发展的能力			5	
工作过程	该组遵守管理规程，操作过程符合现场管理要求			10	
	该组平时上课的出勤情况和每次完成工作任务的情况			10	
	该组善于多角度思考问题，能主动发现、提出有价值的问题			10	
思维状态	该组能发现问题、提出问题、分析问题、解决问题、创新问题			5	
自评反馈	该组能严肃认真地对待自评，并能独立完成自测试题			10	
互评分数					
简要评述					

3.教师评价的内容主要包括小组的出勤状况、信息检索能力、计划制订是否完善、工作过程是否规范等，能够帮助学生更好的理解工作任务，促进对任务知识点、技能点的消化和吸收，见表6-3。

表 6-3　教师评价表

班级			组名		姓名		
出勤情况							
评价指标	评定要素					分数	分数评定
职业素养	坚持社会主义核心价值观					5	
	具备信息素养					5	
	具备探究学习、终身学习的能力					5	
	在实操过程中体现劳模精神、劳动精神、工匠精神					5	
	具备良好的职业道德和环保意识					5	
道德品质	遵守实训试验场所、场地等公共场所的管理规定，自觉维护秩序					5	
	在公共场所举止文雅，文明礼貌					5	
	爱护公物，保护公共设施					5	
信息检索	能够顺利完成教师安排的任务，快速找到有效信息，并转化到工作中去					5	
任务认知	能够读懂文字的表达内容					5	
	能够满足岗位工作要求，掌握工作流程，熟悉注意事项					5	
参与状态	与教师、同学之间相互尊重、相互理解					5	
	能够做到独立思考、表达自己的想法					5	
	能够按照要求正确操作、能够倾听对方表达的内容，乐于分享					5	
学习方法	能够按照工作内容的紧急情况合理制订计划					5	
	能够按要求完成工作计划，且操作符合规范					5	
工作过程	操作符合安全规定					5	
	操作符合流程规范					5	
	能协助他人完成任务					5	
思维状态	工作过程思维清晰，对工作结果能够正确预判，对其他相关工作有帮助					5	
师评分数							
综合评价							

三、任务拓展信息

汽车高级驾驶辅助系统

高级驾驶辅助系统（Advanced Driver Assistance Systems, ADAS）不只是单一个系统，许多主动安全辅助科技都可以是 ADAS 的范畴，它包含自适应巡航系统（ACC）、自动制动系统（AEB）、车道偏离预警系统（LDW）、盲区监测系统（BSD）和自动泊车辅助（APS）等 20 余项功能。ADAS 接近自动驾驶的 L0~L2 级别，但其任务在于辅助驾驶，核心是环境感知，而不是解放驾驶员的双手双脚。简而言之，ADAS 并不能直接视为自动驾驶科技，反之 ADAS 则可以当作发展全自动驾驶的基础。

1. 自适应巡航系统的作用

汽车定速巡航系统是使汽车工作在发动机有利转距范围内，减轻驾驶员的驾驶操纵劳动强度，提高行驶舒适性的汽车自动行驶装置。如图 6-41 所示。

汽车自适应巡航系统是传统的定速巡航的升级版，它可以让驾驶员不需要操作加速踏板、制动踏板就能保证汽车以预选车速行驶，巡航控制系统可以进行主动制动干预、自动判定路况、自动跟停等功能，降低驾驶员的疲劳与车辆行驶时的人为风险等。自适应巡航也可称为主动巡航，在定速巡航的基础上加入了"定距"的逻辑，除了达到预设时速外，它还肩负着保持预设跟车距离以及随着车距变化自动加速与减速的任务。图 6-42 所示。

图 6-41 定速巡航系统图

图 6-42 自适应巡航系统

（1）自适应巡航系统的组成

自适应巡航系统的组成部件包括：仪表、车距调节控制单元和车距调节传感器、自适应巡航开关、网关和数据总线诊断接口、ABS 控制单元、发动机控制单元、节气门、制动踏板开关信号等。

自适应巡航系统控制单元通过数据总线传递相关信号，不同网络信号由网关翻译后共享给车距调节控制单元。如图 6-43 所示。

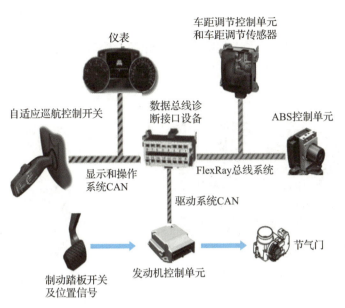

图 6-43 自适应巡航系统的组成

（2）自适应巡航系统各部件的作用

1）发动机控制单元。发动机控制单元通过网络接收自适应巡航系统的控制信息，控制调整节气门的开度，使车辆作加速、减速及定速行驶。如图 6-44 所示。

2）ABS 控制单元。ABS 控制单元除了提供车速信号外，当发动机控制单元不能够完成减速任务时，ABS 控制单元就会控制制动系统的自动制动功能，来完成车辆的自动减速。如图 6-45 所示。

3）制动踏板开关信号。车辆在巡航状态时，驾驶员如果踩下制动踏板，自适应巡航系统接收到制动踏板开关及位置信号就会退出巡航状态。

图 6-44　发动机控制单元　　图 6-45　ABS 控制单元

2. 车道保持辅助系统的作用

车道保持辅助系统可以分为车道偏离警告系统（LDW）和车道保持辅助系统（LKA），目的是帮助驾驶员将车辆保持在原车道上行驶。如图 6-46、图 6-47 所示。

该系统用一个摄像机来识别车道边界线，如果车辆行驶中靠近了识别出的某条车道边界线，那么将通过方向盘振动来提醒驾驶员。但如果此时驾驶员未做出反应，电动方向机会对方向盘施加一个反向转矩使车辆回至车道线内。如果驾驶员提前开启转向灯，车道保持辅助系统不会介入工作。

　　该系统是为高速公路和主干线公路而设计的，当车速大于 65km/h 时才开始工作。车道保持辅助系统中必须识别出两条车道边界线，从而使系统被激活并能够发出警告。

图 6-46　车道偏离警告系统

图 6-47　车道保持辅助系统

学习任务 7
汽车信息娱乐系统的检测维修

一、任务说明

任务描述	汽车信息娱乐系统可以缓解驾驶员开车时的疲劳，在驾驶过程中身心愉悦，那么汽车常用多媒体系统由哪些部分组成？又有什么功能呢？ 汽车信息娱乐系统的检测维修任务案例
任务所属模块课程	● 动力系统检修　　　　　　　　　　　（　　） ● 变速器与传动系统检修　　　　　　　（　　） ● 转向悬架系统检修　　　　　　　　　（　　） ● 制动安全系统检修　　　　　　　　　（　　） ● 电气与控制系统检修　　　　　　　　（ ✓ ） ● 空调与舒适系统检修　　　　　　　　（　　） ● 动力与底盘网关控制系统检修　　　　（　　） ● 车身与娱乐网关控制系统检修　　　　（　　）
任务对应工作领域	● 汽车动力与驱动系统工作领域　　　　　　　　（　　） ● 汽车转向悬架与制动安全系统工作领域　　　　（　　） ● 汽车电子电气与空调舒适系统工作领域　　　　（ ✓ ） ● 汽车全车网关控制与娱乐系统工作领域　　　　（　　）
任务育人目标描述	
1. 增强学生工匠精神，培养高素质技术人员。 2. 培养严肃认真、精益求精的工作习惯，具备创新精神，为未来的工作打下良好的基础。 3. 建立爱国热情，树立良好的历史观和价值观，增强专业使命感和社会责任感，学习老一辈先驱者的工作热情。	
职业技能（能力）要求描述	
行为	掌握信息娱乐系统的基本组成及结构认知，并能进行检测维修。
条件	车辆/设备：福特 工具及场地要求： 维修工位4个、配套维修手册4本、电路图4本、工具箱（内包含扳手、棘轮、套筒、钳子等通用手动工具）4个、零件车4个、万用表4个、工作灯4个、手套若干、维修工作台4个
标准与要求	● 以增强工匠精神，培养高素质技术人员为准则，将工匠精神融入课堂 ● 培养精益求精的工作习惯，具备创新精神 ● 增强专业使命感和社会责任感，学习老一辈革命先驱者的工作热情 ● 掌握信息娱乐系统的基本结构、类型及工作过程，完成信息娱乐系统相关元件及总成的工作原理，以及相关诊断和更新方法 ● 能按照维修手册的规范正确进行通信网络系统检修 ● 能按照维修手册的规范正确进行音响系统检修 ● 能按照维修手册的规范正确进行天线系统检修
成果	完成信息娱乐系统的检测维修

二、任务学习与实施

（一）任务引导与学习

引导问题1：如图7-1所示，汽车信息娱乐系统的组成包括哪几部分？

第1部分：＿＿＿＿＿＿＿＿＿＿＿＿＿＿＿＿＿＿＿

第2部分：＿＿＿＿＿＿＿＿＿＿＿＿＿＿＿＿＿＿＿

第3部分：＿＿＿＿＿＿＿＿＿＿＿＿＿＿＿＿＿＿＿

图7-1 汽车信息娱乐系统

引导问题2：汽车信息娱乐系统各部分具有什么作用？

＿＿

引导问题3：作为一名汽车维修技术人员，一定要坚持精益求精的工匠精神与严谨求实贯彻工艺的科学精神，如何去避免不规范操作行为。

＿＿

引导问题4：如图7-2所示通信网络系统：

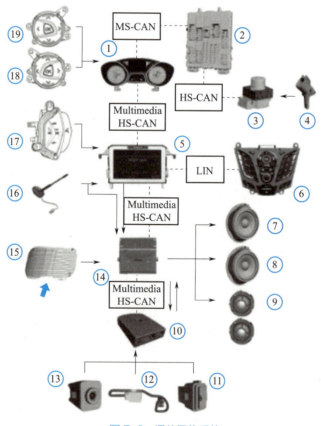

图7-2 通信网络系统

（1）结构：_____

_____

_____

（2）功用：_____

_____

_____

> 知识链接

1. 汽车信息娱乐系统概述

汽车信息娱乐系统包括信号通信网络、音响系统、天线等；音响系统又包括收音机、CD、USB、蓝牙。

（1）通信网络系统

汽车多媒体系统结构复杂，以福特 SYNC 系统为例，该系统具有独立的 SYNC 模块，连接在高速多媒体通信网络上，通过接收控制面板（FCIM），以及方向盘按键，可以对 SYNC 系统进行开关控制。

（2）音响系统

音响主机是汽车音响系统的声音来源，作为声音的发源处，其安装位置一般位于汽车的控制台。

1）收音机功能。

汽车收音机功能主要包括，FM 调频电波和 AM 调幅电波的搜索，存储播放的功能。可以通过手动或自动的方式进行电台的搜索，通过常按数字键进行存储。

车载收音机工作原理

2）CD 功能。

CD 播放器作为车载多媒体配置中的一部分，其主要作用是为驾乘人员提供必要的听觉享受之用。CD 播放器已经成为汽车娱乐功能的标准配置。相比于收音机，CD 能提供更高品质的声音效果。

多媒体系统组成和功能（CD、USB 读取音频）

3）USB 读取音频功能。

现在车辆的音响系统多数配有 USB 接口，通过车辆音响的解码系统，可以读取相关 USB 设备中的音频数据。相比于 CD 的播放，USB 可以存储更多的音乐。

4）蓝牙传输功能。

通过手机蓝牙与车辆音响的蓝牙连接，通过手机播放音乐，用蓝牙传送给车载音响系统进行播放。

5）功率放大器。

功率放大器，负责将音频信号进行功率放大，然后用来驱动扬声器。一般品牌汽车音响功率放大器与音响主机作为一体，功率放大器大多数的输出功率都很小，音质效果也一般。高端车型为了获得更好的音响效果通常使用单独的功率放大器。

功率放大器

6）数字功放器。

数字功放器能够通过电脑调校每个声道的参数，可以通过电脑更好地管理功放，可以对高音、低音、左右均衡和前后均衡进行调整。

在一些特别高端的车型上使用了数字功放器。数字功放器能够通过电脑调校每个声道的参数，与传统功放最大的区别就是，数字功放可以通过电脑更好地管理功放，而传统功放在这点上是做不到的。

数字功放具备了其他功放功能的同时，还能将车内环境造成重叠的频率进行衰减，而衰减的频率又能进行添加，还能调整车内各扬声器与人耳之间的距离。数字功放主要有延时处理、EQ 调节功能、分频功能，能调整车内物理调节不了的缺陷，彻底改善车内复杂的音频环境，使得音质层次分明。

7）扬声器。

扬声器在汽车音响中作为还原设备，进行声道的还原，是影响和决定车内音响性能与音质效果的最重要组成部件。

扬声器

汽车扬声器按频响可以分为高音扬声器、中音扬声器、低音扬声器；按类型的话可以分为套装扬声器与同轴扬声器，同轴扬声器是全频扬声器，可以全频响应，高中低音同在一个轴上；而套装扬声器是独立分体设计，且配有分音器，这样能得到更好的全频响应与声场的分布设计。

（3）天线系统

天线用于接收调频和调幅电波信号。

车顶的鱼鳍天线是 GPS 的天线。它是一块 GPS 天线电路板。数据通过 GPS 同轴电缆送到 APIM。

2. 通信网络系统

汽车多媒体系统结构复杂，以福特 SYNC 系统为例，该系统具有独立的 SYNC 模块，连接在高速多媒体网络上，通过接收控制面板（FCIM），以及方向盘按键，可以对 SYNC 系统进行开关控制。如图 7-3 所示。

1）SYNC 网络系统组成及信号传递，收音机天线信号，直接通过硬线送给音响控制单元（ACM）。

2）AUX 音频辅助信号、MIC 麦克风信号和 USB 信号通过硬线输入到 SYNC 模块,再通过高速媒体——CAN 网络传输到收音机模块。

3)接收控制面板(FCIM),通过 LIN 网络将面板按键信号传输至显示屏控制模块(FCDIM),方向盘开关也是通过单独的硬线将信号传送到显示屏 FCDIM 模块。

4)轮速传感器信号首先传送给 ABS 控制单元,ABS 控制单元再将产生的车速信号经高速 HS-CAN 传送到车身控制单元(BCM),再经中速 MS-CAN 送至仪表控制单元,最后经过高速多媒体网络送给显示屏控制模块(FCDIM)和音响控制模块(ACM),实现多媒体系统的随速音量控制调节功能。

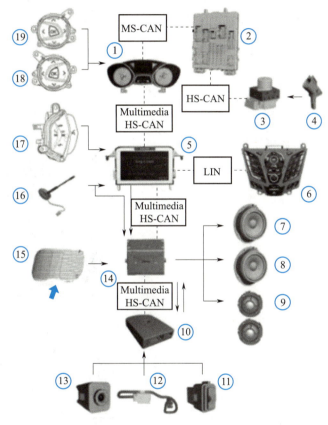

图 7-3 通信网络系统

小贴士

汽车产业是国家的支柱产业,汽车市场就业前景广阔,汽车电气系统维修是汽车维修岗位核心职业能力之一,也是专业课学习的重点、难点,我们要在学习过程中具备"工匠精神"所提倡的敬业、创新精神,这正是社会主义核心价值观的重要内容,既体现了"立德树人"的育人目标,也是社会责任感最真实的写照。具有工匠精神的人才,才能够满足未来市场的需要,成为新时代有作为的人。

引导问题 5：

1. 如图 7-4 所示音响系统：

（1）结构：_____

_____

_____

（2）功用：_____

_____

_____

图 7-4　音响系统

2. 指出汽车音响系统部件在车上的安装位置，描述汽车音响系统的工作原理。

_____

_____

_____

引导问题 6：

1. 如图 7-5 所示收音机功能：

（1）结构：_____

_____

_____

（2）功用：_____

_____

_____

图 7-5　收音机功能

2. 如图 7-6 所示 CD 功能：

（1）结构：_____

_____

_____

（2）功用：_____

_____

_____

图 7-6　CD 功能

3. 如图 7-7 所示 USB 读取音频功能：

（1）结构：_____

_____

_____

（2）功用：_____

_____

_____

图 7-7　USB 音频

4. 如图 7-8 所示蓝牙传输功能：

（1）结构：_____

_____

_____

（2）功用：_____

_____

_____

图 7-8　蓝牙传输

> 知识
> 链接

1. 音响系统

汽车音响系统

（1）汽车音响

汽车音响是提高汽车驾驶娱乐和获取信息的重要途径，已经成为汽车的标准配置。

随着数字音响技术的发展和人们对乘车舒适性要求的不断提高，汽车音响已由最初单一的汽车收音机、放音机发展到集视听娱乐、通信导航和辅助驾驶等多种功能于一体的综合性多媒体车载电子系统。

（2）汽车音响的组成

汽车音响的组成随车型和等级有所不同，主要由主机（信号源）、音频处理器、功率放大器、扬声器、视频系统（多媒体）、电源及供电电路等组成。

（3）汽车音响的特点

1）采用汽车 12V 蓄电池直流供电。

2）低阻抗、大功率、体积小的扬声器。

3）采用匣式机芯，防尘、耐热、抗振。

4）接收灵敏度高，汽车驾驶室有屏蔽作用，加上汽车高速行驶，有时离发射台很远，故要求 AM 广播的接收灵敏度要小于 50μV，FM 大于 3μV，AM 的自动增益范围要求大于 40Db，能承受 1000mV 的大信号输入。

5）电感式调谐，为了防止汽车在行驶中振动对调谐的影响，汽车收放机大多采用电感式调谐。

6）具有夜光照明功能，汽车在夜间行驶时，为了收音和放音的方便，常常设有透光的照明按键。设计这种照明装置时，部分影响 LCD 数字显示效果。

7）体积较小，按照有关标准，汽车音响限定体积为 183mm×50mm×153mm。

8）抗干扰能力强。

2. 信号源

信号源是汽车音响的节目源，包括汽车收音机（调谐器）、磁带放音机、CD 唱机、车用 VCD 机或 DVD 机、USB 高频、蓝牙传输等。

（1）收音机

收音机是汽车上最早采用的一种语音娱乐配置，也是车载影音娱乐系统最常见的配置之一，现在几乎没有不配备收音机的汽车了。

1）收音机的类别。

收音机的类别很多。按广播制式分为调幅收音机、调频收音机、调频调幅收音机；按电路原理分为直放式收音机和超外差式收音机，前者在检波前不改变所接收的频率；后者将所选收的频率变成一个较固定的中间载频（中频），然后再进行放大、检波。常用的收音机是超外差式收音机，主要有调幅收音机、调频收音机和调频立体声收音机 3 类。

2）收音机原理。

目前使用的基本上都是超外差式收音机。在检波之前，先进行变频和中频放大，然后检波，音频信号经过低频放大送到扬声器。所谓外差，是指天线输入信号和本机振荡信号产生一个固定中频信号的过程。由于超外差收音机有中频放大器，对固定中频信号进行放大，所以该收音机的灵敏度和选择性可大大提高。但同时，也附带产生中频干扰和镜像干扰。

3）调幅收音机。

用来接收调幅制广播节目。其解调过程是用检波器对已调幅高频信号进行解调，电路结构如图 7-9 所示。调幅收音机一般工作在中波、短波或长波波段。

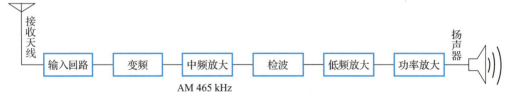

图 7-9　调幅收音机原理框图

4）调频收音机。

用来接收调频制广播节目。其解调过程是用鉴频器对已调频高频信号进行解调。调频信号在传输过程中，由于各种干扰，使振幅产生起伏，为了消除干扰的影响，在鉴频器前，常用限幅器进行限幅，使调频信号恢复成等幅状态。调频收音机一般工作在超短波波段，其抗干扰能力强、噪声小、音频频带宽，音质比调幅收音机好。高保真收音机和立体声收音机都是调频收音机。调频波段都在超高频（VHF）波段，国际上规定为 87~108MHz。如图 7-10 所示。

图 7-10　调频收音机

（2）CD 唱机

CD（Compact Disc）唱机即激光唱机，是用来播放激光唱片的设备。它是一种用微电脑控制的智能化高保真立体声音响设备，采用了先进的激光技术、数码技术、计算机技术和各种新型元器件，具有高密度记录、放音时间长（达 60~75min）、操作简便、选曲快速等优点。

CD 唱机中主要包括机械系统、信号读取系统（激光头系统）、伺服系统（包括聚焦伺服、循迹伺服、径向进给伺服、主轴伺服）、译码、纠错和数／模变换器等数字信号处理系统、系统控制及电源。如图 7-11 所示为 CD 唱机的系统构成。

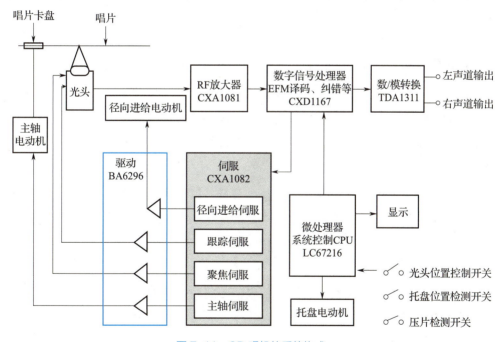

图 7-11　CD 唱机的系统构成

CD 机的主要功能是播放 CD 唱片。首先，CD 机要使 CD 唱片以适当的速度稳定旋转，然后激光头读取从唱片上反射的激光束，获取相关数字信息，然后再将这些信息精确还原为原始的模拟信号，以便让功放将这些信号放大，并在音箱中播放出来。

CD 机是通过机械和电路两部分构造来完成上述功能的。其中机械部分主要是指机芯，包括主轴、主轴电动机、循迹导轨、循迹电动机和激光头组件等部分，这些组件协同运作，完成包括托盘进出、光盘装卸、转盘、夹持、光束聚焦和循迹等一系列工作。

电路部分则主要由激光头、信号处理、机芯伺服、控制显示和电源电路等几部分组成，完成从光盘读取，信号转换与处理的一系列工作。

（3）VCD（Video Compact Disc）机

VCD 机是用来播放采用 MPEG-1 标准压缩编码的 VCD 激光影碟的设备。VCD 影碟机激光拾音器工作方式同 CD 激光唱机一样，机芯是通用的。VCD 影碟机与 CD 激光唱机唯一的不同是增加了数字化音视信号解压缩功能，并分别经数模变换后输出模拟的声音和图像信号。VCD 影碟机兼容了 CD 唱机的功能。

（4）DVD（Digital Video Disc）机

DVD 机即是数字影碟，采用的是 MPEG-2 标准压缩编码。DVD 机解决了 VCD 图像清晰度不够高的问题，是更高级的激光影碟机。

3. 放大器

放大器简称功放，其主要作用是将各种节目信号进行电压放大和功率放大，然后推动扬声器发出声音。按功能不同又分为：调整放大器（也称前置放大器）、功率放大器（也称主放大器）和环绕立体声放大器等类型。

（1）调整放大器

调整放大器连接信号源及控制信号的开关，并对各种信号进行必要的处理和电压放大。调整放大器与信号源之间设置各种均衡电路，用于实现前后级的阻抗匹配和频率补偿，调整放大器主要包括输入电路、音调控制和线路放大。

输入电路对收音机、激光唱机和磁带送来的信号进行均衡和控制，包括阻抗和频率的均衡。

音调控制对信号的各段频率成分提升或衰减，以便满足不同需要。

由信号源传送来的信号需要放大到一定的电压值才能推动功率放大器。线路放大器把弱信号放大到 0.2~1V，以便和功率放大器配接。

（2）功率放大器

功率放大器主要对调整放大器送来的电信号进行不失真的电流放大，形成强有力的功率信号推动扬声器发声，功率放大器主要包括等响度控制电路、音量控制、功率放大和保护电路等。

（3）环绕立体声放大器

环绕立体声能使听众更具有立体临场感，使人在欣赏音乐时有被声音环绕的感觉，环绕立体声放大器主要包括两部分：

1）环绕立体声处理电路，利用信号延迟方法产生环绕声效果。

2）环绕立体声放大器，带动环绕音响发生，由于环绕立体声放大器用于模拟反射声，故其频响一般不需要很宽，功率也不需要过大。

4. 扬声器

扬声器是汽车视听系统的终端，扬声器是一种把电信号转变为声信号的换能器件，扬声器的性能优劣对音质的影响很大。如图 7-12 所示。

（1）扬声器特征

1）扬声器有两个接线柱（两根引线），当单只扬声器使用时两根引脚不分正负极性，多只扬声器同时使用时两个引脚有极性之分。

图 7-12　汽车扬声器

2）扬声器有一个纸盆，它的颜色通常为黑色，也有白色。

3）扬声器的外形有圆形和椭圆形两大类。

4）扬声器纸盆背面是磁铁，外磁式扬声器用金属螺钉旋具去接触磁铁时会感觉到磁性的存在；内磁式扬声器中没有这种感觉，但是外壳内部确有磁铁。

5）扬声器装在机器面板上或音箱内。

（2）扬声器的种类

扬声器的种类很多，按其换能原理可分为电动式（即动圈式）、静电式（即电容式）、电磁式（即舌簧式）、压电式（即晶体式）等；按频率范围可分为低频扬声器、中频扬声器、高频扬声器，这些常在音箱中作为组合扬声器使用。

1）低频扬声器。

对于各种不同的音箱，对低频扬声器的品质因素——Q0 值的要求是不同的。对闭箱和倒相箱来说，Q0 值一般在 0.3~0.6 之间最好。一般来说，低频扬声器的口径、磁体和音圈直径越大，低频重放性能、瞬态特性就越好，灵敏度也就越高。低音单元的结构形式多为锥盆式，也有少量的为平板式。低音单元的振膜种类繁多，有铝合金振膜、铝镁合金振膜、陶瓷振膜、碳纤维振膜、防弹布振膜、玻璃纤维振膜、丙烯振膜、纸振膜等等。采用铝合金振膜、玻璃纤维振膜的低音单元一般口径比较小，承受功率比较大，而采用强化纸盆、玻璃纤维振膜的低音单元重播音乐时的音色较准确，整体平衡度不错。

2）中频扬声器。

一般来说，中频扬声器只要频率响应曲线平坦，有效频响范围大于它在系统中担负的放声频带的宽度，阻抗与灵敏度和低频单元一致即可。有时中音的功率容量不够，也可选择灵敏度较高，而阻抗高于低音单元的中音，从而减少中音单元的实际输入功率。中音单元一般有锥盆和球顶两种。只不过它的尺寸和承受功率都比高音单元大而适合于播放中音频而已。中音单元的振膜以纸盆和绢膜等软性物质为主，偶尔也有少量的合金球顶振膜。

3）高频扬声器。

高音单元顾名思义是为了回放高频声音的扬声器单元。其结构形式主要有号解式、锥盆式、球顶式和铝带式等几大类。

（3）电动式扬声器的结构和工作原理

电动式扬声器应用最广泛，它又分为盆形式、号筒式和球顶形三种。这里只介绍盆形式扬声器。

盆形式扬声器又称为动圈式扬声器。它由三部分组成：①振动系统，包括锥形纸盆、音圈和定心支片等；②磁路系统，包括永磁铁、导磁板和场心柱等；③辅助系统，包括盆架、接线板、压边和防尘盖等。当处于磁场中的音圈有音频电流通过时，就产生随音频电流变化的磁场，这一磁场和永久磁铁的磁场发生相互作用，使音圈沿着轴向振动，由于扬声器结构简单、低音丰满、音质柔和、频带宽，但效率较低。

盆形式扬声器电磁铁采用螺管式结构，铁心上绕有线圈，上、下铁心之间的气隙在线圈中间，所以能产生较大的吸力。它无扬声筒，而是将上铁心、膜片和共鸣板固装在中心轴上。当电路接通时，线圈产生吸力，上铁心被吸下与下铁心碰撞，产生较低的基本频率，并激励与膜片一体的共鸣板产生共鸣，从而发出比基本频率强得多，且分布又比较集中的谐音。为了减小触点火花，保护触点，在触点间同样并联了一个电容器（或消弧电阻）。

（4）扬声器的阻抗

阻抗是指车载扬声器输入信号的电压与电流的比值，其单位为欧姆（Ω）。通俗地说，阻抗也就是车载扬声器对电流所呈现出的阻力，阻抗并不等于电阻，而是包括电阻和电抗，即包括电阻和电感、电容产生的感抗和容抗三个部分，是这三者在向量上的总和。阻抗并不是一个常数值，而是随着播放的音乐的频率而不断变化起伏，可能在某频率高到十几欧姆或二十几欧姆，也可能在某频率低到1Ω或以下，一般以其谐振频率下共振峰之间所呈现的最低阻抗值作为其标称值。目前，大部分车载扬声器的阻抗是在2~8Ω。我国国家标准规定的音箱阻抗优选值有4Ω、8Ω、16Ω（国际标准推荐值为8Ω）。

（5）分频器

分频器是指将不同频段的声音信号区分开来，分别给予放大，然后送到相应频段的扬声器中再进行重放。在高质量声音重放时，需要进行电子分频处理。

从电路结构来看，分频器本质上是由电容器和电感线圈构成的无源滤波网络，高音通道是高通滤波器，它只让高频信号通过而阻止低频信号；低音通道正好相反，它只让低音通过而阻止高频信号；中音通道则是一个带通滤波器，除了一低一高两个分频点之间的频率可以通过，高频成分和低频成分都将被阻止。在实际的分频器中，有时为了平衡高、低音单元之间的灵敏度差异，还要加入衰减电阻；另外，有些分频器中还加入了由电阻、电容构成的阻抗补偿网络，其目的是使音箱的阻抗曲线心理平坦一些，以便于功放驱动。

> **小贴士**
>
> 随着汽车工业的发展，汽车不仅仅是一个简单的代步工具，为了提高驾乘体验，车主往往会配备豪华的设施，其中汽车音响的配置，尤为爱车一族所注重。汽车音响发展至今已超过百年历史，其中经历众多里程碑式的变革和发展。众多知名工程师历经无数个日夜，不断探索，寻求更加便捷、更加有效的解决方案，通过不断的努力，汽车音响才有今天的样子，能让人们在开车之余，更好地享受音乐带给人们的欢乐。我们作为新时代的大学生，要更加努力学习知识，将学习到的汽车娱乐系统的知识更好地融入到我们未来的工作中，不断地创新，让未来的世界里留下我们浓墨重彩的一笔。

引导问题 7：

1. 如图 7-13 所示天线系统：

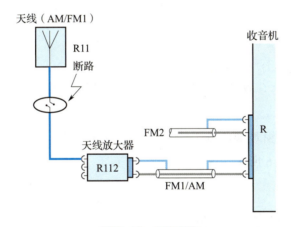

图 7-13 天线系统

（1）结构：

（2）功用：

2. 如图 7-14 所示，简述天线设备的结构及位置。

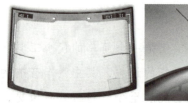

图 7-14　汽车天线设备

引导问题 8：如何去检测汽车信息娱乐系统的各部分？

知识链接

1. 天线系统

（1）天线设备的结构

1）如图 7-15 所示，收音机天线一般采用后风窗玻璃印刷天线，以及车顶的固定天线。

2）同时安装后风窗玻璃印刷天线及车顶固定天线的，则 2 个天线分别接收不同的广播信号。如图 7-16 所示。

 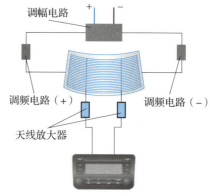

图 7-15　汽车天线设备　　　　图 7-16　汽车天线广播信号

3）由于广播电台发射的无线电距离非常远，且功率有限，所以收音机天线收到微弱的无线电信号之后，还需要由天线放大器对信号进行放大，然后处理。

4）AM/FM 天线放大器，它由音响控制模块（ACM）控制供电，能够为收音机输入经过滤波和放大后的无线电信号。通常安装在 C 柱或后尾门位置附近。如图 7-17 所示。

（2）天线设备的工作原理

空间中的电磁信号经由天线转化为电信号，再由放大器调整信号强度，随后通过同轴电缆，交由车载信息娱乐系统进行解码和后期处理。

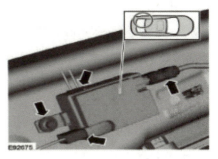

图 7-17　AM/FM 天线放大器

> **小贴士**
>
> 南仁东教授对天眼 FAST 技术的改革与创新精神，可以让大家深入体会了以改革创新为核心的时代精神内核，以及了解了天眼 FAST 的研制和建设，推动了我国在天线技术、微波电子技术等众多高科技领域的发展。当代中国时代人物秉承时代精神为祖国做出的突出贡献，使时代精神在你我心中永驻。可以让大家理解以爱国主义为核心的民族精神，更好地弘扬中国精神。大家要在学习汽车天线系统故障诊断的过程中，熟练使用汽车检测设备，初步具备通过电路图分析故障、解决故障的能力，学习老一辈先驱者对事业的热情，用更加饱满的热情去学习创新，为满足汽车市场对汽车维修等相关专业人才的需要打下坚实的基础。

（二）任务计划与实施

引导问题 1：

1. 汽车通信系统的常见故障有哪些？

_____

_____

_____

2. 汽车通信系统的故障检测方式有哪些？

_____

_____

_____

引导问题 2：

1. 如图 7-18 所示收音机功能的工作原理。

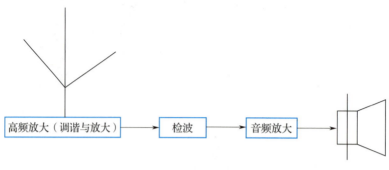

图 7-18　收音机功能

2. 如何去检测汽车收音机的功能故障？

引导问题 3：

1. 汽车天线系统常见的故障有哪些？

2. 如何去检测汽车天线系统的各部分。

任务技能点 1：通信网络系统检测

1. 准备工作

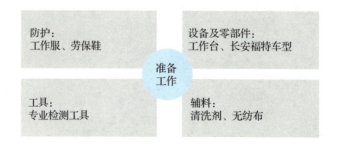

通信网络系统检测

2. 通信网络系统检测步骤

（1）音响控制单元诊断

如图7-19所示，以长安福特车型为例，长安福特各车型的音响控制单元，通过媒体CAN网络连接，可以通过IDS诊断软件进行网络测试、自测及数据记录器功能的诊断，通过查看和分析诊断结果，进行模块的状况分析。

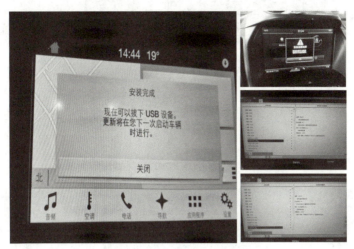

图7-19　通信网络系统音响控制单元

1）若模块的网络测试、自测结果均正常，但是音响功能异常，可先进行"模块重新编程"的操作，升级和刷新模块软件再试。

2）若确定模块故障，可以进行模块更换，更换后需要进行"可编程模块安装"的操作，下载相应的软件，进行安装。

（2）输入信号诊断

1）音频（AUX）输入诊断。

如图7-20所示，将MIT上的音频插头和USB插头分别与车载系统的接口连接。MIT上的电源指示灯和AUX指示灯亮起。

图7-20　MIT上的音频插头和USB插头分别与车载系统的接口连接

如图7-21所示，在车载系统面板上按下AUX菜单选择按钮。

如图7-22所示，在系统菜单下，按下资源按钮。

如音频工作正常，车载扬声器会反复自动播放"经 SYNC 输入检测工具测试，音频输入插口工作正常"的语音。

图 7-21　AUX 菜单选择按钮

图 7-22　系统菜单

2）USB 接口输入测试。

如图 7-23 所示，按下 MIT 右下角 ENTER 按钮，将指示灯调到 USB。

如图 7-24 所示，在系统菜单下按下资源按钮，如果 USB 接口工作正常，你将会听到"经 SYNC 输入检测工具测试，USB 音频工作正常"的语音。

图 7-23　MIT

图 7-24　系统菜单

3）蓝牙输入测试。

将 MIT 调到蓝牙模式，在系统菜单下按下添加按钮，根据系统提示，输入一个匹配码：例如"350169"。如图 7-25 所示。

图 7-25　系统菜单输入密码

如图 7-26 所示，按一下 MIT 左下角的 PAIR/CALL 键，这时蓝牙指示灯会慢闪，直到三个指示灯同时闪起。

通过 MIT 上的数字键，输入前面提示的匹配码"350169"并按下 ENTER 按钮，如配对成功，系统屏幕上会显示"匹配成功，MIT 已连接"，请按一下 MIT 左下角按钮。这时 MIT 蓝牙指示灯会快速闪烁。系统将会提示你有来电，如图 7-27 所示；按下接听按钮。

如图 7-28 所示，若蓝牙设备正常，你将会听到"经 SYNC 输入检测工具测试，蓝牙配对工作正常"的语音。

图 7-26　PAIR/CALL 键

图 7-27　接听来电

图 7-28　蓝牙设备正常

任务技能点 2：音响系统故障诊断

1. 准备工作

2. 音响系统常见故障

（1）机芯系统故障

相较于普通的收录机机芯，汽车音响中的收放机机芯更加牢固，故障发生率较少，故障一般是由车主的不当操作引起的。但当保养不善，积灰太多的情况发生时，有些收放机的机芯会出现作用失灵、无法出盒以及转速过缓等故障。

（2）收音部分故障

汽车音响的收音部分若出现故障，便会成为硬性故障，造成元件永久性损伤或者线圈与元件脱焊现象。如发现汽车音响的收音功能丧失，维修人员应该首先检查上述故障的发声部位，再考虑外围元器件是否遭到损坏。确定外围元器件无任何损坏情况后，再对音响中集成块的电压进行测量，如发现引脚电压与正常值不同，就可判定集成块已经造成损坏。由于音响中的集成块结构复杂，故障因素难以划分，并且价格较高昂不易购买，因此集成块不能轻易拆除。

（3）功率放大器故障

功率放大器故障是汽车音响中最常发生的故障，而引起功率放大器故障的主要原因大多是集成块被击穿损坏。具体来讲，第一是因为汽车中的电压调节器功能丧失，造成电源与电压发生不正常的上升，从而使集成块发生压力与热量过大的情况。第二是因为汽车电路中产生了瞬态峰值电压，该电压击穿功率放大器中的集成块。通过对故障的研究可以发现，在第一种故障中常伴有扼流圈等元件烧毁情况，并使滤波电容也出现完全性的损坏，最终造成功率放大器的外壳变形，严重情况下会出现漏液现象。第二种故障的损坏情况较轻，损坏的部分仅仅体现在集成块部分，其他元件则不会出现损坏。功率放大器故障的检修流程并不复杂，其最终的确认结果可只通过观察保险管与电阻值的运作情况即可实现。

3. 音响系统常见故障检修流程

汽车音响系统常见故障检修程序：

如图7-29所示，汽车音响的检修，应该按照下列程序规范进行。

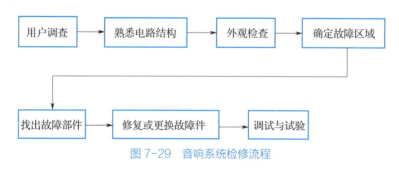

图7-29 音响系统检修流程

（1）用户调查

当用户送来故障机检修时，维修人员动手之前，不要忙于通电，先要仔细询问用户，了解音响的使用情况，故障产生的过程及发展状况等，并做好认真的记录。具体内容有：

①故障发生前后是否有冒烟、异响、碰撞等。

②故障发生前后性能的变化。

③故障发生后通电与否。

④机器的使用时间。

⑤机器是否修理过，修理的部位和调整的元件。
⑥机器的使用环境有无过热、潮湿、碰撞等情况。

（2）熟悉电路结构

对用户调查了解并获得第一手资料后，接下来便是熟悉待修汽车音响的电路结构。首先是熟悉其电路结构方框图的工作原理。只有了解和熟悉其工作原理后，检修起来方能做到胸中有数，分析、判断才有依据。其次是熟悉待修汽车音响的主要元器件的结构、作用和特性。否则，即使找到了故障点，还是难以判别元件的好坏，盲目地乱拆乱装还可能导致故障的扩大，即使无故障的元器件经过几次拆装之后也会发生故障。

（3）外观检查

如图7-30所示，对汽车音响的外观检查，主要是察看待修机外表面上的伤痕，电源插头及导线是否良好，连接插座是否有松动现象，声源单元各设备的信号输出线与放大器的连接、放大器与扬声器的连接等是否良好，同时还应对待修机的牌号、型号、新旧程度及使用保养等情况进行观察。

图7-30 音响系统外观检测

（4）确定故障区域

根据上述几方面了解到的故障所表现出的特征及用户的陈述，并结合音响的结构原理及信号流程，再借助以往的维修经验加以综合系统的分析与逻辑判断，以推断造成故障的各种可能原因，最后将故障点粗略地缩小到一定的电路范围，按照发生故障的可能性大小排队确定故障存在的大致区域。

（5）找出故障部件

通过以上四步的检查以后，对汽车音响故障存在区域已经划分出来了。再具体对照故障单元的电路原理图和印刷电路板图，分析其工作原理，并在印刷电路板上找到相应部位，运用仪器仪表进行数据测试，分析所测得的数据，并与正常工作时的数据进行对比。最后找出故障元器件或电路的开路与短路点。

（6）修复或更换故障件

故障元器件检寻出来后，再根据该元器件的结构和工作原理进行测试分析。然后针对不同故障程度，采用相应的修复或变通代换措施进行排除。对于有些机械类易损件可通过调校、整形及加工仿制等措施修复；对于声电或电声转换部件则可采取局部修复措施进行修复；对于电路类易损件一般属于元件变质或性能参数下降，有些可通过调整电路工作点恢复其功能；对于集成电路或厚膜块，若局部损坏则可采用外贴元件的修复措施，若损坏程序严重，则可采用变通代换措施排除故障。

（7）调试与试验

如图7-31所示，故障件修复或更换元件之后应加以调试，使整机各电声技术指标恢复至原机要求。然后在满负荷状态下对整机性能进行测试，并进行一定时间的疲劳实验，确保经过修理的机器能稳定可靠的工作。

图7-31　汽车音响系统调试

4. 汽车音响常见故障的检修方法

（1）用户询问法

用户询问法，顾名思义就是通过询问的方式，向车主提出有关故障的相关问题，并让车主描述故障原因与故障现象的过程。因此维修人员在处理故障时，不要把汽车拆开修理，而是要询问车主故障发生的时间与损坏的程度，最好再让其详细回答以往的修理记录。如此一来，维修人员就可通过车主的描述与回答，获取到故障的准确信息与资料，以此减少维修时间与维修流程，使维修效率得以提高。

（2）面板操作压缩法

该方法实现的主要工具是汽车收音机与播放器上的各种功能按钮与接口插头。在面板操作压缩法的实施过程中，维修人员可以通过对功能按钮与接口插头的不断操作与切换，将故障范围进行快速式压缩，从而判断出故障的大体范围与严重程度。此方法的运用，对维修人员的操作技术要求较高，这一点尤其体现在维修人员对操作开关与按钮性能的熟练程度上，这使得维修人员必须对汽车的电路原理和机芯结构都有比较全面的认识与了解。

（3）信号追踪法

音频信号发射器会产生一定程度的信号源，信号追踪法就是在利用信号源的基础上，遵从电路由低至高的等级顺序，先把不同程度频率的信号按照顺序，对应地加入到汽车的收放机中，再用万用表工具，检测出输出信号的实际电压大小。如音响受损害程度较轻，维修者便可打开扬声器，仔细比较不同音量下的声音大小，最终准确地找出故障位置。

（4）触击检查法

触击检查法是维修人员有意识地对元件或者电路板进行敲击、振动的方法。通过触击检查法，维修人员可以准确判断由于接触不良、导线烧裂引起音响故障的具体范围。一般来讲，只要轻轻地振动或者敲击就能找到音响中线路虚焊和元件松动的部位，并且在敲击或者振动的过程中，要结合扬声器功能，仔细分辨扬声器的音量变化，这样才能判断出故障的具体部位。

（5）脱开检查

脱开检查法的通用工具是万用表，在脱开检查法中，首先要把汽车音响中的部分电路进行无损害的断开，再利用万用表测量出音响工作时的电阻、电流与电压，从而实现故障判断的目的。脱开检查法一般用于电流电压不稳、短路和自激等故障的检查中。由于电路的短路性故障会导致流经电流增大，如果此时采用的是其他方法，长时间下来，会使其他故障伴随性发生。脱开检查法的实施流程是：首先，为了确保电流没有任何异常，先断开音响中的部分电路。其次，观察音响总电流的变化情况，以此判定故障发生的大体部位，从而进行针对性的检查与维修，而不损伤其他功能完整的元件与电路。最后，断开故障怀疑电路的电流，若断开后该部分电路的电流迅速地降至正常值或者更小值，那么就可以把故障范围锁定在此部分电路中。若没有出现上述情况，维修人员则要继续使用此方法，按照顺序断开其他故障怀疑电路，最终确定故障所在。

音响系统故障诊断

5. 音响系统常见故障检修步骤

以长安福特车型为例，长安福特各车型的音响控制单元，通过媒体 CAN 网络连接，可以通过 IDS 诊断软件进行网络测试、自测及数据记录器功能的诊断，通过查看和分析诊断结果，进行模块的状况分析。

1）如图 7-32 所示，若模块的网络测试、自测结果均正常，但是音响功能异常，可先进行"模块重新编程"的操作，升级和刷新模块软件再试。

2）若确定模块故障，可以进行模块更换，更换后需要进行"可编程模块安装"的操作，下载相应的软件，进行安装。

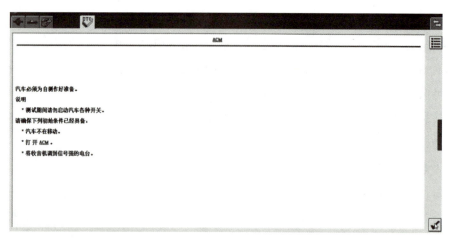

图 7-32 汽车音响系统诊断

任务技能点 3：天线系统故障诊断

1. 准备工作

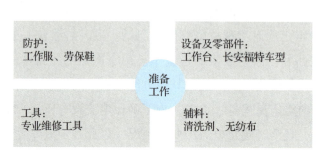

2. 天线系统故障诊断

天线可以说是无线电信号通往收音机的"大门"，而放大器则是产生良好声音的"路口"，最后通过扬声器将美妙的声音"释放"出来。

若扬声器播放出的声音"嘈杂"，有可能是天线系统出现故障，那我们来学习下天线系统的故障诊断。

（1）天线导线诊断

1）检查天线，将点火开关置于 ACC 位置，打开收音机，确保你身体的任何部分均不碰车身，检查天线电缆是否开路。

①把音量开到最大。

②用一片金属擦拭天线，检查扬声器中有无擦刮的声音。如果有擦刮声来自扬声器，那么天线电缆没有开路。

2）检查天线杆是否松开。

①从 AM 电台中调出信号。

②用手指弹击天线杆，检查扬声器有无噪声发出，如果有噪声，那表示天线连接不良。

3）检查天线的灵敏度。

①从 AM 电台中调一个弱信号。

②用手去碰天线：如果声音变响，则说明天线的灵敏度不好。如果声音变弱或不变，天线的灵敏度没有问题。

4）检查天线（天线电缆从收音机上脱开时）。

①测量天线与车辆之间的绝缘电阻，电阻为：几 MΩ 或更大。

②如图 7-33 所示，测量同轴电缆的屏蔽与车体之间的电阻，阻值小于 4~5Ω。

图 7-33　检查天线

（2）天线放大器的诊断

1）对于印刷天线，要检查玻璃与天线放大器之间接线是否可靠。

2）如图 7-34 所示，检查放大器与 ACM 的连线是否牢固，包括 ACM 给放大器的供电及放大器到 ACM 的同轴电缆。

图 7-34　汽车天线放大器的诊断

（三）任务评价反馈

1.小组自评表能够让小组成员对各自的信息检索能力、任务认知程度、参与状态、学习方法和工作过程等方面进行评价，从记忆、领会、应用、分析、反馈全方位评估自己对知识的学习及掌握情况，见表7-1。

表7-1 小组自评表

班级		组名		日期	
评价指标	评价要素			分数	分数评定
信息检索	能有效利用网络资源、工作手册查找有效信息；能用自己的语言有条理地去理解、表述所学知识；能将查找到的信息有效地转换到工作中			10	
任务认知	熟悉各自的工作岗位，认同工作价值；在工作中获得满足感			10	
参与状态	与教师、同学之间相互尊重、理解、平等相待；与教师、同学之间能够保持多向、丰富、适宜的信息交流			10	
	探究学习、自主学习不流于形式，处理好合作学习和独立思考的关系，做到有效学习；能够提出有意义的问题或能发表个人见解；能按要求正确操作；能够倾听、协助分享			10	
学习方法	工作计划、操作技能符合规范要求；能获得了进一步发展的能力			10	
工作过程	遵守管理规程，操作过程符合现场管理要求；注意平时上课的出勤情况和每次完成工作任务的情况；善于多角度思考问题，能主动发现、提出有价值的问题			15	
思维状态	能发现问题、提出问题、分析问题、解决问题、创新解决问题方法			10	
自评反馈	按时按质地完成工作任务；较好地掌握了专业知识点；具有较强的信息分析能力和理解能力；具有较为全面严谨的思维能力并能条理清晰地表述成文			25	
自评分数					
有益的经验和做法					
总结反思建议					

2. 小组互评表能够让小组成员从信息检索能力、任务认知程度、参与状态、学习方法和工作过程等方面对其他小组进行评价，通过互相评价环节，学习其他小组的长处，弥补自己小组的不足，见表7-2。

表 7-2 小组互评表

班级		被评组名		日期	
评价指标	评价要素			分数	分数评定
信息检索	该组能有效利用网络资源、工作手册查找有效信息			10	
	该组能用自己的语言有条理地去理解、表述所学知识			5	
	该组能将查找到的信息有效地转换到工作中			5	
任务认知	该组能熟悉各自的工作岗位,认同工作价值			5	
	该组成员能在工作中获得满足感			5	
	该组能处理好合作学习和独立思考的关系,做到有效学习			5	
	该组能提出有意义的问题或能发表个人见解,按要求正确操作,能够倾听、协助分享			5	
	该组能积极参与工作任务,并在过程中综合运用信息技术的能力得到提高			5	
学习方法	该组工作计划、操作技能符合规范要求			5	
	该组获得了进一步发展的能力			5	
工作过程	该组遵守管理规程,操作过程符合现场管理要求			10	
	该组平时上课的出勤情况和每次完成工作任务的情况			10	
	该组善于多角度思考问题,能主动发现、提出有价值的问题			10	
思维状态	该组能发现问题、提出问题、分析问题、解决问题、创新问题			5	
自评反馈	该组能严肃认真地对待自评,并能独立完成自测试题			10	
互评分数					
简要评述					

3.教师评价的内容主要包括小组的出勤状况、信息检索能力、计划制订是否完善、工作过程是否规范等,能够帮助学生更好的理解工作任务,促进对任务知识点、技能点的消化和吸收,见表 7-3。

表 7-3　教师评价表

班级			组名		姓名	
出勤情况						
评价指标	评定要素				分数	分数评定
职业素养	坚持社会主义核心价值观				5	
	具备信息素养				5	
	具备探究学习、终身学习的能力				5	
	在实操过程中体现劳模精神、劳动精神、工匠精神				5	
	具备良好的职业道德和环保意识				5	
道德品质	遵守实训试验场所、场地等公共场所的管理规定，自觉维护秩序				5	
	在公共场所举止文雅，文明礼貌				5	
	爱护公物，保护公共设施				5	
信息检索	能够顺利完成教师安排的任务，快速找到有效信息，并转化到工作中去				5	
任务认知	能够读懂文字的表达内容				5	
	能够满足岗位工作要求，掌握工作流程，熟悉注意事项				5	
参与状态	与教师、同学之间相互尊重、相互理解				5	
	能够做到独立思考、表达自己的想法				5	
	能够按照要求正确操作、能够倾听对方表达的内容，乐于分享				5	
学习方法	能够按照工作内容的紧急情况合理制订计划				5	
	能够按要求完成工作计划，且操作符合规范				5	
工作过程	操作符合安全规定				5	
	操作符合流程规范				5	
	能协助他人完成任务				5	
思维状态	工作过程思维清晰，对工作结果能够正确预判，对其他相关工作有帮助				5	
师评分数						
综合评价						

三、任务拓展信息

人机交互系统

未来的汽车车载信息娱乐系统会通过蜂窝网络同互联网无缝结合,通过互联网对汽车内计算机操作系统进行实时升级,以获得厂商提供的更为优质的软件服务和硬件优化,同时通过互联网让汽车与世界联通,了解各类资讯信息,开展车内视频会议等,没有互联网,也就等于没有汽车车载信息娱乐系统。未来的汽车应该是一个无线热点,所有进入车内的智能无线设备在经过许可后都能自动连接到车内的局域网,而任何一台在此局域网的智能无线设备都可以很自由地控制汽车的各项功能,比如音乐及电台的切换、视频的切换、电话的转接等,同时可以通过这些智能无线设备,例如智能手机、平板电脑或者是笔记本电脑等获知汽车目前的运行状况,比如发动机的档位、实时油耗、速度、GPS地理位置信息等十分有用的信息。如图7-35所示。

图7-35 人机交互系统

人机交互系统,代表了底层技术的全面升级和整个车机互联的生态系统的建立和壮大,为驾驶员提供了便利。如图7-36所示。

SYNC3系统具备的功能分别为:电话、音频、空调、导航、AppLink应用程序及设置功能。

1. 电话

图7-36 人机交互系统

如图7-37所示,通过SYNC3使用电话功能之前,需要用手机蓝牙和SYNC3系统进行匹配。匹配之后,可以在电话菜单做以下操作:

管理手机电话簿;设置来电铃声;设置短信通知;设置电话静音;设置电话漫游提醒;设置"请勿打扰"功能;设置一个"首选"的手机;查看已配对设备。

功能特点:

1)系统支持对联系人自动同步的设置,并支持按姓氏和名字两种方式进行排序。

2)在相应菜单下可对电话、短信等铃声进行设置,同时对于短信的语音读出功能也可单独进行控制。

3）SYNC3 电话簿管理可以对联系人名字进行多音字识别管理，语音拨打电话也能识别多音字。

图 7-37　人机交互电话功能

2. 音频

SYNC3 可以播放以下几种音频来源：

1）无线电广播。

2）蓝牙音频。

3）USB 音频。

4）CD 音频。

3. 空调

触摸屏上的空调控制按钮布局可以让驾驶员和前排乘客都能设置。除了控制空调温度，还可以控制鼓风机风速、AC 控制、内外循环、除雾、加热/制冷座椅、后排空调控制系统。

4. 导航

SYNC3 导航有联想输入和自动记忆功能，支持历史数据、兴趣点类别、品牌、名字、街道地址等。

5. SYNC3 AppLink

可以实现手机应用程序与车辆进行通信，点击"应用程序"按钮可以进入 AppLink 界面。界面会显示手机内可兼容的 App。点击其中的某个 App，App 将会打开并且可以通过 SYNC3 系统对其进行控制。